Sprache und Sprechen, Band 34:

Interkulturelle Kommunikation

Sprachen und Sprechen
Beiträge zur Sprechwissenschaft und Sprecherziehung

Herausgegeben von der
Deutschen Gesellschaft für Sprechwissenschaft
und Sprecherziehung e.V. (DGSS)

Redaktion:

Dieter Allhoff, Regensburg
Geert Lotzmann, Heidelberg
Klaus Pawlowski, Göttingen
Rudolf Rösener †, Münster

unterstützt von

Henner Barthel, Landau/Pfalz
Norbert Gutenberg, Saarbrücken
Christa M. Heilmann, Marburg
Carl Ludwig Naumann, Hannover
Margit Reinhard-Hesedenz, Saarbrücken
Brigitte Teuchert, Regensburg

Die Reihe wurde 1968 von Prof. Dr. W. L. Höffe und Prof. Dr. H. Geißner begründet. Die Bände 1–7 wurden in Verbindung mit der DGSS von W. L. Höfner und H. Geißner, die Bände 8–25 im Namen der DGSS von H. Geißner herausgegeben.

Ingrid Jonach (Hrsg.)

Interkulturelle Kommunikation

Mit Beiträgen von

Henner Barthel – Elmar Bartsch – Angela Biege – Fred L. Casmir
Cornelius Filipski – Roland Forster – Gijs von der Fuhr
Hellmut K. Geißner – Martin Harbauer – Christa M. Heilmann
Ursula Hirschfeld – Karin Iqbal Bhatti – Ingrid Jonach
Stefan Kammhuber – Ernst v. Kardorff – Doris Kirchner
Klaus Klawitter – Eva-Maria Krech – Siegrun Lemke – Astrid Lendecke
Bohdana Lommatzsch – Katarína Miková – Wolfgang Mühl-Benninghaus
Vladimír Patráš – Bernd Pompino-Marschall – Ingrid Rose-Neiger
Viola Schmidt – Edith Slembek – Brigitte Teuchert – Michael Thiele
Andreas Thimm – Walter Trenschel – Horst Ulbrich – Freyr R. Varwig
Carsten Wieland – Teona Zazavitchi-Petco

Ernst Reinhardt Verlag München Basel

Die Herausgeberin:

Dr. phil. Ingrid Jonach, Studium der Sprechwissenschaft, Germanistik und Erziehungs-wissenschaft an der Martin-Luther-Universität Halle Wittenberg, Promotion an der Humboldt-Universität zu Berlin,
Wissenschaftliche Mitarbeiterin am Institut für Rehabilitationswissenschaften (Bereich Sprachbehindertenpädagogik) der Humboldt-Universität zu Berlin, Georgenstraße 36, 10099 Berlin

Die Deutsche Bibliothek – CIP-Einheitsaufnahme

Interkulturelle Kommunikation / Ingrid Jonach (Hrsg.). Mit Beitr.
von Henner Barthel ... – München ; Basel : E. Reinhardt, 1998
  (Sprache und Sprechen ; Bd. 34)
  ISBN 3-497-01470-2

© 1998 by Ernst Reinhardt, GmbH & Co, Verlag, München

Printed in Germany

Inhalt

Vorwort

Unsere Welt wird kleiner, die Kommunikationsanlässe nehmen zu. Neue Kommunikationstechniken verändern die Kommunikationsmöglichkeiten und -formen. Die weltweite, vor allem wirtschaftliche, aber auch wissenschaftliche und kulturelle Vernetzung führt zu einem verstärkten Austausch zwischen Kulturen und Märkten. Kommunikationfähigkeit über Fach- und Ländergrenzen hinweg gehört heute immer stärker zu den unverzichtbaren Qualitäten eines Wissenschaftlers, Managers oder Künstlers. Politik, Wissenschaft und Wirtschaft sowie die moderne Mediengesellschaft im allgemeinen fordern veränderte Kompetenzen von ihren zukünftigen Arbeitnehmern. Dazu gehören neben einer guten Fachausbildung, Sprachen, soziale und soziokulturelle sowie kommunikative Kompetenzen. Interkulturelle Kommunikation und interkulturelle Handlungsfähigkeit gehören dabei zu den Schlüsselqualifikationen der globalen Gesellschaft.

Das Thema *Interkulturelle Kommunikation* kann aufgrund seiner Komplexität nicht nur von einer Fachwissenschaft betrachtet werden, es bedarf eines interdisziplinären Ansatzes. Kommunikationswissenschaft, Sprachwissenschaft und Kulturwissenschaft beschäftigen sich heute ebenso mit diesen Fragen wie Wirtschaftswissenschaft, Psychologie und Erziehungswissenschaft. Auch die Sprechwissenschaft (Geißner, Slembek, Bartsch u. a.) hat sich punktuell mit dieser Problematik beschäftigt. Auf der vom 9. bis 12. Oktober 1997 an der Humboldt-Universität zu Berlin durchgeführten 24. Fachtagung der DGSS stand erstmals das Thema *Interkulturelle Kommunikation* im Mittelpunkt sprechwissenschaftlicher Betrachtungen. Die Fachtagung konzentrierte sich vor allem auf folgende Themenbereiche:

– Grundlagen der interkulturellen Kommunikation unter sprechwissenschaftlichem Aspekt;
– Fragen der verbalen und nonverbalen Kommunikation sowie phonetische Aspekte;
– Rhetorik und Ethnorhetorik;
– Fragen der Männer-Frauen-Kommunikation als interkulturelle Kommunikation;
– Deutsch-deutsche Kommunikation und ihre Prägung durch postsozialistische Kulturstandards;
– Anwendung sprechwissenschaftlicher Grundpositionen interkultureller Kommunikation in Wirtschaft, Medien und Lehre.

Interkulturelle Kommunikation vollzieht sich heute, wie unsere Fachtagung gezeigt hat, in vielen Bereichen des Lebens. Ihr Ziel ist, gegenseitiges Verstehen und Verständnis im Bewußtsein der kulturellen Verschiedenheit. Möge der

Tagungsband ein Anstoß sein, daß Sprechwissenschaft und Sprecherziehung sich verstärkt mit dieser Problematik beschäftigen. Es ist mir ein besonderes Anliegen, an dieser Stelle Dank auszusprechen. Mein Dank geht an die Leitung der Humboldt-Universität zu Berlin, an das Institut für Rehabilitationswissenschaften und an den Leiter der Abteilung Sprachbehindertenpädagogik, Herrn Prof. Dr. Teumer. Mein ganz herzlicher Dank geht an die Diplomanden Karin Iqbal Bhatti und Andreas Thimm, die die Vorbereitung und Durchführung der Fachtagung wesentlich mitgetragen haben. Frau Grabert sei ein besonderer Dank nicht nur für die Organisation der Tagung gesagt, sondern vor allem auch für die nicht leichte Erstellung dieses Tagungsbandes.

Berlin, Februar 1998   Ingrid Jonach

FREYR R. VARWIG

Grußwort

zur Fachtagung Interkulturelle Kommunikation

Magnifizenz, Spektabilis,
verehrte Kolleginnen und Kollegen,
liebe Studierende,
sehr verehrte Gäste!

Zur diesjährigen Fachtagung: *Interkulturelle Kommunikation* begrüße ich Sie im Namen unserer Gesellschaft alle sehr herzlich.

Es ist schon ein besonderes Ereignis, wenn unsere Gesellschaft, die sich *„der Erforschung, Lehre und Pflege der gesprochenen deutschen Sprache"* verschrieben hat, an der Universität des Sprachphilosophen, *Wilhelm von Humboldt*, in der Bundeshauptstadt *Berlin*, vier Tage lang laut, wohlartikuliert und mit den verschiedensten Akzenten ihre Fragen und möglichen Antworten diskutieren kann.

All denen, die dies ermöglicht haben, besonders dem Hausherrn, den Sponsoren sowie den Ausrichtenden und sämtlichen im Hintergrund wirkenden Hilfskräften sei dafür im Namen der DGSS nachdrücklich gedankt. Mögen auch alle guten Wünsche zum Verlauf dieser Tagung, die uns freundlicherweise überbracht wurden und noch werden, in Erfüllung gehen.

Doch was erwartet uns nun eigentlich nach diesem wohl interkulturell unverzichtbaren „Musenanruf"? Fast fünfzig Vortragende werden von heute an bis zum Sonntag zu folgenden neun Themenkreisen sprechen:

– Deutsch-Deutsch als Interkulturelle Kommunikation
– Interkulturelle Kommunikation in der Wirtschaft
– Grundfragen der Interkulturellen Kommunikation
– Rhetorische Aspekte der Interkulturellen Kommunikation
– Sprach- und Sprechwissenschaftliche Aspekte der Interkulturellen Kommunikation
– Phonetische Aspekte der Interkulturellen Kommunikation
– Spezielle Aspekte der Interkulturellen Kommunikation
– Pädagogische Aspekte der Interkulturellen Kommunikation und
– Interkulturelle Kommunikation in den Medien.

Dazwischen ist, wie ich hoffe, genügend Muße für Fragen und zum persönlichen Gespräch.

Nun ist unsere satzungsgemäße Zielsetzung, daß wir *„die Voraussetzung und störungsfreie Funktion der gesprochenen Sprache in unmittelbarer und medienvermittelter Kommunikation erforschen, lehren und pflegen."* Von **interkultureller** Kommunikation ist da zunächst keine Rede.

Was ist also der besondere, neue Aspekt des **Inter-kulturellen**, unter dem all das zur Sprache kommen wird, was uns seit den Anfängen der Sprechkunde und Sprechwissenschaft als sprechsprachliches Kommunizieren beschäftigt? Bitte erwarten Sie – meine Damen und Herren – und befürchten Sie auch nicht, daß ich hier und jetzt eine umfassende Klärung dieses Begriffs im Rahmen der einschlägigen Literatur versuchen werde. Es ist eher philologische und ein wenig philosophische Neugier, die mich treibt, uns gemeinsam auf die beschriebene Themenpalette einzustimmen.

Im Deutschen – wie ursprünglich im Lateinischen – spricht man gemeinhin von Wein-**kultur**, Pilz-**kultur** oder auch Blumentopf-**kultur**; wobei alle drei Begriffe als Argument – im Sinne Perelmanscher Aristotelesrezeption – dem **Bereich individuellen, vernünftigen, kunstgerechten Wachstums** in Nachahmung bzw. Analogie einer mütterlichen und/oder zur Beihilfe für eine stiefmütterliche Allnatur (als *quaestio logica*) zuzuordnen sind.

Des weiteren kennt man – besonders seit Herder – die Rede von einer ägyptischen, phönikischen, griechisch-römischen und dann auch einer deutschen und – sit venia verbo – völkischen **Kultur**; wobei alle diese Begriffe als Argument dem **Bereich kollektiver, charakterisierender Werteganzheit** zum Vergleich und/oder zur Feststellung eigengesetzlicher Entwicklung (als *quaestio naturalis*) zuzuordnen sind.

Ein von hieraus markanter Sproßbegriff dürfte das Etikett: **Kultur** für eine bestimmte Sparte von Medienprogrammen sein.

Ähnlich gebräuchlich ist die Rede von **sozio-kulturellen** Umständen menschlicher Kommunikations- oder Redesituationen; solche sozialpsychologischen Argumente kann man wohl dem **Bereich dualer, peristatischer Faktenganzheit** zur Teilerklärung von Konsens bzw. Dissens oder zur Begründung von Verstehen schlechthin (als *quaestio trans-naturalis*) zuordnen.

Bleibt schließlich noch die moderne, gängige Rede von Streit-**kultur**, Eß-**kultur** und Sprech-**kultur**; diese Begriffe lassen sich wohl als Argument dem **Bereich erstrebenswerten vs. zu meidenden Handelns bzw. Metahandelns** zum Abraten vom *Normalen* (Durchschnittlichen) und/oder zum Zuraten zu einer *Norm* (Mustergültigem) (als *quaestio moralis*) zuordnen.

Gemessen an einer solchen – freilich provisorischen – Distinktion unseres alltagssprachlichen **Kultur**begriffs dürften nun für den Begriff der **inter-kulturellen** Kommunikation, wie er im Rahmen unserer Tagung verhandelt werden wird, die Argumente aus den Bereichen

– **kollektiver, charakterisierender Werteganzheiten**,
– **dualer, peristatischer Faktenganzheiten** und
– **erstrebenswerten oder zu meidenden Handelns bzw. Metahandelns**

aspektweise oder vermischt zur Sprache kommen.

Begreift man also „*interkulturelle sprechsprachliche Kommunikation*" als *Sprachspiel* zwischen kollektiven Ganzheiten – wie *poleis, civitates* oder eben **Kulturen** –und zwar nach dem Modell dualer sozio-**kultureller** Ganzheit wie *literarischer Dialoge* oder *gesellliger Gespräche* und im Stil solcher positiver Handlungsnormen wie Streit**kultur** oder Sprech**kultur** –, dann führt die Perspektive einer Hermeneutik *hör- und sichtbarer Sprechsituationen per impliziter Situationslogik* zu einer neuen und reizvollen Aufgabe empirischer, sprechwissenschaftlicher Forschung.

Hier erhoffe ich mir also von unserer Tagung wesentlich neue Impulse. Wirft man dafür die abschließende Frage auf, welche Textsorte wohl einem solchen *Sprachspiel zwischen Kulturen* – für Auslegungen repräsentativ und – für mehrheitlich gültige Anschauung maßgebend sein könnte, dann ist am wahrscheinlichsten – im Sinne Aristotelischer Dialektik – von der sensiblen Formenwelt namhafter Dichtung eine Antwort zu erwarten.

Ich glaube, meine Damen und Herren, etwa der Schriftsteller *Hermann Kasack* hat in seinem fast allegorischen Roman „*Das große Netz*" (1952) ein ebenso an- wie aufregendes Szenario erfunden, um das mehrfach deutbare „Spiel", zwischen zwei konkurrierenden, **kulturellen** Ganzheiten literarisch zu problematisieren: Die interkulturelle Textsorte, die er dafür in ironischer Allusion wählt, ist der *Fußballbericht*.

Zwei rivalisierende Gemeinwesen vereinbaren zur **Kultivierung** ihres Streites „an einem der letzten blanken Herbsttage" ein Fußballspiel zwischen dem Lokalverein *Thusnelda* auf der einen Seite und einer Auswahlmannschaft von Mitarbeitern des *IFE* (*Institut für Europa*) auf der anderen. Doch rätselhafte Vorfälle stellen trotz einheitlicher Feld-, Trikot- und Spielregeln etc. die ganzheitliche kommunikative Kompetenz und die Frustrationstoleranz der Spieler auf eine harte Probe: Zunächst verschwindet bei einem Schuß ins Aus der gemeinsam, von zwei Seiten hart umkämpfte, aber für die Spielhandlung nur alleine sinnkonstituierende Ball. Dieses rätselhafte Verschwinden wiederholt sich dann mit zwei Ersatzbällen. Darauf geht die Erzählung in folgenden stimmigen *Fußballbericht* über – also in jene moderne *Teichoskopie,* die vielleicht das „kleinste gemeinsame Vielfache" ganzheitlicher, **inter-kultureller** Kommunikationserfahrung bildet:

„Dann aber geschah, was zu erwarten war. Der Ball sauste wieder in weitem Flug ins Aus. Während Spieler beider Mannschaften ihm nachjagten, sprangen die Zuschauer der Tribünen erregt auf die Bänke. Ein Taumel ergriff die Menge. Aber schon hatte der Schiedsrichter das Spiel wieder angepfiffen. Diesmal hatte sich der Ball nicht verloren.

Er wurde gerade vom Verteidiger der *Thusnelda* gestoppt, als vor dem Tor des *IFE* ein **zweiter** Ball ins Spiel geriet, den die dort Lauernden für den rechten hielten, so daß, bevor der Schiedsrichter die Lage erkannte, unter ungeheurem Vergnügen des Publikums beide Mannschaften gleichzeitig ein wohlverdientes Tor schossen. Damit nicht genug. Sobald ein Spieler unbeschäftigt stand, flog ihm von ungefähr ein weiterer Ball vor die Füße, so daß sich zeitweilig drei, vier Bälle im Feld befanden. Unter diesen Umständen hatte jeder der beiden Torwarte Mühe, sein Heiligtum rein zu halten. Obwohl der Schiedsrichter das Spiel längst abgepfiffen hatte – es konnte ohnehin nicht mehr viel an der Halbzeit fehlen –, ließ sich der Eifer der jetzt auf Hochtouren gekommenen Mannschaften nicht beirren. Mißlang dem ersten Ball das Ziel, krönte der Nachschuß des zweiten die eingeleitete Aktion. Der Ball spielte mit den Menschen."

Möge das von *Hermann Kasack* dichtungssprachlich gestaltete Szenario samt seiner von mir hier sprecherisch verlängerten Ironie durch seine populäre Evidenz und seine suggestive Deutbarkeit Chance und Risiko unseres Tagungsthemas *Interkulturelle Kommunikation* veranschaulichen.

Hiermit also eröffne ich die Berliner Jahrestagung der DGSS und wünsche uns allen einen angenehmen Verlauf!

Freyr R. Varwig

FRED L. CASMIR

Interkulturelle Kommunikation als Prozeß

Ich möchte heute mit Ihnen über einige der wichtigsten Grundlagen für das Studium der Sprech- und Kommunikationswissenschaft in den Vereinigten Staaten sprechen. Dabei möchte ich mich nicht nur mit „Schlagwörtern" oder den neuesten „Modethemen" befassen, wie man von einem nicht-wissenschaftlichen Standpunkt, etwa interkulturelle Kommunikation oder Prozeß-Orientierung identifizieren könnte. Mir liegt hier daran, philosophische und theoretische Grundlagen zu skizzieren, um aus ihnen fundamentale Schlüsse über ihre Rolle in unserer Forschungsarbeit zu schließen. Diese Grundlagen sind wichtig, weil sie entweder einen großen Einfluß auf unsere Denkweise haben, oder weil sie das Resultat von Denkweisen sind, die unsere gesamte Arbeit als Akademiker, Forscher und Praktiker beeinflussen. In der aktuellen Diskussion in den Vereinigten Staaten geht es deswegen vielmehr darum, die Denkweisen und Erwartungen derer an den Anfang jeglicher Forschung zu stellen, die sich mit menschlicher Kommunikation befassen.

Eine außerordentlich wichtige Frage ist dabei, welche Rolle wir als Sprechkundler/Sprechkundlerinnen und als Kommunikationswissenschaftler/Kommunikationswissenschaftlerinnen bei der Untersuchung menschlicher Interaktionen spielen. Unsere Arbeit unterscheidet sich von der Arbeit, sagen wir einmal der Soziologen, Psychologen, Anthropologen oder Linguisten. Die grundlegende Frage, auf die ich hier eingehen möchte, verlangt eine Art „Rechtfertigung" für unsere Interessengebiete, die nicht nur auf vagen Verallgemeinerungen beruhen kann. Die Diskussionen in den Vereinigten Staaten während der letzten 15 bis 20 Jahre haben dazu geführt, daß wir nicht nur neue theoretische Ansatzpunkte entwickelt haben, sondern auch neue Untersuchungsmethoden.

Wichtig dabei ist in den USA vor allem auch, daß wir beides versuchen, Theorien und Untersuchungsmethoden nicht nur empirisch, sondern auch philosophisch zu fundieren. Eines dieser Fundamente ist die „Prozeßorientierung". Das heißt, viele meiner Kollegen und ich haben nur geringes Interesse an Resultaten, oder anders ausgedrückt, daran, was als „Ergebnis" von Kommunikationsprozessen beschreibbar ist. Als Kommunikationswissenschaftler habe ich zum Beispiel insofern nur wenig Interesse an Organisationen, da sie das Ergebnis von kommunikativen Interaktionen von Menschen sind, die sie „aufgebaut" haben. Von viel größerem Interesse ist für mich zu erforschen, welche symbolischen kommunikativen Prozesse zu dem Resultat „Organisation" führen, denn ich definiere Kommunikation als den dialogischen Prozeß zwischen Menschen, während sie etwas zusammen erschaffen.

Aus demselben Grund kann ich, als an sozialen Prozessen interessierter Kommunikationswissenschaftler, nicht damit zufrieden sein, Ergebnisse zu beschreiben, die ausschließlich auf meinen Werten, meinen Kategorien, meiner Voreingenommenheit, meinen Methoden beruhen. Selbst dann nicht, wenn diese Beschreibungen von Sozialwissenschaftlern als „wissenschaftlich, repräsentativ", oder „valide" anerkannt werden. Ohne das Gespräch mit denjenigen, deren Kommunikationsprozesse ich „untersucht" habe (dieses Konzept werde ich im Zusammenhang mit der interkulturellen Kommunikation später nochmals aufgreifen), kann ich nicht sicher sein, daß ich diese Prozesse wirklich verstehe. Sicherlich muß dabei bedacht werden, wieweit es überhaupt möglich ist, Kommunikation adäquat in einer „Labor-Situation" unter wissenschaftlicher Kontrolle zu untersuchen.

Ethische Fragen spielen bei der Erforschung kommunikativer Prozesse eine zentrale Rolle. In ethischen Fragen zeigt sich die grundlegende Orientierung von Wissenschaftlern/Wissenschaftlerinnen – also auch meine. Kann ich zum Beispiel meine „Studienobjekte" lediglich als „Objekte" betrachten, wie etwa Käfer, die ich unter die Lupe nehme? Wissenschaftler/Wissenschaftlerinnen mit monologischer Orientierung können das vielleicht tun, aber die, die einer dialogischen Orientierung verpflichtet sind, können es nicht, denn sie wissen, daß sie (nur?) ein Teil eines dialogischen Geschehens sind.

Die Prozeßorientierung verlangt also von mir, daß ich mich als *Teil* meiner wissenschaftlichen Untersuchungen verstehe. Mein Anteil daran ist, daß ich Kommunikation als Prozeß, als Interaktion, als Dialog begreife. Kommunikation ist nicht reduzierbar auf rein monologisches Geschehen, wie es vielleicht „traditionellere" Theorien tun. Prozeß baut auf dem Dialog auf, auf Zusammenarbeit, auf Erarbeitung gemeinsamer Schlüsse und Resultate. Daran müssen alle diejenigen Anteil haben, die an diesem Dialog entweder tagtäglich teilnehmen, oder die als Außenstehende und Beobachter an ihnen teilnehmen wollen, um sie besser zu verstehen. Es handelt sich hier also oft um eine Diskussion über die nicht-theologische Hermeneutik.

Auch hier kann man wieder die grundlegende Orientierung bemerken, von der ich am Anfang gesprochen habe. Als Wissenschaftler, der einen derartigen Ansatz als Ausgangspunkt seiner Arbeit sieht, „nehme ich an meinen Untersuchungen teil" – zusammen mit allen anderen, die am Prozeß des Verstehens beteiligt sind – und eine Dialog- und Prozeß-Orientierung ermöglicht es mir, *mehr* zu verstehen. Das geht weit über die reine Beschreibung von Ergebnissen hinaus, die lediglich auf Wissen und Einsichten eines oder einiger weniger Sozialwissenschaftler beruht. Lassen Sie mich noch einmal wiederholen, für mich als Wissenschaftler, der sich mit Problemen und Möglichkeiten symbolischer Interaktionen befaßt, bedeutet das also eine Orientierung, die ich an den Anfang all meiner Arbeit und all meiner Interpretationen stelle.

Hinzu kommt auch die Frage, ob wir darauf bestehen wollen, daß Probleme im Feld der Kommunikation dadurch „gelöst" werden können – und das ein für allemal – daß wir eine Art von Lösungs-Schablone entwickeln. Müssen wir, wie Naturwissenschaftler, verlangen, daß eine Art von „wissenschaftlichem Gesetz oder Naturgesetz" als einzig akzeptables Resultat unserer wissenschaftlichen Arbeit gilt? Sollte das der Fall sein, und *sollten* oder wollten wir uns einem solchen Reglement unterwerfen, dann haben diejenigen wohl Recht, die unsere Arbeit als nicht „wissenschaftlich genug" oder „nicht wertvoll" oder nicht „von Belang" bezeichnen, denn unsere *Resultate* sind oft nicht vergleichbar mit denen in der Naturwissenschaft, die mit quantitativen Methoden und auf Grund von Naturgesetzen bewiesen werden können. Aber in allen wissenschaftlichen Gebieten, die mir bekannt sind, wird mehr und mehr die Tatsache anerkannt, daß Prozeß, Veränderung (change), die Rolle des Forschers und seiner Erwartungen und damit auch die menschliche Anpassungsfähigkeit, außerordentlich wichtig im menschlichen Leben und seines Studiums sind. Sie lassen sich nicht einfach durch Beobachtung, statistische Abstraktionen, Zusammenfassungen oder mathematische Formulierungen erklären.

Für mich führt die Prozeßorientierung so weit, daß ich lieber Verben statt Substantive gebrauche. Verben sind dichter am unmittelbaren Geschehen, am Prozeß. Mein Interesse ist schließlich nicht die Identifizierung oder Beschreibung von Theorien, das ließe sich vielleicht mit den mehr statischen Substantiven machen. Vielmehr bin ich daran interessiert zu erfahren, welche symbolischen Prozesse zu Resultaten führten oder führen, die wir als Theorien bezeichnen – also wie Menschen miteinander „sprechen" oder „gesprochen" haben, um zu ihren Resultaten zu kommen. Mein Interesse an Kommunikation läßt sich gut durch den Gebrauch eines Verbs erklären. Das Substantiv, als Kontrast, beschreibt für mich irgendein Resultat, eine Abstraktion, die uns große Probleme macht, wenn wir versuchen, sie auf einen allgemein anerkannten Nenner zu bringen. Und so finden wir hunderte von Definitionen, die es uns nicht leichter machen, die Prozesse besser zu verstehen, die beim Kommunizieren zwischen Menschen geschehen oder sich entwickeln.

Nach diesen Vorbemerkungen oder dieser philosophisch-theoretischen Einleitung, die hoffentlich dazu beiträgt, meine eigenen Voraussetzungen – andere würden sie wohl Voreingenommenheiten nennen – zu identifizieren, werde ich nun die Prozeßorientierung, wie schon angedeutet, spezifisch auf das Gebiet der interkulturellen Kommunikation anwenden.

Interkulturelle Kommunikation geht in meinem Verständnis davon aus, daß „Kultur" dynamisch ist, und daß alle erfolgreichen menschlichen, symbolischen, kommunikativen Interaktionen grundsätzlich auf Verhandlung und Dialog beruhen. Meine Einstellung beruht auf der Tatsache, daß ich Kommunikation als ein Mittel sehe, welches uns hilft, Gleichgewicht zwischen Individualismus und einem Gefühl der Zugehörigkeit zu einer Gruppe von Menschen oder einer Kulturgruppe zu erreichen (Philipsen 1987, 249-252). Darüber hinaus werden Kulturen im Prozeß der Kommunikation ständig neu geschaffen. Berry (1978, 122) erwähnt in diesem Zusammenhang das Konzept, daß der Verlust von Energie in der Physik und in menschlichen Gesellschaften das Resultat davon ist, daß man ihr keine feste Form geben konnte. Wie diese Energie in der Entwicklung von dritten Kulturformen geschaffen und erhalten wird, ist eine grundlegende Frage in den folgenden Betrachtungen.

Solche Fragen werfen immer wieder ethische Probleme auf, die hauptsächlich auf unser Verhalten gegenüber „Anderen" oder „Fremden" (Simmel 1950; siehe auch Vin The Do, in Barna 1991, 345) zurückzuführen sind. Ich versuche im Folgenden zu zeigen, wie und warum Kulturen sich entwickeln, und wie in Kontakten zwischen Menschen aus zwei – oder mehr – Kulturen sich eine „dritte" entwickelt. Meine eigene Arbeit ist seit Jahren davon ausgegangen, daß eine „vergleichende Perspektive" wichtig ist (siehe u. a. Casmir 1978). Ein ähnlicher Begriff ist Durkheims (1938) „vergleichende" Soziologie. In beiden Fällen ist der Grund für solch einen Ansatzpunkt der Versuch, nicht nur zu beschreiben, nicht nur zu definieren oder zu identifizieren, sondern die Prozesse zu verstehen, die zu dem geführt haben, was wir beschreiben, definieren oder identifizieren.

Darüber hinaus, hoffe ich, daß es noch deutlicher werden wird, daß wir als Kommunikationswissenschaftler/Kommunikationswissenschaftlerinnen (ich werde weiterhin „generisch" die Ausdrucksform „Wissenschaftler" gebrauchen, verstehe darunter jedoch in *jedem* Falle *beide* Geschlechter) die Verantwortung für unsere Rolle übernehmen müssen, im Verhältnis zur Stabilisierung von Macht und Kontrolle aller menschlichen Institutionen und Eliten.

Aus den vorhergegangenen, teilweise philosophischen, teilweise theoretischen Betrachtungen, würde ich die folgenden Schlüsse ziehen oder die folgenden Anwendungsmöglichkeiten vorschlagen, wenn wir an dem Studium von interkulturellen Kommunikationsprozessen interessiert sind. Zuerst einmal würde ich daran erinnern, daß weder menschliche Institutionen noch Kulturen solche Interaktionen durchführen. Im Rahmen unserer Betrachtungen sollte es klar sein, daß Kommunikationsprozesse menschliche Prozesse sind, daß heißt, es handelt sich hier um inter-persönliche Kommunikation zwischen Einzelmenschen oder Menschen, die gleichzeitig auch Teil einer kleinen Gruppe sind, besonders in solchen Fällen, in denen eine Art von Koordination wünschenswert ist. Der *wichtige* Unterschied der inter-kulturellen Kommunikation von anderen, ähnlichen inter-persönlichen Interaktionen unterscheidet, ist die kulturelle Umwelt, in der zwei oder mehr Menschen aufgewachsen, informiert, ausgebildet und gebildet worden sind.

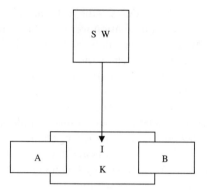

Abb. 1: Modell 1 (Der Sozialwissenschaftler als „objektiver" Beobachter und Ausleger von interkultureller Kommunikation.)

Für uns als Kommunikationswissenschaftler ist der nächste Schritt eine Entscheidung, wie wir solche Prozesse *am besten* untersuchen und erwägen können. Wir kommen also auf meine grundlegenden Betrachtungen zurück. Meine Frage in diesem Zusammenhang wäre, ob eine „objektive" Auslegung oder Beschreibung solcher Prozesse dem Sozialwissenschaftler überhaupt möglich ist. Solch ein „objektiver" Ansatz zum Studium der interkulturellen Kommunikation beruht zwar auf traditionellen wissenschaftlichen Konzepten, hat aber wenig oder nichts mit einer Prozeß-Orientierung zu tun.

Wenn wir auf solche, angebliche „Objektivität" bestehen, so scheint es mir, geben wir der Hoffnung Ausdruck, daß wir als Wissenschaftler, auf Grund unserer wissenschaftlichen Ausbildung oder Bildung immunisiert worden sind, und daß unsere eigenen kulturellen oder co-kulturellen Wertbegriffe und Vorurteile bei unserer Arbeit keine Rolle spielen. All das ist der Fall, obschon wir Einsichten gewonnen haben, die es klar machen, daß kulturelle Unterschiede und unterschiedliche Begriffswelten uns Schwierigkeiten machen, wenn es zu einer „Übersetzung" oder Identifizierung von wichtigen interaktiven Prozessen kommt.

Kein Wunder, daß Minoritäten oder Vertreter anderer Kultur- und Co-Kulturgruppen immer wieder darauf bestehen, daß ihre eigenen Wissenschaftler oder „Weisen" solche Informationen oder Einsichten besser verstehen und beschreiben können als kulturfremde Wissenschaftler, die, sagen wir einmal, das Produkt der Wissenschaften des Westens sind und die deren Kulturen repräsentieren. Wenn man dem noch Beispiele aus hunderten und tausenden von Jahren aus der menschlichen Geschichte hinzufügt, die immer wieder auf die Ausbeutung von Kolonial-Sklavenstaaten und der Unterdrückung von Minoritäten und Frauen in *allen* Teilen der Welt hinweisen, läßt es sich leicht verstehen, warum bei so vielen das westliche Ideal von „Objektivität" beim Studium interkultureller Kommunikation wenig Anklang findet.

All das hat mich davon überzeugt, daß wir neue, dialogische Verhandlungs-Modelle brauchen, wenn wir versuchen, die dynamischen Entwicklungen von Kulturen und die Rolle der Kommunikation in diesen Prozessen besser zu verstehen und zu erklären. Verschmelzungs- oder Fusions-Modelle, die zu viel Verwandschaft mit alten autoritären „Anpassungs-" oder „Integrations-" und „Kolonisations-"Versuchen haben, leiden in unseren globalen und interkulturellen Interaktionen ganz einfach wegen dieser geschichtlichen Belastung (Yoshikawa 1987; Triandis 1977). Man kann heute aber auch Beispiele einer neuen Orientierung in populären Werken wie Micheners (1985) Novelle „Texas" finden, in der er eine „neue Nation" beschreibt, die sich auf Grund der Interaktionen von spanisch- und englisch-sprechenden Amerikanern herausschält, also einer Art von „dritter" Kultur, wie ich sie identifiziere.

An diesem Punkt wäre es wertvoll, dem Begriff des Prozesses ein weiteres Wort hinzuzufügen oder noch besser, es zu einem Teil der Prozeß-Orientierung zu machen. Das Wort ist „offen", und das Resultat ist eine Kombination, die auf „offene Prozesse" hinweist. Die Illusion, daß „mehr" Kommunikation unsere Probleme lösen kann, wird also hier durch „eine andere *Art* von Kommunikation" ersetzt. Kommunikation ist oft in der Vergangenheit, und wird heute auch noch oft als ein Machtmittel betrachtet, also als ein Mittel zur Erschaffung und Erhaltung von Kontrolle über andere Menschen. Wie schon erwähnt wurde, ist das ein negativer Eindruck, der wohl in der Geschichte fast aller Kulturgruppen zu finden ist und deswegen beim Studium der interkulturellen Kommunikation beachtet werden muß.

Im Zeitalter der Informations-Macht und Informations-Kontrolle ist es leicht, das Studium der interkulturellen Kommunikation als einen Versuch anzusehen, Information zu sammeln, die gewissen Menschen oder Gruppen von Menschen Macht und Kontrolle über andere Menschen garantieren soll. Leider haben wir als Kommunikationswissenschaftler oft zu solch einem Eindruck beigetragen, besonders in solchen Fällen, wo wir einfach Handlanger politischer oder wirtschaftlicher Führungsschichten wurden. Wenn man noch hinzufügt, daß unser technologisches Zeitalter großes Interesse an Informations-*Beförderungsmitteln* hat (also jeder Art von Möglichkeit, nicht nur Information zu entwickeln, sondern auch den „Versand" und Gebrauch solcher Information zu kontrollieren), dann wird es noch klarer, warum wir uns einer Problematik gegenübersehen, die buchstäblich eine neue Orientierung oder Einstellung von Kommunikationswissenschaftlern verlangt.

Wie können wir also wichtige Einsichten gewinnen, ohne interkulturelle Kommunikationsprozesse zu infizieren oder falsch auszulegen und zu gebrauchen? Es war Merleau-Ponty, der darauf hinwies, daß alles, was wir wissen, selbst unsere Wissenschaft, sich auf unseren eigenen, persönlichen Eindrücken,

Vermutungen und Voraussetzungen aufbaut. Wissenschaft ist also, wenn man diese Einstellung als korrekt betrachtet, nicht eine „direkte" Erfahrung der Realitäten unseres Universums, sondern immer eine Interpretation, selbst wenn sie auf „ratio" beruht – was mich dazu zwingt, den Interpretanten mit in den Gesamtprozeß als *wichtigen* Mitspieler einzubeziehen.

Die Prozeß-Orientierung, und die ihr ähnliche chaos-theoretische Orientierung, bietet uns die Möglichkeit, davon auszugehen, daß wir uns nicht ausschließlich mit Resultaten oder Endzuständen befassen müssen. Chaos-Theorie macht es uns z. B. möglich, darauf hinzuweisen, daß „... chaotische Systeme (wie etwa Kulturen) sich auf Grund positiven Feedbacks entwickeln" (Murphy 1996). Gregersen und Sailer (1993) bestehen darauf, daß bedeutende Einsichten dadurch erreicht werden können, daß wir gesellschaftliche- oder Kultur-Systeme als unberechenbar und chaotisch betrachten und somit den Prozeß der Entwicklung, des Bauens, der Verwandlung als gegeben in unsere Forschungsarbeiten einschließen. D. h. also, daß traditionelle Beschreibungs- oder Erklärungs-Modelle (wie etwa diejenigen, die Hall 1959 und Hofstede 1980 entwickelt haben), Systeme nur in dem *Augenblick* beschreiben können, in dem sie beobachtet wurden. Gleichzeitig bedeutet ein „chaotischer" Ansatzpunkt auch, daß Transformationen in Systemen, die wir traditionell auszuklammern versuchten, als positive und natürliche Lern-Prozesse betrachtet werden können und nicht als Angriffe auf die Stabilität eines Systems, welche es „vernichten" könnte (die Denkweise vieler westlicher Wissenschaftler, die auf „Lösung von *Problemen*" ausgerichtet ist, darf dabei nicht vergessen werden) (Iannone

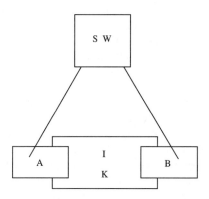

Abb. 2: Modell 2 (Der Sozialwissenschaftler als aktiver Teilnehmer in den Kommunikationsprozessen von zwei Kulturgruppen.)

1995). Alle menschlichen Organisationen, Institutionen – und auch Kulturen – können auf Grund dieser Orientierungen als „sich entwickelnde," „sich organisierende" Zustände aufgefaßt, betrachtet und untersucht werden (Overman, 1996). Wie Peters (1987) schreibt, sollten wir also den Chaos-Begriff willkommen heißen und als gegebene Tatsache in der Welt betrachten, die wir heute identifizieren können.

Im Zusammenhang mit meiner eigenen Arbeit ist mir solch eine theoretische Grundlage sehr willkommen, denn sie erlaubt es mir, mich mit sich entwickelnden Dialogen oder Verhandlungen, in einer Umwelt von sich entwickelnden Kulturen, zu befassen – eine Position, die es mir gleichzeitig erlaubt, Kommunikations-*Prozesse* in das Zentrum meiner Arbeit zu stellen. Da symbolische Systeme, obschon oft sehr unterschiedlich, in verschiedenen menschlichen Kulturgruppen immer die Grundlage unserer Interaktionen sind, haben wir somit einen Kommunikations-Ansatzpunkt, der es uns erlaubt, Beiträge zu leisten, die qualitativ wichtiger sind als eine weitere Beschreibung existierender Details, einschließlich kultureller Faktoren, wie sie etwa auch ein Anthropologe, Soziologe oder Psychologe ausarbeiten könnte.

Es ist mir dabei völlig klar, daß ich hier auf viel schwierigere wissenschaftliche Untersuchungen bestehe, als sie Sozialwissenschaftler in der Vergangenheit unternommen haben, was wohl auch der Grund dafür sein dürfte, daß Anthropologen und andere sich nicht mit den komplizierten, vielseitigen *Prozessen* menschlichen Benehmens befaßt haben (Geertz 1990). Wie Sampson (1993) in seinen Betrachtungen über „Andere" in unserer Umwelt klar macht, sind wir *alle* nicht nur Individuen oder Einzelmenschen, sondern „viele Menschen" auf Grund unserer diversen Konversations-Gemeinschaften. Anderson und Goodall (1994) bestehen deswegen auch darauf, daß wir als Kommunikationswissenschaftler anstatt einer Anatomie der Forschung, eine Poetik des Ausdrucks als Erklärungsgrundlage entwickeln sollten. Somit werden also unsere Modelle und unsere theoretischen Grundlagen nicht als „gegeben," sondern als „sich entwickelnd" in unserer dialogischen Forschungsarbeit betrachtet. Baxter (1992) weist in diesem Zusammenhang darauf hin, daß Verständnis, Bedeutung oder vielleicht sogar noch besser „verstehen" in menschlichen Unterhaltungen, oder Verhandlungen, konstruiert wird. Für mich liegt also, wie Everett (1994) es formulierte, Kultur und das Studium der interkulturellen Kommunikation immer zwischen dem was sein könnte, und dem was „ist."

Man darf dabei natürlich auch nicht die Tatsache vergessen, daß ein gewisser Verlust von Kontrolle und Macht das Resultat ist, wenn offene, dialogische Kommunikation als positiv betrachtet wird (einschließlich der Kommunikation eines Wissenschaftlers mit Repräsentanten einer anderen Kulturgruppe). Also heißt das, daß eine Prozeß- oder eine dialogische Orientierung von uns verlangt, daß wir *alle,* die an unserer Arbeit und an unseren Untersuchungen teilnehmen, ermächtigen, einen Beitrag zu leisten, der sie nicht nur zwingt, *Objek-*

te unserer Forschungsarbeit zu werden. Krippendorf (1993) hat sich mit den daraus entstehenden Problemen und Einsichten eingehend befaßt.

Damit kommen wir zu einem Begriff und einem theoretischen Modell, mit dem ich mich schon etwa 20 Jahre lang befaßt habe. Wenn Kulturen als Ausdruck der menschlichen Anpassungsfähigkeit an die Umwelt und somit als Mittel zum Zweck des Erhaltens einer menschlichen Gesellschaft betrachtet werden, dann sollte es doch wohl folgen, daß dieser Anpassungsvorgang nicht ein für allemal aus der Welt geschafft werden kann, wenn die ersten Erfolge in der Kulturentwicklung erreicht worden sind. Obschon viele von uns (auf Grund des Verlustes von Macht und Kontrolle der Eliten??) darauf bestehen möchten, daß Kultur eine Art von Museum ist, das man besucht, um das zu bewundern, was unsere Vorgänger erreicht haben, ist es uns als Kommunikationswissenschaftler bedeutend wichtiger zu verstehen, wie, wann, und warum sich selbst so wichtige und eindrucksvolle Institutionen wie Kulturen durch Kommunikationsprozesse ändern und anpassen. Die Geschichte und die Vorgänge in unserer Welt, wie zum Beispiel Auseinandersetzungen in England mit Vertretern des Hauses Windsor im „Falle" Prinzessin Diana lehren uns, daß Institutionen einfach keine legitimen Ansprüche auf die Loyalität ihrer Mitglieder machen können, wenn deren Drang zur Selbsterhaltung oder Anpassung an eine neue Umwelt größer ist als ihr Kultur-Erhaltungsdrang.

Die grundlegende Frage, die ich in meinem „Dritte-Kultur-Entwicklungs-Modell" anspreche, ist, wie solche Einsichten in solche Entwicklungen am Erfolgreichsten und auf moralische und ethische Art und Weise erreicht werden können. (Die erste Bechreibung von Menschen, die in „dritten Kulturen" leben, kann man wohl in Useem, Donoghue und Useem 1963 finden). Ich komme also hier nicht auf eine „logische", sondern auf eine „dialogische" Orientierung zurück. Siehe dazu auch Diskussionen in Geisert und Futrell (1996), die darauf hinweisen, daß wir in komplexen Situationen einfach nicht genug präzise Meinungen oder Bedeutungen *sammeln* können, um logische Entscheidungen zu treffen. Wenn ich diese beiden Begriffe hier etwas frei auslegen darf, will ich damit sagen, daß Logik ein interner Prozeß ist, an dem wir aber andere Menschen nur durch Dialog teilnehmen lassen können. Wie kann ich also einen Entwicklungs-, Organisations- oder Bau-Prozeß unterstützen, der alle, die dazu beitragen, ermächtigt, etwas zu schaffen, was *alle* Teilnehmer im Rahmen der interkulturellen Kommunikation als *ihr Eigentum* betrachten können, etwas was sie in symbolischen Interaktionen mit anderen geschaffen haben, etwas was sie als wertvoll und erhaltungswert betrachten? (siehe Casmir 1978; 1992; 1999 in Druck)

Vom Standpunkt einer Kommunikations-Prozeß-Orientierung kommt dabei noch hinzu, daß in diesem Modell *alle* Teilnehmer sowohl die Grundlagen, die Regeln, die Begriffe, die Werte, die Prozesse und die Zukunftszustände *zusammen* entwickelt haben und damit, als ein Resultat, eine Grundlage für positive, interaktive, kommunikative Prozesse in der Zukunft geschaffen haben, die das Resultat einer erfolgreichen Zusammenarbeit und des daraus entstehenden Vertrauens ist. Toulmin (1987) schrieb z. B. davon, daß wir „Möglichkeiten finden (müssen), einander zu verstehen und Unterschiede zu verhandeln, die zwischen all solchen diversen Formulierungen bestehen". Hyde (1991) wies darauf hin, daß kulturelle Transformationen nicht „verpflanzt" werden können, sondern im Dialog und im Rahmen der Kultur, in der komplexe Sozialstrukturen Menschen miteinander verbinden (Smith 1996), verhandelt und aufgebaut werden müssen. Für mich ist in diesem Prozeß Geertz (1973) Vergleich dieses Prozesses mit einem Symphoniekonzert sinnvoll. Er schreibt, daß nur dann, wenn eine Harmonie erreicht wird, die aus der gestaltenden Zusammenarbeit von Instrumenten, der Komposition und den Künstlern ersteht, das Resultat befriedigend ist. Gleichzeitig darf man die Tatsache nicht übersehen, daß dabei kein autoritärer Zwang von irgendeiner autoritären, außenseitigen Macht ausgeübt wurde, die einfach Gehorsam erwartete.

Was der amerikanische Soziologe Goffman als „involvement obligation" oder Teilnahmeverpflichtung beschrieben hat, trifft hier zu. Es ist eine „selbstgewählte" Verpflichtung, die wir auf uns nehmen, weil wir an dem Prozeß teilgenommen haben, weil wir den Wert dieser Teilnahme erkannt haben und weil

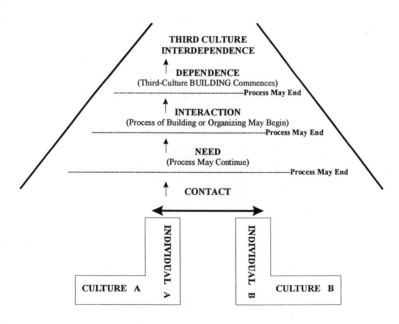

Abb. 3: Modell 3 (Kommunikationsprozesse in der Entwicklung dritter Kulturen.)

wir solch einen Prozeß und seine Resultate als unsere beste Hoffnung für die Anpassung an unsere Umwelt sehen. Kommunikation in solchen interkulturellen Entwicklungs- oder Bau-Prozessen ist uns aus der Geschichte bekannt (z. B. das „Überleben" der griechischen Kultur in der römischen, ein Prozeß, der *beide* Kulturen weiterentwickelt und verändert hat, bis eine neue dritte Kultur das Resultat war; die Anpassung und Entwicklung einer dritten Kultur während der mongolischen Besatzung von Persien; oder die Entwicklung von ein oder mehr Kommunikationskulturen in „Cyberspace").

Die Frage für Kommunikationswissenschaftler wäre also, was wir zu interkulturellen Kommunikationsprozessen beitragen können, damit es uns ermöglicht würde, von der Vergangenheit zu lernen und auf kooperativen, dialogischen Grundlagen eine Zukunft aufzubauen, welche durch die interaktiven, kommunikativen Beiträge *aller* Menschen erschaffen, erhalten und weiterhin gesichert werden kann. Damit würde das „Bauen" von dritten Kulturen durch dialogische Kommunikationsprozesse seinen Wert beweisen.

Literatur

Anderson, J. A., Goodall, H. L. Jr.: Probing the body ethnographic. From an anatomy of inquiry to a poetics of expression. In F. L. Casmir (Ed.): Building communication theories: A socio-cultural approach. Hillsdale, NJ 1994

Barna, L. M.: Stumbling blocks in intercultural communication. In L. A. Samovar, R. E. Porter (Eds.): Intercultural communication: A reader. Belmont, CA 1991

Baxter, L. A.: Interpersonal communication as dialogue: A response to the „social approaches" forum. Communication Theory, 2(4), 330-347, 1992

Berry, W.: The unsettling of America: Culture and agriculture. New York, NY 1978

Casmir, F. L.: Foundations for the study of intercultural communication based on a third-culture building model. International Journal of Intercultural Relations. (in press 1999)

Casmir, F. L.: Third-culture building: A paradigm shift for international and intercultural communication. In S. Deetz (Ed.): Communication Yearbook, 16. Beverly Hills, CA 1992

Casmir, F. L.(Ed.): Intercultural and international communication. Washington, DC 1978

Durkheim, E.: Les regles de la methode sociologique. Paris 1938

Everett, J. L.: Communication and sociocultural evolutions in organizations and organizational populations. Communication Theory, 2, 93-110, 1994

Geertz, C.: The impact of the concept of culture on the concept of man. In H. Caton (Ed.): The Samoan reader (45-55). Lanham, MD, 1990

Geertz, C.: The interpretation of cultures, selected essays. New York, NY, 1973.

Geisert, P., Futrell, M.: Free will: A human fuzzy, chaotic process. Humanist, 56, 26-29, 1996

Gregersen, H., Sailer, L.: Chaos theory and its implications for social science research.Human Relations, 46, 777-802, 1993

Hall, E. T.: The silent language. New York, NY 1959

Hofstede, G.: Culture's consequences: Intercultural communication theory: Current perspectives. Beverly Hills, CA 1980

Hyde, R. B.: Ontology, language, and culture. Paper presented at the annual convention of the Central States Speech Communication Association. Chicago, Ill. 1991

Iannone, R.: Chaos theory and its implications for curriculum and teaching.Education, 115, 541-547, 1995

Krippendorf, K.: Conversation or intellectual imperialism in comparing communication (theories). Communication Theory, 3(3), 252-266, 1993

Murphy, P.: Chaos theory as a model for managing issues and crises. Public Relations Review, 22, 5-113, 1996

Overman, E. S.: The new science of administration: Chaos and quantum theory. Public Administration Review, 56, 497-491, 1996

Peters, T.: Thriving on chaos. New York, NY 1987

Philipsen, G.: The prospect of cultural communication. In D. L. Kincaid (Ed.): Communication theory: Eastern and western perspectives. New York, NY 1987

Sampson, E. E.: Celebrating the other. A dialogic account of human nature. Boulder, CO 1993

Simmel, G.: The stranger. In K. Wolff (Transl. u. Ed.): The sociology of Georg Simmel. New York, NY 1950

Smith, L. R.: Reconstructing identity in a new home. Language, spirit, social structure and the missionary. Paper presented at the annual convention of the Speech Communication Association, San Diego, CA 1996

Toulmin, S.: Pluralism and authority. In T. P. Fallon, P. B. Riley (Eds.): Religion and culture: Essays in honor of Bernard Lonergan (17-19). Albany, NY 1987

Triandis, H. C.: Subjective culture and interpersonal relations across cultures. In L. Loeb-Adler (Ed.): Issues in cross-cultural research. Annals of the New York Academy of Sciences, 285, 418-434, 1977

Useem, J., Donoghue, J. D., Useem, R. H.: Men in the middle of the third-culture. Human Organization, 22(333), 129-144, 1963

Yoshikawa, M. J.: The double-swing model of intercultural communication between the east and the west. In D. L. Kincaid (Ed.): Communication theory: Eastern and western perspectives. New York, NY 1987

EDITH SLEMBEK

Grundfragen der interkulturellen Kommunikation

Zahlreiche Wissenschaftsgebiete beschäftigen sich mit Fragen der interkulturellen Kommunikation: Anthropologie, Ethnographie, Kommunikationswissenschaften, Linguistik, Psychologie, Ethnopsychoanalyse, Ethnorhetorik/Ethnohermeneutik ... Das Interesse so vieler Gebiete mag an den schwer eingrenzbaren Begriffen Kultur und Kommunikation liegen. Beide haben nahezu unendlich viele Aspekte und diese werden von den unterschiedlichen Wissenschaften unter jeweils spezifischen Interessen fokussiert. Die zusammengetragenen Ergebnisse bleiben allerdings Stückwerk, eine Zusammenschau fehlt bisher. Diese wäre nur durch interdisziplinäre Zusammenarbeit zu erreichen. Dem steht aber bekanntlich „orthodoxe Fachverteidigung" entgegen (Hinnenkamp 1989, 25). Sogar innerfachlich läßt sich das nachvollziehen. Wie wäre es sonst zu erklären, daß die ohnehin verschwindend geringe Zahl von Leuten in diesem Fach sich zurückbesinnt auf überholte Positionen? Jenseits des Tellerrands Bundesrepublik Deutschland geschieht manches in unserem Fach. Was sehen, hören, lesen wir davon? Nahezu nichts. Was, von der internationalen Forschung, gehört zur Pflichtlektüre? Nahezu nichts. Ich erlaube mir die Frage, wie lange können und wollen wir noch an unserem eigenen Verschwinden arbeiten? Eine Öffnung des Faches ist notwendig, wir brauchen den Anschluß an die internationale Forschung.

Auf dem Gebiet der interkulturellen Kommunikation will ich das hier versuchen – allerdings lediglich in einigen Grundzügen. Den Rahmen sollen zunächst einige Überlegungen zu *Kultur* und *Kommunikation* bilden, danach sollen zwei kulturelle Ecktypen gegenübergestellt werden, bevor ich zu Konsequenzen für Gespräche in interkulturellen Arbeitsgruppen komme.

Es gibt inzwischen über 300 Definitionen von Kultur. Ich könnte also die Zeit nutzen, einige dieser Definitionen genauer zu betrachten. Darauf verzichte ich und zitiere stellvertretend eine Metapher von Geertz (1966, 67):

„Man könnte Kultur mit einem Tintenfisch vergleichen, seine Arme sind weitgehend separat, nicht einmal durch viele Nerven sind sie miteinander und mit dem Ding verbunden, das man Kopf nennen könnte; dennoch schafft er es, sich fortzubewegen und sich als lebensfähiges, irgendwie unbeholfen scheinendes, Wesen selbst zu erhalten."

Das Bild vom Tintenfisch kann für eine beliebige Kultur stehen; mit den Augen von Angehörigen einer Fremdkultur betrachtet, sind wiederkehrende Abläufe erkennbar – es gibt also eine verstehbare Organisation, z. B. wenn die Menschen sich beim Begrüßen die Hand geben, die Nasen aneinanderreiben oder sich mit den Wangen berühren. In anderen Abläufen ist, von außen betrachtet, nicht verstehbar, wie sie organisiert sind, z. B. wenn die Mitglieder einer anderen Kultur ständig zu spät zu einem verabredeten Zeitpunkt kommen, und Angehörige der Fremdkultur einer Norm „Pünktlichkeit" verpflichtet sind. Ist die Kultur da unorganisiert?

Schon derlei Äußerlichkeiten können die Kommunikation zwischen Kulturen in Frage stellen. Dabei sind sie lediglich die beobachtbare „Oberfläche". Wichtiger für die Kommunikation zwischen Kulturen ist, welchen Mythen, Werten, Normen sie verpflichtet sind, wie sie demzufolge ihr kommunikatives Handeln organisieren und wie sie mit widersprüchlichen Anforderungen umgehen. Das sind Fragen, die in der „interkulturellen Kommunikation" erforscht werden.

Wer sich mit interkultureller Kommunikation beschäftigt, muß sich zunächst klar werden wie der eigene kulturelle „Tintenfisch" organisiert ist. Was bestimmt eigentlich das Handeln der Individuen und Gruppen in der eigenen Kultur? Das ist meist völlig unbewußt. Ein leidvolles Beispiel liefert die jüngere deutsche Geschichte: im Zusammenwachsen der ostdeutschen und westdeutschen Länder. Wie hätte es sich entwickelt, wenn die Menschen hüben und drüben mehr verstanden hätten von der eigenen deutschen und der fremden deutschen Kultur?

Von dieser konkreten Situation einmal abgesehen, kann man sich über zwei Wege dem Verstehen von fremden Kulturen annähern: dem emischen und dem etischen. „Annähern" ist durchaus mit Bedacht gewählt, wirklich zu verstehen ist eine fremde Kultur nicht (Starosta 1985). Die emischen Richtungen untersuchen eine Kultur sozusagen aus der Innenperspektive heraus, sie wollen sie so verstehen, wie ihre Mitglieder sie verstehen (z. B. die Untersuchungen über Entscheidungsfindung in asiatischen Kulturen). Dagegen untersuchen die *etischen* Richtungen die Kulturen von einem externen Standpunkt – sie vergleichen bestimmte Charakteristika und schauen, welche Ähnlichkeiten oder Differenzen es aus externer Sicht gibt (z. B. wie kommt man in einer Kultur in die Sprechrolle, dürfen Sprechende unterbrochen werden und wie verfährt die Vergleichskultur?) Ein weiteres Feld ist dabei die Untersuchung der *Kommunikation*. Meist wird mit kulturanthropologischen und psychologischen Methoden gearbeitet. Die anthropologische Forschung verfolgt das Ziel, Aspekte einer Kommunikationskultur zu beschreiben. Die Forschung auf diesem Gebiet, wie die der interkulturellen Kommunikation überhaupt, begann mit Edward Hall (1959). Für die Diplomatenschulung untersuchte er u. a. Raumorganisation und Raumverhalten von Menschen in unterschiedlichen Kulturen. Der Raum ist für Hall nicht nur ein Gehäuse, er ist ein Mittel der Kommunikation, man denke nur an das Raumverhalten von Deutschen und Lateinamerikanern. In Mitteleuropa liegt die angenehme Kommunikationsdistanz in Arbeitskontakten bei ungefähr 1,20 m, außerdem stehen wir im offenen Winkel zueinander. Bei diesem Abstand können nicht-persönliche Informationen mit normal lauter Stimme ausgetauscht werden. Lateinamerikaner dagegen besetzen den Raum anders: Sie bevorzugen eine Position genau gegenüber vom Gesprächspartner oder der Gesprächspartnerin und eine deutlich geringere Distanz; was die Lautheit angeht, bestehen ebenfalls deutliche Differenzen, was für sie „normal laut" ist, hört sich für uns wie „Gebrüll" an. Welche Auswirkungen haben diese Differenzen in der gemeinsamen Kommunikationssituation? Mitteleuropäer und Mitteleuropäerinnen weichen im allgemeinen zurück vor dem Menschen, der ihnen zu dicht „auf die Pelle" rückt, um die, für sie angemessene, Kommunikationsdistanz zu erreichen. Südamerikaner und Südamerikanerinnen rücken nach und bauen sich genau frontal vor den Angesprochenen auf, um eine für sie angemessene Kommunikationsdistanz zu erreichen, (Hall 1984, 210). Die einen empfinden die anderen als aufdringlich und aggressiv, die anderen die einen als kalt und unhöflich. – Beide sind aber lediglich ihren (unbewußten) kulturellen Normen für angemessenes räumliches Verhalten gefolgt, das ihnen Kommunikation überhaupt erst ermöglicht.

Auf andere Weise beschäftigt sich die *Ethnographie des Sprechens* mit Kommunikationsmustern und -regeln in unterschiedlichen Sprechgemeinschaften (speech communities). Dazu kombiniert sie Methoden der anthropologischen Feldforschung und der Soziolinguistik (z. B. Carbaugh, Gumperz, Hymes, Philipsen, Soraya). Philipsen bezeichnet das Sprechen als einen ganz und gar durch die Kultur bestimmten Prozeß.

„Will man das Sprechen in einer bestimmten speech community verstehen, dann muß man verstehen lernen, wie sie kulturell geformt und geregelt ist. Ethnographie ist der Prozeß des Verstehens solcher Formungen ist zugleich das Berichten über das Verstehen. „Ethnographers of speech" sind sozusagen Naturforscher oder Naturforscherinnen, sie beobachten, hören und zeichnen kommunikatives Verhalten in seiner natürlichen Umgebung auf. Es geht also sowohl um die Beschreibung dessen, was in einer gegebenen speech community vorfindlich ist, als auch darum, welche wiederkehrenden Muster in ihr zu beobachten sind" (Philipsen 1992, 7).

Kulturtypen

In welchen Dimensionen unterscheiden sich also Kulturen so, daß es zu Fehlinterpretationen kommen kann, oder auch zu Kommunikationsabbruch? Inwieweit sind sie ähnlich oder unähnlich, und wie lassen sich Differenzen im kommunikativen Handeln erklären? Als Schlüsselbegriffe zum Verstehen der Unterschiede gelten *„individualistisch"* und *„kollektivistisch"*, sie dienen zur Bezeichnung zweier kultureller Grundtypen (Gudykunst, Ting-Toomey, Kim, Oetzel u. a.). Der Begriff *kollektivistisch* bezeichnet den Kulturtyp, in dem Bedürfnisse, Werte und Ziele der Gruppe höher eingeschätzt werden als die des Individuums (vgl. z. B. Triandis 1989). Das ist in den meisten asiatischen, in afrikanischen, auch in indianischen Kulturen der Fall.

In *individualistischen* Gesellschaften dagegen werden die individuellen

Bedürfnisse, Werte und Ziele höher eingeschätzt als diejenigen der Gruppe. Das ist in den meisten westlichen Gesellschaften der Fall. Die Menschen in dem einen oder anderen Kulturtyp haben unterschiedliche Selbstkonzepte, unterschiedliche Vorstellungen von Identität und unterschiedliches Sozialverhalten. Das hat Konsequenzen dafür, wie sie kommunizieren, wie ihre Zusammenarbeit geregelt ist, wie Ziele festgelegt werden, wie Meinungsverschiedenheiten gelöst werden, wie Entscheidungen zustande kommen. Wie immer, gibt es auch hier Überlappungen, aber der Klarheit wegen möchte ich mich hier auf die Typen in „Reinkultur" beschränken.

Wie werden also in dem einen oder anderen Kulturtyp die *Mitglieder* geformt? In *individualistischen* Kulturen verfolgen die Mitglieder vorrangig individuelle Ziele. Diese überschneiden sich nur wenig mit den Zielen der umgebenden Gruppen, z. B. Staat, Verband, Verein; gemeinsame Ziele bestehen noch am ehesten in der Familie oder am Arbeitsplatz. Wenn nun persönliche Ziele und Gruppenziele in Konflikt geraten, dann ziehen es Mitglieder individualistischer Gesellschaften vor, eigene Ziele auf Kosten der Allgemeinheit zu verfolgen. Mitglieder dieser Kulturen trachten danach, bei der Erziehung ihrer Kinder individuelle Persönlichkeitszüge zu entwickeln. Die dahinterstehende Ideologie heißt, jedes Individuum ist einmalig, hat ganz individuelle Fähigkeiten, Charakteristika und Ziele. Wichtige Regulatoren für das Verhalten sind „unabhängig von anderen werden", einzigartige Merkmale entwickeln und sie auch zum Ausdruck bringen.

Independenz zählt zu den Stärken, Abhängigkeit (Dependenz), Schüchternheit, Introvertiertheit dagegen gelten in diesen Kulturen als individuelle Schwäche (Kim 1995, 155), die das Individuum möglichst überwinden sollte – z. B. durch Kurse in Rhetorik, durch Selbstbehauptungstrainings, durch Seminare im „selbstsicheren Auftreten" oder in Desensibilisierungstrainings.

In *kollektivistischen* Kulturen gilt es als zentrale Tugend, die Ziele der Gruppe höher einzuschätzen als die individuellen. Diese Kulturen vermitteln in der Erziehung Gruppenwerte, d. h. das Individuum nimmt zuerst die Gruppe und deren Bedürfnisse und Ziele wahr. Das gesamte Verhalten zielt auf Verbundenheit mit anderen und Beziehung zu anderen. Es wird reguliert durch den Wunsch nach Harmonie und danach, eine angemessene Beziehung aufrechtzuerhalten. In der aktuellen Kommunikationssituation ist es also durchaus üblich, daß ein Mitglied die Ziele anderer verfolgt und nicht die eigenen. In diesen Gesellschaften gilt *Interdependenz* als Stärke, dagegen werden Eigenwilligkeit, Selbstbehauptung und Selbstzentriertheit als Schwäche eingeschätzt. In beiden Kulturtypen geht es um das Selbst, das independente oder das interdependente. In der Forschung zum Selbst wird angenommen, daß das Selbstkonzept ein wichtiger Mittler beim Erwerb kultureller Verhaltensmuster ist, daß es also auf die Formung der Wahrnehmung, der Bewertungen und des Verhaltens einwirkt. (Kim 1995, 154)

Selbstkonzepte

Das Selbst gilt als Grundlage und Gesamtbereich der Persönlichkeit. Es umfaßt den Leib, kollektive Vorstellungen, überlieferte Geschichten der Kultur, die persönliche Geschichte und die der eigenen Familie, individuelle Verhaltens- und Erlebenstendenzen, gegenwärtige Beziehungen, Motivationen und Zukunftsvorstellungen (Rahm u. a. 1993, 92).

Die spezielle Art, wie das Selbst in einer Kultur begriffen wird, kann das Entstehen des Selbstkonzepts und der damit verbundenen Verhaltensmuster erklären helfen. Kulturen mit Vorstellungen von einem *independenten* Selbst begreifen das Individuum in seiner Einmaligkeit, mit eigenen Gedanken, Gefühlen, Urteilen, sie betrachten es als klar abgegrenzt von anderen Individuen und vom sozialen Umfeld. Hier gilt die Devise, „nimm kein Blatt vor den Mund", streite für deine Ziele, leiste, konkurriere, laß dir nicht die Butter vom Brot nehmen – und hedonistisch – genieße.

Ganz anders das kollektivistische Selbst. Es wurzelt im Gefühl, mit der Gruppe eng verbunden zu sein.

„... die Menschen trachten danach, mit nützlichen anderen Menschen in Übereinstimmung zu sein, Verbindlichkeiten nachzukommen, neue zu schaffen und ganz allgemein ein Teil von interpersonellen Beziehungen zu werden" (Markus/ Kitayama 1991).

Dieses „ein Teil von interpersonellen Beziehung werden" drückt sich auf extreme Weise in dem japanischen Sprichwort aus, „ein Nagel der hervorsteht, muß eingeschlagen werden", d. h., niemand soll auffallen. Das Selbst wird in kollektivistischen Gesellschaften also gesehen als ein „Selbst in Beziehung zu anderen", das ist die Leitlinie für kommunikatives Handeln. Folglich prägen indirektes Vorgehen in der Kommunikation, Konformität, Kooperation und Tradition, Status und Respektieren der hierarchischen Ordnung, die Verhaltensweisen.

Sozialverhalten

Welche Eigenheiten lassen sich nun im sozialen Verhalten erkennen? Angenommen, es handelt sich um einen Konfliktfall, dann tendieren Mitglieder *individualistischer* Kulturen dazu, direkt zu sein, und ihre Position entschieden zu vertreten, um ihre Ziele zu erreichen. Direkte Konfrontation mit der Meinung anderer, auch Angriffe sind durchaus nicht selten. In diesen Fällen wird Konflikt meist als Kampf verstanden, als Gewinndialog.

Im Verhalten unterschiedlichen Gruppen gegenüber sind Mitglieder individualistischer Kulturen relativ flexibel. Sie machen weniger Unterschiede zwischen in-group und out-group, können vielen verschiedenen Gruppen angehören, fließende Übergänge zwischen den verschiedenen Gruppen schaffen und immer wieder neue bilden. Diese Verhaltenstendenz begründet Triandis (1995) folgendermaßen:

„... Individualisten sind stark geprägt vom ‚Gleichheitsgrundsatz' und ihre sozialen Beziehungen sind zeitgebunden und willentlich."

Das Verhalten verändert sich allerdings Fremdkulturen gegenüber.
Mitglieder *kollektivistischer* Kulturen dagegen vermeiden Konfrontation.

„... ganz allgemein ist das Ziel Interdependenter Gesichtsverlust zu vermeiden und von anderen in-group-Mitgliedern akzeptiert zu werden, dieses Ziel verstärkt noch ihre Präferenz für ‚prosoziale' Mittel, um bestimmte Ziele zu erreichen. Das Erfordernis ist, die Gedanken anderer zu ‚lesen' und so zu wissen, was sie denken oder fühlen" (Kim 1995, 156).

Von ihrer Einstellung und ihrem Gefühl her sind sie eng mit dem Leben der ingroup verbunden. Als in-group gilt eine Gruppe, deren Werte, Normen und Ziele das Verhalten ihrer Mitglieder bestimmt. Das ist vor allem die engere Familie, es können aber auch die Kollegen und Kolleginnen am Arbeitsplatz sein. Mitglieder kollektivistischer Kulturen haben oft Schwierigkeiten, mit der outgroup zu kommunizieren (Oetzel 1995, 252). Zu berücksichtigen ist ferner, daß die Menschen sich hoch selektiv verhalten. Es gibt jeweils nur wenige, klar begrenzte in-groups. Gegenüber der out-group können sich Mitglieder kollektivistischer Kulturen sehr harsch und abweisend, konkurrierend verhalten.

Interkulturelle Gespräche

Von besonderem Interesse sind interkulturelle Gespräche. Gespräche spiegeln die jeweiligen kulturellen Werte, Normen. Schon innerhalb der eigenen Kultur, mit ihren subkulturellen Ausprägungen ist Verständigung im Gespräch schwierig, und oft genug gelingt sie nicht. Kommen nun völlig fremde Normen und Werte hinzu, ist es einsichtig, daß es zu Mißverständnissen, Konflikten, auch zum Abbruch der Kommunikation kommen kann.

Es geht im folgenden nicht um Alltagsgespräche, auch nicht um wissenschaftliche Auseinandersetzungen sondern um Gespräche in interkulturellen Arbeitsgruppen.

Allgemein sind Arbeitsgespräche geprägt von bestimmten Zielen: Abläufe zu koordinieren, eine Aufgabe zu lösen, zu entscheiden, damit gehandelt werden kann. Das trifft für individualistische und für kollektivistische Kulturen zu. Sie unterscheiden sich jedoch in den Wegen zum Ziel „entscheiden" und in deren Bewertung.

Individualistische Kulturen messen die „Effizienz" von Entscheidungen vorwiegend an Nutzen, Qualität und Richtigkeit. Wie die Entscheidung zustande gekommen ist, spielt dabei eine untergeordnete Rolle, denn im Vordergrund von Gruppengesprächen stehen im allgemeinen Aufgabe und out-put. Der eigentliche Gespräch*sprozeß* wird kaum auf seine Qualität hin überprüft, d. h. wie ist geklärt worden, inwieweit sind alle Ideen einbezogen worden, waren die

Beziehungen ungespannt, wurde der Respekt vor anderen und ihrer Meinung gewahrt, wurden Minderheitenvoten gehört und bearbeitet? Ist der Prozeß soweit vorangetrieben worden, daß die Zustimmung aller möglich wurde? All das steht zwar in manchen „Unternehmensphilosophien" – in der Gesprächspraxis der Gruppen sieht es jedoch meist anders aus. Entsprechend ihren Werten geht es in westlichen Kulturen eher darum, wie schnell (time is money) ein solcher Prozeß beendet wird; vielfach trachten die Teilnehmenden danach sich zu profilieren, kommen schon mit fertigen Meinungen zur Sache und über die anderen Beteiligten in die Sitzung, bringen vor allem die eigene Position ein und verteidigen sie gegen andere.

Für *kollektivistische Kulturen* bedeutet „Effizienz" etwas anderes. Die Qualität der Entscheidung wird vor allem nach der „Angemessenheit" bewertet, d. h. nach dem Prozeß der Entscheidungsfindung und nach der Akzeptanz der Entscheidung durch die Beteiligten und diejenigen, die davon betroffen sind. „Angemessenheit" stützt sich auf folgende Kriterien: gleiche Beteiligung der Gruppenmitglieder, Zustimmung der Beteiligten (Harmonie wahren, Gesichtsverlust vermeiden) und Konsensentscheidung. Der gesamte Gesprächsprozeß braucht sehr viel mehr Zeit, als es in westlichen Gesellschaften üblich ist. Soll die Zustimmung aller erreicht werden, dann müssen alle am Gesprächsprozeß beteiligt sein, um der schließlich anstehenden Entscheidung zustimmen zu können. Erst wenn die Zustimmung aller erreicht ist, wird die Entscheidung gefällt. Verläuft dieser Prozeß zufriedenstellend, dann gilt er als „effizient" und die Qualität der Entscheidung wird als hoch eingeschätzt (Slembek 1997). Das Kriterium Angemessenheit des Gespächsprozesses gilt im übrigen nicht nur für kollektivistische Kulturen. Auch Gruppen in westlichen Gesellschaften, die eine Entscheidung durch Konsens erreichen, kommen zu besseren Entscheidungen als Gruppen, die durch Kompromiß oder Mehrheitsvotum entscheiden (Oetzel 1995). Werden nun Arbeitsgruppen gebildet aus unterschiedlichen Kulturen, mit unterschiedlichen Identitäten, Selbst-Konzepten, Verhaltensweisen und Kommunikationsstilen, dann entsteht die Frage, ob sie überhaupt sinnvoll zusammenarbeiten können.

Oetzel (1995) hält den Umgang mit Konflikten für entscheidend für die Zusammenarbeit in interkulturellen Gruppen, die unterschiedliche Konfliktstile entwickelt haben. Zusammenarbeit in aufgabenorientierten Gruppen führt immer wieder zu Konflikten, z. B. weil unterschiedliche Ansichten zu unterschiedlichen Präferenzen führen, weil unterschiedliche Widerstände gegen Veränderung herrschen, weil mehrere Lösungen konkurrieren, demzufolge auch mehrere Entscheidungsvarianten, wie ein gesetztes Ziel am besten zu erreichen ist – kurz, wenn es strittig wird. Konflikte in der Sache sind höchst produktiv, muß doch die Gruppe gegen Widerstände denken, Aspekte aus unterschiedlichen Blickwinkeln betrachten, neue Ideen finden. Insofern führen Konflikte zu den besseren Lösungen. Denn „der Sinn von Konflikten liegt auch in der Veränderung. ... Weiterentwicklung und Veränderung steht in der Spannung von Gut und Böse – und wird in allen Kulturen und Mythen in irgendeiner Form abgewandelt" (Schwarz 1990, 22).

Die jeweils besten Lösungen und Entscheidungen finden Gruppen, denen es gelingt, Ideenkonflikte zu maximieren ohne dabei die Beziehungen zu den Personen in Frage zu stellen. Nach Oetzel (1995) setzt dies jedoch voraus, daß die Beteiligten die Sache von der Person trennen können. Das sei ein Merkmal, das eher in westlichen Gesellschaften vorkomme. In kollektivistischen Gesellschaften werde Person und Sache tendenziell nicht getrennt. Entsprechend den Werten dieser Kulturen sind im Sachkonflikt immer auch die Beziehungen zu den Personen impliziert.

Werden Konflikte so unterschiedlich gesehen, dann ist zu überlegen, welche Gesprächsstile – und das impliziert Konfliktstile – es gibt und welcher für interkulturelle Arbeitsgruppen geeignet sein könnte. Putnam (1986) unterscheidet drei Konfliktstile:

1. *Vermeiden.* Der Konflikt wird entweder umgangen, oft ist der eigentliche Konfliktkern nicht einmal bewußt, oder auf einem anderen Feld ausgetragen (Stellvertreterkonflikt). In individualistischen Kulturen ist das ein unangemessener Konfliktstil, weil er zum Phänomen des „Gruppenzwangs" führt (unter den Teppich kehren) und die Gruppe alternative Ideen entweder abwehrt oder nicht kritisch durchdenken kann.

2. *Integrieren.* Dieser Konfliktstil zeichnet sich dadurch aus, daß die Beteiligten Gruppenziele über persönliche Ziele stellen, persönliche Spannungen werden dabei hintangestellt. Der Gesprächsprozeß wird dann vorangetrieben durch Differenzen in Ideen und Meinungen. Alle und aller Ideen sollen dabei geklärt werden, eine möglichst gleichmäßige Beteiligung aller trägt zu tragfähigen Lösungen bei. Integriert werden also sowohl Sache als auch Personen.

3. *Konkurrieren.* Der Begriff ist ambig, denn Konkurrenz in der Sache ist notwendig und produktiv. Bei Konkurrenz zwischen den Personen leidet die Sache. Im Sinne des Konzepts der „rhetorischen Kommunikation" verwende ich hierfür nicht den Begriff Streit sondern Kampf. Im Kampf verdächtigen sich die Beteiligten gegenseitig, stellen andere bloß, wenn Konflikte entstehen (Geißner 1998). Dieser Konfliktstil wirkt sich negativ auf Arbeit und Beteiligte aus, geht es doch nur noch darum, andere niederzukämpfen, Sieger im Konflikt zu bleiben und die persönliche Macht zu erhalten. Die feindselige Haltung zwischen den Beteiligten führt zu Unkommunikation über die Sache (Deutsch 1969).

Konfliktstile gibt es sowohl in individualistischen als auch in kollektivistischen Kulturen. In beiden gibt es nämlich gleiche Aufgaben. Also ist miteinandersprechen und miteinanderhandeln im village genauso notwendig wie im global village. Konflikte müssen bewältigt werden, damit gehandelt werden kann. Mit dieser grundsätzlichen Feststellung ist noch nicht gesagt, wie das geschehen könnte.

Eine Möglichkeit beschreibt Ting-Toomeys „face negotiation theory". Sie geht davon aus, daß kulturelle Differenzen im Umgang mit Konflikten sich ergeben aufgrund der Art, wie in einer Kultur „face" behandelt wird und aufgrund der Kulturvarianten individualistisch kollektivistisch. Im Konflikt wird auf die eine oder andere Weise das Gesicht der Beteiligten immer wieder in Frage gestellt, es ist bedroht. Alle Kulturen verfügen für diese Situationen über Höflichkeitsregeln, sie sind unterschiedlich, je nachdem was Gesicht bewahren oder Gesicht verlieren in einer Kultur bedeutet. Individualistische Kulturen sind eher bestrebt, das eigene Gesicht zu wahren, das kann auf Kosten des Gesichts anderer gehen. Der Versuch zu dominieren und zu konkurrieren kann als Angriff auf das Gesicht anderer interpretiert werden. Für Mitglieder kollektivistischer Kulturen ist es wichtiger das Gesicht des anderen zu wahren oder wechselseitig das Gesicht zu wahren, daher tendieren sie dazu, indirekt zu sprechen und dadurch offene Uneinigkeit in der Sache und mit der Person zu vermeiden.

Daraus ergibt sich, interkulturelle Arbeitsgruppen mit integrativem Konfliktstil haben am ehesten Chancen, zu einer sinnvollen Zusammenarbeit zu kommen. Sie sind im Stande, viele Aspekte einer Aufgabe zu klären, kritisch zu evaluieren und kreative Lösungen zu finden (Slembek 1997). Ob individualistische oder kollektivistische Kultur, in beiden geht es darum, kommunikationsfähig zu werden und das bedeutet auch, konfliktfähig.

Literatur

Carbaugh, D. (Hg.): Cultural communication and intercultural contact. Hillsdale 1990

Deutsch, M.: Conflicts: Productive and destructive. Journal of Social Issues, 25, 7-41, 1969

Geertz, C.: Person, time, and conduct in Bali. Zit. in Gudykunst/Ting-Toomey 1996, 5

Geißner, H.: Grundfragen der Gesprächsrhetorik. In Geißner, H., Leuck, H. G., Schwandt, B., Slembek, E.: Gesprächsführung – Führungsgespräche. St Ingbert 1998, 11-33

Gudykunst, W. B., Ting-Toomey, St.: Communication in personal relationships across cultures: An introduction. In Gudykunst, W., Ting-Toomey, S., Nishida, T. (Eds.): Communication in personal relationships across cultures. S. 3-18. Thousand Islands, London-New Dehli 1996

Gumperz, J. J., Hymes, D. (Hrsg.): Directions in sociolinguistics. Ethnography of communication. New York 1972

Hall, E. T.: The silent language. Garden City, New York 1959; zit. aus éd. française: Le langage silencieux. Paris 1984

Hinnenkamp, V.: Interaktionale Soziolinguistik und interkulturelle Kommunikation. Tübingen 1989

Jandt, F. E.: Intercultural communication. An introduction. Thousand Oaks, London-New Dehli 1996

Kim, Min-Sun: Toward a theory of conversational constraints: Focusing on individual-level dimensions of culture. In: Wiseman, R. (Ed.): Intercultural communication theory. S. 148-169. Thousand Oaks, London-New Dehli 1995

Markus, H. R., Kitayama, S.: Culture and the self: Implications for cognition, emotion and motivation. Psychological Review, 98, 224-253, 1991

Oetzel, J. G.: Intercultural small groups: An effective decision-making theory. In Wiseman, R. (Ed.): Intercultural communication theory. S. 247-270. Thousand Oaks, London-New Dehli 1995

Philipsen, G.: Speaking culturally. New York 1992

Putnam, L. L.: Conflict in decision making. Zit. in Oetzel 1995, 260

Rahm, D., Otte, H., et al.: Einführung in die integrative Therapie. Paderborn 1993

Schwarz, G., Konfliktmanagement. Sechs Grundmodelle der Konfliktlösung. Wiesbaden 1990

Slembek, E.: Zur Lehrbarkeit interkultureller Argumentation und Kooperation. In Slembek, E.: Mündliche Kommunikation – interkulturell. S. 39-52. St. Ingbert 1997

Soraya, S.: Ethnohermeneutik des Sprechens. St. Ingbert 1997

Starosta, W. J.: On intercultural rhetoric. In W. Gudykunst, Kim, Y. (Eds.): Methods for intercultural communication research. S. 229-238. Beverly Hills-London-New Dehli 1985

Ting-Toomey, St.: Managing identity: An identity-dialectics (ID) framework. Paper zum Vortrag während der Speech Communication Association Convention, San Diego, 1996

Ting-Toomey, St.: Intercultural conflict styles: A face-negotiation theory. In Kim, Y., Gudykunst, W. (Eds.): Theories in intercultural communication. S. 213-238. Newbury Park 1988

Triandis, H. C.: Individualism and collectivism. Boulder 1995

Triandis, H. C.: The self and social behavior in differing cultural contexts. Psychological Review, 96, 506-520, 1989

ELMAR BARTSCH

Kulturen der Wissenschaft –
und der Sprechwissenschaft

1. Sprechwissenschaft zwischen Kulturen der Wissenschaft

Wenn sich Fachleute der „Sprechwissenschaft und Sprecherziehung" treffen, bieten sie ein Kaleidoskop der verschiedensten Grundannahmen, auf denen ihre Wissenschaft beruht, oft widersprüchliche Theorien, welches die Basis, die Grundtheorie ihres „Wissens" sei – trotz vieler Ähnlichkeiten und Verwandtschaften. Auch in unserem Bereich zeigt sich jener *Pluralismus, wie er in der gesamten Wissenschaftsszene* vorhanden ist: Psychologen haben in der Regel eine andere Vorstellung von Wissen und Wissenschaft als Ingenieure; Mediziner wieder eine andere als Literaturwissenschaftler; Pädagogen eine andere als Sprachwissenschaftler oder als Philosophen usw.

So können wir auch von unterschiedlichen Kulturen der Sprechwissenschaft und von verschiedenen didaktischen Kulturen der Sprecherziehung reden: NLP-Begeisterte oder TA-Fans begreifen Sprechen hauptsächlich als psychisches Geschehen – ganz anders Leute, die in der akustischen Phonetik nur apparative Meßergebnisse als Wissen gelten lassen. Jemand, der Sprechtherapie auf einer funktionell-physiologischen Grundlage betreibt, hat ein anderes Verständnis von gesichertem Wissen als solche, die sprechkünstlerisch arbeiten und z. B. die sozialen Konstituenten von Textproduktions- und Rezeptionsarten berücksichtigen. Rhetorik Lehrende werden ein didaktisches Verhältnis von Rede und Gespräch ausbalancieren und ob ihrer Vermittlungs-Praxis ein eher pädagogisches Wissensverständnis haben – anders als etwa linguistische Gesprächsanalytiker mit ihrer aus der Grammatik stammenden systematisch-syntaktischen Ausbildung. Letztere werden, wie etwa in der Sprechakttheorie, Strukturraster von Funktionen entwickeln. Wieder anders orientieren sich die Habermas-Jünger mit deren Ethik einer idealen Kommunikationssituation. Ihr Wissenschaftsbild ist das der Universalpragmatik. Ein noch anderes Wissenschaftsverständnis haben Leute, die Rhetorik vor allem historisch betrachten – wie in Tübingen.

Richtungen in SW/SE	Begriff v. Wissen(schaft)	↓ ↓
Neuroling. Programmieren Transaktionsanalyse ⎤	Psychologie	
akustische Phonetik	Empirie (apparative)	
funktion. Sprechtherapie	ganzheitl. Physiologie	
Sprechkunst	soziolog. Texttheorie	
Rhetorik-Didaktik	pädag. Vermittl. Theorie	
Ling. Gesprächs-Analyse	Funktions-Systematik	
Habermas' Theorie kommunikativ. Handelns ⎤	Universalpragmatik und Kommunik. Ethik	
Rhetorik-Geschichte	Kultur-Historie	

Abb. 1: Beispiele für Kulturen der Sprechwissenschaft

2. Komplexe Pluralität oder einfache Orientierung

Diese verschiedenen, also pluralen Auffassungen von Wissenschaft existieren nebeneinander – und viele andere mehr. Müssen wir sie nicht gleichberechtigte Kulturen von Wissenschaft nennen?

Solche, die den Begriff „Wissenschaft" als einheitlich ansehen, haben Bedenken gegen die völlige Relativität von Wissenschaftlichkeit. Was als „wissenschaftlich geltend" erkannt wurde, gilt eben unbeschränkt und für alle. Nur so entstehe ja die wissenschaftliche Solidität. Nur dann, wenn es Bezugspunkte gibt, die für alle Menschen in gleicher Weise gelten, können wir uns verständigen. Dazu gehören z. B. die Begriffe „Ich und Du", der Begriff „Gegenstand" oder „Sache", die Begriffe 1, 2, 3 – also Zahlen; auch das für alle Computer grundlegende Begriffspaar: Ladung „vorhanden/nicht-vorhanden"; schließlich auch Wertbegriffe wie „Lüge, Sicherheit". Ohne solche gemeinsame und identische Bezugspunkte ist alles Erkennen unsicher, also gäbe es dann auch keine Wissenschaft. Es gäbe auch keine Kommunikation zwischen Menschen. Und alle Lehrenden würden sich vergeblich bemühen, etwas Neues zu vermitteln, wenn nicht gemeinsame Orientierungsebenen mit den Lernenden vorhanden wären. Dazu der Wissenschaftsforscher C. F. Gethmann (1996b, 748): „Alle verwendeten Ausdrücke müssen intersubjektiv kontrollierbar sein." Wir sichten hier den Streithorizont zwischen Normativität und Pluralität der Wissenschaft. Für unsere eigene Wissenschaft verlangen wir: Vor jeder Rede und in jeder Aussage über verschiedene, differente Wissenskulturen ist zunächst einmal etwas Gemeinsames nötig, um zu verstehen.

> → Gemeinsame Bezugs-/Orientierungs-/Verständigungs-Ebene
> → zwecks inhaltlicher Sicherheit/identischer Rekonstruktion

Abb. 2: Ergänzt Abb. 1 im rechten Rand

Das entspricht auch unserem Lese-Gefühl etwa bei der komplexen Abbildung 1 (oben): Wie bekommt man über den optischen Rahmen hinaus eine Vergleichsebene? Wie kann man die mannigfaltige Zuordnung von „Richtungen" zu bestimmten „Wissenschaften" in eine leidliche Zuordnung bringen – z. B. zwecks identischer Rekonstruktion oder im Sinne einer Systemtheorie (Luhmanns: „Reduktion von Komplexität")?

Wir fügen daher der „vorläufigen" Anschauung der Abbildung 1 eine „Meta-Ebene" hinzu, ganz rechts bei den Doppelpfeilen, das alte Schema um 90 Grad nach links kippend.

So entsteht ein Orientierungsprinzip; klassischer Begriff: θεωρία (theoria) = Überschau, heute *Wissenschaftstheorie.*

Einen offenen Streit um den Theorienpluralismus gibt es seit 1960. Die Hauptstreithähne sind dabei Thomas Kuhn mit seinem mehr monistischen Ansatz der normalen Wissenschaft (Gethmann 1996a) und Karl Popper mit seiner Idee der permanenten Falsifikation verschiedenster Theorien. Paul Feyerabend versuchte eine Vermittlung mit der Idee des Proliferierens (Schwierigkeiten einer Theorie systematisieren). Ich kann hier nicht darauf eingehen. Wichtig bleibt das weithin geteilte Postulat nach der „Einheit der Wissenschaft" und die Frage: *Wie sieht bei den sprachwissenschaftlich Tätigen die Wissenschaftstheorie aus: Einheit oder Pluralität? Welche Folgen entstehen jeweils für die Zusammenarbeit?*

3. Bildung von Schulen/Kulturen auf verschiedenen Ebenen

Ein Problem ist nun, daß man sich über die Eigenart dieser Meta-Ebene schon wieder streitet. Schon hier beginnt eine Schulbildung oder – wenn man will – Kulturbildung.

Das begann schon bei den jonische Philosophen (6. Jh. v. Chr.) Die aus Milet sehen alle *ein* einziges Prinzip als Basis. Sie suchen aber nicht, wie wir, Erkenntnis-Einheit. Sie fragen: Welches Seiende („on") hält die Welt zusammen?

Thales (624-546) sagt: Wasser, Anaximander (610-545): das ἄπειρον, das unbestimmte Unendliche, Anaximenes (585-528): die Luft. Mehr als *ein* Prinzip nahm dagegen Empedokles (Sizilien, 492-432) an: die vier Elemente. Auch bei Anaxagoras (Athen 500-428, Lampsakos) besteht die Welt aus vielen verschiedenen Sonderheitselementen (ὁμοιομερῆ). Abstrakter denkt Pythagoras (Samos 570-496 Metapont): die Zahl als Urprinzip.

Die Frage nach dem Urstoff oder dem Wesen des Seienden, des „Ontischen", herrscht bis weit ins Mittelalter vor. Hauptbegriffe dieser ontologischen Philosophen sind später die sogenannten „Universalien", d. h. Allgemeinqualitäten des Seins: „Einheit", „Wahrheit", „Wert" (das Gute) und das „Schöne". Im Mittelalter werden sie Transzendentalien genannt, die alle Erfahrung „übersteigenden" Grundbegriffe.

Es bleibt die Frage: Gibt es *über* allen Wissenschaften eine

gemeinsame Bezugs-/Orientierungs-/Verständigungs-Ebene
zwecks inhaltlicher Sicherheit/identischer Rekonstruktion?
↑ Wie sieht ↑ sie aus? ↑ Welches ↑ Paradigma paßt? ↑

Antwort-Versuche (dadurch Ebenen wissenschaftl. Kulturen):

1. Ontologie (Universalien) < Antike/ Mittelalter
2. Noetik (method. Zweifel/naturwiss. Empirie)< Aufklärung
3. Kommunikation (Fühlen, Handeln/Psychologie, Pragmatik)< 20.Jh.

Der *Paradigmenwechsel von der Ontologie zur Noetik* (Erkenntnistheorie) wird eingeleitet durch *Descartes* (1596-1650). Die Frage heißt nicht mehr: Woraus besteht die Welt? sondern: Wie können wir sicher erkennen? Die erste Antwort lautet: durch methodischen Zweifel und Antworten unter Leitung des Verstandes; also nicht durch Erfahrung von äußerem Sein, sondern durch von innen kontrollierte Rationalität.

Wo bleibt die äußere, stoffliche Seite des Seins? Sie wird zur Materie als Gegenstand. Über die Sinne als Außenkontakte gerät sie unter die Kontrolle des (inneren) Verstandes. Daraus entsteht die Methode empirischer (und damit immer wiederholbarer) Überprüfung, somit die Erkenntnis stetiger, d. h. nicht wandelbarer Funktionen.

Bahnbrechend für diese Methodentheorie wurde nach Galilei (+ 1642) John Locke mit seiner „Abhandlung über den menschlichen Verstand" (1690). Hier beginnt allerdings eine Zweiteilung der erkenntnistheoretischen Kultur, denn er lehnt die „angeborenen Ideen" ab, welche die „Rationalisten" (Descartes, Leibnitz) annehmen. Ohne Erfahrung von außen bleibe der menschliche Geist leer, eine „tabula rasa". Berkeley entwickelt den empirischen Ansatz weiter und sagt in den „Prinzipien der menschlichen Erkenntnis" (1712): „Sein und wahrgenommen werden ist dasselbe." Hume schließlich setzt – von der Systematik der Rationalisten-Schulen auf dem Kontinent beeindruckt – ihnen sein Konzept entgegen: Der Geist arbeitet in Vorstellungen, die aber auf Eindrücke zurückzuführen sind, die letztlich von den Sinnen kommen (Treatise of Human Nature 1739).

In dieser doppelten Kultur der Aufklärung (Rationalismus – Empirismus) wurzeln auch Unterschiede, die in dem *neuesten Paradigma* (Metaebene) der Wissenschaften auftreten: *der kommunikations- bzw. handlungsorientierten Wissenschaft.*

Der Begriff „Kommunikation", nein: dieses Wort mit sehr verschwommener Begrifflichkeit ist heute allgegenwärtig. Er umfaßt in der Alltagssprache Gedanken wie Bezug, Verhältnis, Information, aber auch Gefühlsaspekte wie Verständigung, Beziehung, (Ver)bindung. Bei allem schwingt aber eine Handlungskomponente direkt oder indirekt (als Voraussetzung oder Folge) mit: Kontakt, Interaktion, Brückenschlag, Verkehr, gemeinsames Handeln bzw. durch Handeln zur Gemeinsamkeit. Der letztgenannte Akzent macht wohl am deutlichsten, was unsere Gesellschaft fasziniert – und auch uns in unserem „kommunikativen" Beruf. Vorläufer des Übergangs war schon Giambattista Vico (1668-1744): Wahrheit ist eine Handlung. Später haben Sozialpsychologie wie auch Pragmatik das ihre dazu getan, nicht zuletzt die Erben der Rhetorik: Didaktik und Sprechwissenschaft.

4. Merkmale für Kulturen – auch der Wissenschaft

Was macht überhaupt eine Kultur aus? Perpeet (1976) zeigt an der Herkunft des Wortes „cultura" vom Ackerbau, daß auch später immer eine werkhafte, *ergologische* Komponente damit verbunden sei. Das gelte auch für geistige Arbeit seit Ciceros Einschätzung der philosophia als „cultura animi" (Tusc. disp. II, 5). Im 17. Jh. trete eine „*soziative*", d. h. gesellschaftliche Komponente hinzu: Kulturzustand einer Gesellschaft als Gegensatz zum reinen Naturzustand außerhalb der Gesellschaft (Perpeet 1310: Puffendorf 1686; Eris scandica 219). Erst bei Herder findet sich der moderne Kultur-Begriff. Er fügte ihm die Historizität, also ein *temporales* Merkmal als drittes Sinnmoment bei (Perpeet 11310: Herders philos. Bibl. 112, 157, 161. Hg. Stephan). Der letzte Aspekt zeigt jedoch auch, daß Kultur verfallen kann, wenn Entwicklungen der Gesellschaft nicht integriert werden.

Zwischenreflexion (denn diese – verkürzende – Skizze möchte primär als Einladung zum innerfachlichen Diskurs verstanden werden.)

Zu 1-2: Wie sieht die Wissenschaftstheorie im Fach aus: Einheit oder Pluralität? Folgen für die Zusammenarbeit?

Zu 3: Welches Paradigma ist bei mir vorherrschend? Welche Filter von Disziplinen, Schulen habe ich durchlaufen, vertrete ich?

Zu 4: Welche Forschungsprogramme (a: ergologisch) hat die Sprechwissenschaft bzw. haben ihre Schulen bzw. die Personen? Welche (b) soziale Organisation prägt ihre Kultur: Teilnahme an den Entwicklungen in der „Scientific Communitiy" oder Rückzug ins Private? Welche (c) temporalen „Züge" der Entwicklung werden verpaßt, ohne sich mit ihnen kritisch auseinanderzusetzen? Verstehen wir uns als Wissenschaftsfaktor oder auch als Kulturfaktor? Was geschieht dafür?

---

5. Kulturmerkmale der „normalen" Wissenschaft

Anregend sind auch die Merkmale der „normalen" Wissenschaftskultur von Thomas Kuhn (Gethmann 1996a). Er fordert:

(1) Enge Bindung an ein Paradigma, d. h. forschungsleitende Theorie, Prinzipien, Definitionen, Begriffe, Regeln
(2) Feste Regeln für die Methodik
(3) Ein gewisser Bestand festen Wissens
(4) Kohärente Integration neuer „Tatsachen" ins Paradigma
(5) Die Schwierigkeiten einer Theorie systematisieren; alternative Theorien bilden (vom Vf. ergänzt nach Paul Feierabends „Proliferation").

Wer sich daran orientieren will, kann hinzusetzen eine

---

weitere Reflexion:
Zu 5: Welche Schulen im Arbeitsfeld Sprechen haben welche Merkmale zu welchem Kultur-Profil gebündelt?

---

6. Herkunftslinien und Synergie-Potentiale in deutschen Wissenschaftskulturen zum Thema „Sprechen"

Der Versuch, einige Ansätze zu zeigen, muß damit rechnen, daß die Alltagssprache noch weitgehend vom empirischen Erkenntnisparadigma beherrscht wird. Kommunikation wird oft nur mit Verhalten oder Information assoziiert. Als wissenschaftlich gelten in unserer Gesellschaft die Maßstäbe der Empiriker, nicht die der Moralphilosophen. Dagegen gab es seit den 20er Jahren wichtige Reaktionen:

(a) Die Gründung der *Kulturphilosophie*, u. a. durch H. Rickert. Er intendiert eine „überzeitliche" Philosophie: „Einzelwissenschaftliche Erkenntnis dessen, was ist, ist noch keine Erkenntnis dessen, was es seinem Sinn und Wert nach bedeutet" (Perpeet Sp. 1310: 1. Bd. Logos. Internat. Zeitschr. f. Philosophie d. Kultur, 1910).

(b) Die *Phänomenologie E. Husserls* will zunächst unter Ausschluß der Erfahrung die „phänomenologische Analytik des Subjekts in seiner Subjektivität und seiner natürlichen Welt" zeigen. Sie prägt die Geisteswissenschaft bis heute.

(c) Die *Sprecherziehung Drachs* versucht einen Weg von außen, aber nicht einen naturwissenschaftlichen, sondern aus der ästhetischen Erfahrung. Mittels Wundts Ausdruckspsychologie skizziert er eine eigene Kommunikations-Kultur.

(d) *Winklers Sprechkunde* entdeckt schon 1954 Bühler und beginnt so mit einer zeichentheoretischen Sprechwissenschaft. Manche seiner (ungenannten) Fundamente liegen aber eher in der Phänomenologie Heideggers. Dieser hielt damals in Marburg Vorlesungen über die Bedeutung der Alltagssprache und über deren lebensweltlich immer schon gekonntes Handeln. Bei beiden wird das Außen der Sprache zum Innen.

(e) *Kamlah/Lorenzens* „Vorschule vernünftigen Redens" (1967) entwickelte sich aus der Distanzierung Kamlahs (1954 in Marburg) von Heidegger, emanzipierte sich in Erlangen zur „logischen Propädeutik" – maßgebende Grundlage der heutigen konstruktiven Wissenschaftstheorie (Gethmann 1996b).

(f) Empirisch orientiert ist die *Orthoepie-Forschung in Halle* (seit H. *Krech* ab 1959), verbunden mit Phonetik, Sprachtherapie und Sprechwissenschaft sowie deren Didaktik.

(g) *H. Geißners* „Hermeneutik des Gesprochenen" (1968) ist der Beginn einer Theorie zur Kommunikation als Sinn-Konstitution, die schon formuliert – stilistisch noch an Heidegger und Gadamer angelehnt – was später Watzlawick und Habermas anders verbalisieren: „Im Gesprochenen ... geht es einmal darum, *etwas* zu verstehen. Im Miteinandersprechen ... geht es auch darum, *sich* zu verstehen" (S. 26). Seine Schule arbeitet jetzt stark ethnomethodologisch.

(h) *J. Habermas* entwickelt von einem soziologischen Erkenntnisinteresse (Hermeneutik) und einem zeichentheoretischen (Bühler) Handlungsinteresse aus seine Universalpragmatik in der „Theorie des Kommunikativen Handelns" (1981) – mit dem Ziel der Verständigung.

(i) *P. Watzlawick* definiert „Menschliche Kommunikation" (1969) auf der Basis verhaltensorientierter Psychologie, also wiederum mehr extern orientiert.

(j) Gleichzeitig entstehen *verschiedenste psychologische Schulen* (Transaktions-Analyse, Neurolinguistisches Programmieren usw.), die primär von erfolgreichen Methodikern lernen, in deren Folge dann feste Regeln entwickeln.

(k) In einem gewissen Gegensatz dazu steht die *humanistische Psychologie*. Sie geht mehr auf „Einstellungen" ein.

(l) Die *linguistische Gesprächsanalyse* bei Becker-Mrotzek, Brünner, Fiehler u. a. baut auf Empirie und auf Nachvollziehbarkeit im Modus des Schriftlichen.

Auf viele Schulen, auch extranationale, kann nicht eingegangen werden. Bei fast allen läßt sich beobachten, daß sie je eigene Ergebnisse zeitigen, aber ihren speziellen Wissenschaftsansatz zur Norm erheben (Idee von der Einheit der Wissenschaft!), so allerdings oft unbewußt den überholten Paradigmen Ontologie und Noetik anhaftend. Es ist an der Zeit, das Beobachterparadoxon ernstzunehmen und sich „kommunizierend" auf interdisziplinäres Ergänzen der relativen Expertenkulturen (Habermas 1981, 450) einzulassen – zugunsten einer handlungsfähigen „scientific community".

Literatur

Brünner, G., Graefen, G. (Hrsg.): Texte und Diskurse. Opladen 1994

Drach, E.: Sprecherziehung. Frankfurt a. M. 13. Aufl. 1969

Enzyklopädie Philosophie und Wissenschaftstheorie. (Hrsg. Mittelstraß, J.) 4 Bde. Stuttgart-Weimar 1995-1996

Geißner, H.: Zur Hermeneutik des Gesprochenen. In: Sprechen – Hören – Verstehen. (Hrsg. Geißner, H., Höffe, W.) Wuppertal 1968, S. 13-30

Geißner, H.: Sprechwissenschaft. Königstein 1981

Gethmann, C. F.: Wissenschaft, normale. In: Enzyklopädie Philosophie und Wissenschaftstheorie, Bd. 4, S. 722-724, Stuttgart-Weimar 1996a

Gethmann, C. F.: Wissenschaftstheorie, konstruktive. In: Enzyklopädie Philosophie und Wissenschaftstheorie, Bd. 4, S. 746-758, 1996b

Geyer, C. F.: Einführung in die Philosophie der Kultur. Darmstadt 1994

Habermas, J.: Kleine Politische Schriften. Frankfurt/M. 1981

Habermas, J.: Theorie des kommunikativen Handelns. 2 Bd., Frankfurt a. M. 1981

Hirschberger, J.: Geschichte der Philosophie. 2 Bd. Freiburg 5. Auflg. 1961

Kamlah, W., Lorenzen, P.: Logische Propädeutik. Vorschule des vernünftigen Redens. Mannheim 1967, 2. Aufl. 1973

Krech, H.: Einführung in die Deutsche Sprechwissenschaft/Sprecherziehung. Berlin 1960

Perpeet, W.: Kultur, Kulturphilosophie. In: Historisches Wörterbuch der Philosophie (Hrsg. Ritter, J., Gründer, K.) Bd. 4, Sp. 1309-1324. Darmstadt 1976

Popper, Karl R.: Alles Leben ist Problemlösen. Über Erkenntnis, Geschichte und Politik. München 1994

Russel, Bertrand: Denker des Abendlandes. Stuttgart 1976

Watzlawick, P., Beavin, J., Jackson, D.: Menschliche Kommunikation. Bern 1969

Winkler, Chr.: Deutsche Sprechkunde und Sprecherziehung. Düsseldorf 1954, 2. Aufl. 1969

STEFAN KAMMHUBER

Kulturstandards in der interkulturellen Kommunikation: Grobe Klötze oder nützliche Denkgriffe?

„Ich möchte vorausschicken, daß ich das Problemfeld noch nicht ausführlich und tiefgehend genug untersucht habe. Ich möchte an dieser Stelle nur einige oberflächliche Meinungen äußern, die möglicherweise falsch sind. Für Unzulänglichkeit und Fehler in meinen Äußerungen bitte ich um Kritik und Verbesserungsvorschläge" (Liang 1996).

Es ist keine gewagte Hypothese, daß Ihr Anspruchsniveau an den nun folgenden Text wohl enorm gesunken ist. Ein Autor, der sich im voraus für das entschuldigt, was er schreiben oder sagen wird, hätte besser gar nichts geschrieben oder gesagt, werden Experten der rhetorischen Kommunikation mit Recht süffisant bemerken. Jedoch ist dieser Einstieg die in China übliche Eröffnung eines öffentlichen Vortrags. Wer dort diese Eröffnung verwendet, hat mit Sicherheit kein Interesse daran, das Anpruchsniveau zu senken und chinesische Zuhörer werden daran auch keinen Anstoß nehmen. Ein „deutscher" Beginn mit lockerem Einstiegsscherz, klarer Gliederung und sauberer Argumentation, die in einen prägnanten Zweck-/Zielsatz mündet, hinterläßt bei chinesischen Zuhörer dagegen häufig den Eindruck des unhöflichen, schlecht erzogenen sozialen Barbaren.

An diesem kleinen Beispiel, das allerdings in der wirtschaftlichen Zusammenarbeit bei Verhandlungen oder im Alltag eines Joint Ventures zwischen Chinesen und Deutschen häufig eine Ursache für Verstimmung zwischen den Geschäftspartnern ist, wird die Kulturspezifität von Normen, Werten und Regeln für Gesprächs- und Redesituationen deutlich. Um interkulturelle Mißverständnisse und Konflikte durch die nicht beabsichtigte Wirkung des eigenen kommunikativen Handelns zu vermeiden, wird interkulturelles Lernen notwendig, das eine Reflexion sowohl der eigenen als auch der fremden kulturellen Handlungsmuster beinhaltet.

Beschäftigt sich ein Sprechwissenschaftler/Sprecherzieher mit interkultureller Kommunikation, so muß er sich als *Wissenschaftler* die Frage stellen, wie es ihm gelingt, kulturelle Handlungsmuster systematisch zu erheben sowie den Prozeß interkultureller Kommunikation zu erfassen, also eine Diagnose zu erstellen.

Als *Erzieher/Pädagoge* muß sein Erkenntnisinteresse sich darauf richten, die Ergebnisse dieses Forschungsprozesses in wissenschaftlich begründetes Lehr- und Lernhandeln zu übersetzen, sowie dann die Resultate des Lehr-Lernhandelns als Bestandteile angewandter Forschung in den wissenschaftlichen Diskurs zurückfließen zu lassen. Hier werden die Fragen der Intervention und Evaluation wichtig.

Ein Konzept, das geeignet ist, um den Dreischritt Diagnose, Intervention und Evaluation im Forschungsfeld interkultureller Kommunikation zu gewährleisten, stellt das Kulturstandard-Modell der Regensburger Forschergruppe um Thomas (1996) dar, das seine Verbreitung in der Literatur, aber auch vor allem in der Anwendung in interkulturellen Trainingsmaßnahmen gefunden hat. Da damit häufig eine Abschleifung der Begrifflichkeit verbunden ist, werden im folgenden vier Fragen geklärt.

1. Was sind Kulturstandards?
2. Wie entstehen Kulturstandards?
3. Wie kann mit Kulturstandards gelernt werden?
4. Welchen Nutzen hat das Kulturstandard-Konzept für die Sprechwissenschaft?

1. Was sind Kulturstandards?

Um sich dem Begriff zu nähern, ist es ratsam, ihn in seine beiden Bestandteile zu zerlegen: „Kultur" und „Standard".

Eine systematische Beschäftigung mit interkultureller Kommunikation setzt eine Explikation des Forschers voraus, was er unter „Kultur" versteht. Inzwischen ist es Mode geworden, dabei auf Kroeber und Kluckhohn (1952) und ihre Sammlung von ca. 150 Kulturdefinitionen mit dem Kommentar zu verweisen, daß eine erschöpfende Definition nicht möglich sei und deshalb auch gar nicht erst angestrebt würde. Gerade aber in der angewandten Forschung, insbesondere im Lehr- und Lernhandeln, ist Transparenz gefordert, um Nachvollziehbarkeit und damit eine aussagekräftige Evaluation zu ermöglichen.

– Unter Kultur wird hier die adaptive Leistung einer Gruppe, Organisation oder Gesellschaft an die Anforderungen ihrer spezifischen Umwelt verstanden. Sie ist somit kein statisches Gebilde, sondern ein dynamischer Prozeß, weniger ein Substantiv als vielmehr ein Verb.

– Sie ist Bedingung und Folge fortdauernder sozialer Interaktion und damit eine menschliche Bestimmungsleistung. Keine Einbahnstraße, sondern ein System.

– Sie beeinflußt die Prozesse der Wahrnehmung, des Denkens, Fühlens und Handelns, also den Menschen in seiner Ganzheit. Einen archimedischen Punkt, im Sinne einer kulturunabhängigen Perspektive einzunehmen, ist nicht möglich.

– Kultur besitzt eine außenweltliche Relevanz, indem sie hilft, die Reaktionen der anderen Mitglieder der Gruppe, Organisation oder Gesellschaft zu antizipieren und ermöglicht kontrollierte Handlungen und Reaktionen.

– Kultur besitzt eine innenweltliche Relevanz, indem sie für das Individuum durch die Differenzierung von Eigengruppe und Fremdgruppe identitätsstiftend wirkt (Tajfel 1978).

– Kultur kann als Konstruieren eines „Orientierungssystems" (Thomas 1993) aufgefaßt werden.

Dieses Orientierungssystem wirkt sich in Form von Kulturstandards auf das Wahrnehmen, Denken, Fühlen und Handeln aus (Thomas 1996). Der Begriff „Standard" meint dabei allerdings nicht die Festschreibung einer unverrückbaren Norm für den Chinesen oder Deutschen wie bei einer Zertifizierung nach DIN ISO. Wie im Alltag leicht festzustellen ist, zeigen wir unterschiedliche Gefühle in unterschiedlicher Äußerungsform, denken wir in unterschiedlichen Wegen und handeln in unserer unverwechselbaren Eigenart. Allerdings geht diese Individualität nicht so weit, daß wir immer wieder aufs neue von den Handlungen und Reaktionen unserer sozialen Umwelt überrascht werden. Kulturstandards werden interpretiert als die in einer Gruppe geteilten Orientierungsregeln, auf deren Basis wir unsere Individualität erst entfalten können.

Bezogen auf das Eingangsbeispiel bedeutet dies, nicht einfach bei der Feststellung zu verharren: „Aha, es gibt also unterschiedliche Vortragseröffnungen bei Deutschen und Chinesen" und dies dann dem Kuriositätenkabinett der eigenen Fremdheitserfahrungen einzuverleiben, sondern die Frage nach dem WARUM zu stellen. Auf welchem Konzept fußt ein solches Verhalten? Nur wenn ein Verständnis für das Konzept hinter dem Verhalten entwickelt worden ist, wird es möglich, auch in den Situationen orientiert zu bleiben, die aufgrund ihrer Oberflächenstruktur sehr unterschiedlich, in ihrer Tiefenstruktur aber doch ähnlich sind.

Ein solches Konzept könnte in unserem Beispiel für den Chinesen lauten:

„Ich bin durch die Möglichkeit, einen Vortrag zu halten in einer hervorgehobenen Position in meiner Bezugsgruppe. Es könnte sein, daß mein Vortrag durchfällt und ich mich offener Kritik stellen müßte. Das aber würde mein Gesicht gefährden und die Harmonie dieser öffentlichen Situation aus dem Gleichgewicht bringen. Also: Erscheine bescheiden, denn dies ist ein wichtiges Eindruckskriterium bei Deinen Zuhörern, und erniedrige Dich und Deine Leistung. So beugst Du der Kritik vor und gibst Deiner Zuhörerschaft Gesicht, indem Du sie überhöhst" (Liang 1996, 257ff).

In dieser Situation werden demnach drei verschiedene Aspekte angesprochen:

(1) Die Wahrung sozialer Harmonie ist ein hohes Gut.

(2) In einer gemeinsamen Situation muß das eigene Gesicht gewahrt, dem anderen muß Gesicht gegeben werden. Geschieht dies nicht, ist die Harmonie gefährdet.

(3) Bescheidenheit und Selbsterniedrigung sind Handlungsalternativen, um diese Ziele zu erreichen.

Die „Wahrung sozialer Harmonie" sowie „Gesicht-wahren und -geben" können als Kulturstandards aufgefaßt werden (Thomas 1996).

Allgemeiner definiert sind Kulturstandards, die in einem Orientierungssystem geteilten und für verbindlich gehaltenen Normen und Maßstäbe, die zur Beurteilung und Ausführung von Handlungen herangezogen werden. Sie bieten den Mitgliedern einer Kultur Orientierung für das eigene Verhalten und ermöglichen zu entscheiden, welches Verhalten als normal, typisch und noch akzeptabel anzusehen bzw. welches Verhalten abzulehnen ist.

Dabei bedeutet ein Kulturstandard nicht eine starre, rigide Regel, die den Angehörigen eines Orientierungssystems zu einer Art „Kulturautomaten" werden läßt. Einen Kulturstandard umgibt immer ein gewisser Toleranzbereich, innerhalb dessen Handlungen als „normal" angesehen werden. Bescheidenheit und Selbsterniedrigung bei der Eröffnung eines Vortrages läßt sich in unterschiedlicher Ausprägung oder Qualität ausdrücken ohne beim chinesischen Zuhörer auf Ablehnung zu stoßen. Eine deutsche Eröffnung nach dem „Hoppla-jetzt-komm-ich-Prinzip" liegt dagegen außerhalb des Toleranzbereiches und kann soziale Sanktionen nach sich ziehen. Die Schwierigkeit interkultureller Interventionsmaßnahmen, wie z. B. Training liegt darin, diese Kulturstandards evident zu machen, denn sie sind nicht bewußtseinspflichtig. Da die Interaktionen im monokulturellen Kontext für den Einzelnen durch das gemeinsame Orientierungssystem berechenbar sind, besteht kein Grund, über in der Sozialisation erworbene Handlungsregeln zu reflektieren. Sie sind so selbstverständlich, daß der Einzelne sie über alle anderen Menschen generalisiert.

2. Wie kommt der Forscher zu Kulturstandards?

An dieser Stelle wird die Frage nach dem ontologischen Status von Kulturstandards gestellt. Werden sie als Entitäten oder Konstrukte aufgefaßt?

Kulturstandards sind aus einer spezifischen Forscherperspektive heraus in einem bestimmten, historischen, gesellschaftlichen und kulturellen Kontext entstanden und dienen der Bedeutungsgebung von Handlungen in interkulturellen Situationen.

Kulturstandards werden in einem spezifischen Konstruktionsprozeß gewonnen, der das Ziel hat, sie einer Reflexion zugänglich zu machen. Ein Reflexionsprozeß setzt dann ein, wenn das gewohnte Verhalten in der Umwelt nicht mehr adaptiv ist, das Handlungsziel nicht erreicht werden kann.

Sitze ich z. B. als Kultur-Unkundiger in dem Vortrag eines Chinesen, der die geschilderte Eröffnung wählt, werde ich zunächst überrascht sein, denn dieser Beginn erscheint aus meiner deutschen Perspektive als ein ungewöhnlicher Einstieg für einen öffentlichen Vortrag. Dies ist der Moment, in dem der Reflexionsprozeß über das chinesische Verhalten beginnt und dessen Ausgang noch völlig offen ist. Es kommt in Bruchteilen von Sekunden zu einer inneren Unsicherheit, wie das Verhalten einzuordnen ist, die Orientierung geht verloren. Doch schon im nächsten Augenblick wird diese Unsicherheit reduziert und die Orientierung wiederhergestellt, indem dem Verhalten anhand der eigenen Kulturstandards Bedeutung gegeben wird. Denn nur diese sind mir vertraut und beanspruchen aus meiner Perspektive Gültigkeit. Die Vortragseröffnung wird als mißglückt bewertet, der Referent als nicht sonderlich gut vorbereitet, unsicher und wahrscheinlich auch inkompetent.

Eine Möglichkeit, Kulturstandards zu entwickeln, liegt in der Analyse von kulturellen Überschneidungssituationen (Winter 1994), in denen es durch ein für den Beteiligten ungewöhnliches Verhalten zu einem Reflexionsprozeß über das eigene und das fremde Orientierungssystem kommt. Diese reflexionsauslösenden kulturellen Überschneidungssituationen werden als kritische Interaktionssituationen bezeichnet und dienen als Analyseeinheit. Diese Situationen können in Interviews in dem interessierenden Handlungsfeld erhoben und mit inhaltsanalystischen Verfahren, z. B. der qualitativen Inhaltsanalyse (Mayring 1993) bearbeitet werden. Sie werden in einem weiteren Schritt Experten vorgelegt, die diese Situationen auf Typikalität für z. B. deutsch-chinesische Interaktionen beurteilen und versuchen, das Konzept hinter der offensichtlichen Handlung zu erklären. Experten sind Personen, die in beiden Orientierungssystemen kulturelle Kenntnisse besitzen. Die aus dieser Befragung gewonnenen Erklärungen werden dann inhaltsanalytisch bearbeitet, so daß sich schließlich Bedeutungshöfe ergeben, die vom Forscher mit einem Etikett versehen werden, z. B. dem Kulturstandard „Gesicht-Wahren".

Durch diesen Forschungsprozeß ist eine starke Perspektivenabhängigkeit gegeben. Was für eine deutsch-chinesische Interaktion als typische Situation gesehen wird und welche Kulturstandards aus der Analyse von deutsch-chinesischen Situationen gewonnen werden, wird nicht in gleicher Weise für eine amerikanisch-chinesische Interaktion gelten. Ebenso wird der gleiche Forschungsprozeß, durchgeführt mit chinesischen Interviewpartnern, nicht zu einem spiegelbildlichen Ergebnis der Befragung von Deutschen kommen. Chinesen werden in ähnlichen Situationen andere Handlungsproblematiken wahrnehmen, die nach dem Analyseprozeß zu einem eigenen Satz an Kulturstandards führen werden. Dabei muß angemerkt werden, daß allein die Methode „Interview zur Sammlung kritischer Interaktionssituationen" kulturell gebunden ist und bei chinesischen Probanden nicht zu den vom Interviewer erwarteten Ergebnis führt (Morteani 1996). Daraus folgt auch, daß die Benutzung interkulturellen Trainingsmaterials, das in einem anderen kulturellen Kontext entstanden ist, wenig hilfreich ist, wenn die kulturspezifische Perspektive seiner Erstellung übersehen wird.

Sehr häufig besteht die Gefahr, daß der geschilderte Konstruktionsprozeß von Kulturstandards in Vergessenheit gerät und Kulturstandards zu Entitäten gerinnen, gleichsam wie Schatztruhen am Meeresboden im Schlamm vergraben liegen und durch genügend Forschungsanstrengung aus dem Grund der Kultur gehoben werden können.

Kulturstandards sind nicht mehr und nicht weniger als konstruierte Etiketten für Phänomenbündel, die in interkulturellen Situationen auftreten und dienen als „Mittel der Selbst- und Fremdreflexion" in solchen Begegnungen (Krewer 1996). Sie sind also Werkzeuge, die eine Person als Orientierungshilfe an eine kulturelle Überschneidungssituation herantragen kann. Sie besitzen allerdings keine Starrheit, wie z. B. ein Schraubenschlüssel, sondern verändern sich mit ihrem Gebrauch in dem Maße, in dem sie mit Erfahrungen angereichert werden.

Da Kulturstandards aus der Analyse interkultureller Situationen gewonnen werden, darf von ihnen nicht automatisch auf die gleiche Handlungswirksamkeit in monokulturellen Situationen und umgekehrt geschlossen werden.

3. Wie kann mit Kulturstandards gelernt werden?

Ist man nun der Auffassung, daß das Wissen um Kulturstandards sinnvoll ist, um dem Handeln in interkulturellen Situationen Bedeutung zu geben, so stellt sich die Frage der Vermittlung dieses Konzepts.

In Regensburg wird eine Verbindung des Kulturstandard-Konzepts mit dem Anchored Instruction Ansatz (CTGV 1997), der auf Annahmen zum situierten Lernen (Clancey 1993; Greeno, Smith und Moore 1993) beruht, favorisiert. Der Anchored Instruction Ansatz wurde entwickelt, um das Problem des trägen Wissens zu überwinden. Träges Wissen meint Wissen, das zwar beim Lerner vorhanden ist und in Tests abgeprüft werden kann, aber in der Alltagssituation nicht angewendet wird (Renkl 1996). Die Entwickler der Anchored Instruction gehen davon aus, daß Wissen untrennbar an die Situation gebunden ist, in der es erworben wurde. Mangelhaften Transfer führen sie darauf zurück, daß Wissen unabhängig von einer konkreten Anwendungsituation dargeboten wird in der irrigen Annahme, dadurch eine möglichst große Anwendungsbreite zu gewährleisten. Kulturstandards wie eine Liste allgemeiner Prinzipien zu lernen, würde zu einem solchen trägen Wissen führen. Selbst wenn der Ausreisende gelernt hat, daß es wichtig ist, in China das Gesicht zu wahren und dies auch auf Anfrage reproduzieren kann, so wird er im chinesischen Alltagskontext dennoch Schwierigkeiten haben zu erkennen, wann eine Situation eingetreten ist, die dieses Wissen relevant macht und in welcher Weise sich dieser Kulturstandard im Handeln ausdrückt. Sein Wissen wird, obwohl vorhanden, träge bleiben.

Im Anchored Instruction Ansatz wird an authentischen, für die Lernenden relevanten Problemsituationen Wissen erworben und angewendet. Die Situationen spiegeln die Komplexität realer Alltagsprobleme wider, um den Lernenden die Möglichkeit einzuräumen, unter den vielen Informationen einer Alltagssituation die wichtigen Informationen von den unwichtigen trennen zu lernen und das Problem erst einmal zu definieren, bevor sie beginnen es zu lösen. An der Universität Regensburg wurden deshalb Filmsequenzen produziert, die kritische Interaktionssituationen zwischen Personen aus unterschiedlichen Orientierungssystemen zeigen, z. B. zwischen deutschen und chinesischen Managern, basierend auf in Interviews erhobenen kritischen Interaktionssituationen. Diese Situationen enden in der Aporie mindestens eines Beteiligten. Das offene Ende zielt darauf ab, die Motivation der Lernenden für den Analyseprozeß zu steigern. Nach Betrachten der Filmsequenz haben die Lernenden die Möglichkeit, in Kleingruppen Erklärungsmöglichkeiten für den Ablauf dieser Situation zu diskutieren; zu überlegen, welche Informationen sie zusätzlich benötigen; nachzudenken, wie sie gehandelt hätten und welche Konsequenzen dieser Handlung hätten folgen können; sowie Handlungsstrategien für den Fortgang der Situation zu entwickeln.

Die Aufgabe des Trainers ist es dabei nicht, die Expertenrolle zu übernehmen, sondern den Diskussionsprozeß sowie die Einnahme verschiedener Perspektiven auf die Situation zu fördern. Seine eigene Interpretation stellt er neben die Interpretationen der anderen Teilnehmer. Erst im Diskurs über die Interpretationen wird sich erweisen, welche Erklärung wohl die plausibelste für die Situation ist.

Dabei können durchaus verschiedene Interpretationen nebeneinander existieren. Es geht beim Lernen mit kritischen Interaktionssituationen nicht darum, die einzige „wahre" Antwort für eine Erklärung der Situation zu finden, sondern *begründete Fragen an die Situation* zu stellen, die erst im realen Handeln überprüft werden können. Der hier verwendete Ansatz kann zu den konstruktivistischen Lehr-/Lernmodellen gezählt werden. Das Erkenntnisziel ist nicht, „wahre" Aussagen über die Wirklichkeit treffen zu können, sondern Modelle zu entwerfen, die einen Gegenstandsbereich plausibel machen und zur Bewältigung von Umweltanforderungen beitragen.

Kulturstandards können eine solche Klasse von Fragen darstellen, die an eine interkulturelle Situation gestellt werden können, um ihr Bedeutung zu verleihen. Sie darf aber nicht die einzige sein, denn sonst bestünde die Gefahr, daß alle Handlungen des fremdkulturellen Interaktionspartners auf der Kulturebene erklärt werden und es so zu einer Stereotypisierung kommt, die sowohl dem Individuum als auch der spezifischen Situation nicht gerecht wird (Krewer 1993).

Wenn Wissenserwerb immer an eine Situation gebunden ist, dann ist es notwendig, mehrere Lernkontexte zur Verfügung zu stellen, um ein mit mehreren Situationserfahrungen angereichertes Konzept von Kulturstandards zu erhalten und Transfer wahrscheinlicher zu machen.

Wichtig sind in diesem Ansatz also für die Gestaltung einer interkulturellen Lernumgebung die Authentizität der Problemsituationen, eine Situierung des Lernprozesses, die Einnahme multipler Perspektiven und das Arbeiten an multiplen Kontexten (Kammhuber 1996).

Gegenwärtig wird an der Universität Regensburg in einer Vergleichsstudie überprüft, ob der Anchored Instruction Ansatz die Erwartung erfüllt, den Erwerb flexiblen Handlungswissens zu fördern. Dazu wurden zwei Lernumgebungen mit Filmsequenzen für deutsche Studenten zur Vorbereitung auf ein Studienjahr in den USA entwickelt. Während die eine Lernumgebung nach Prinzipien des Lehrens und Lernens von Ausubel (1968), einem eher objektivistischen Ansatz gestaltet wurde, beinhaltete die andere Lernumgebung die Prinzipien der Anchored Instruction Methode. Untersucht wurden direkt nach dem Training Akzeptanz, Wissenserwerb und die Generierung von Handlungsalternativen an einer Transferaufgabe. Erste Ergebnisse weisen darauf hin, daß beide Lernumgebungen im gleichen Ausmaß akzeptiert werden und in beiden Lernumgebungen der gleiche Wissensstand über Kulturstandards verfügbar ist. Bei der Generierung von Handlungsalternativen besteht allerdings ein signifikanter Unterschied zugunsten des Anchored Instruction Ansatzes. Eine sich anschließende Studie versucht Aufschluß zu geben, inwieweit die Trainingsteilnehmer der beiden Gruppen in der Lage sind, das im Training erworbene Kulturstandard-Wissen in konkreten kulturellen Überschneidungssituationen im Handlungsfeld der amerikanischen Universität anzuwenden.

4. Nutzen für die Sprechwissenschaft

Der Sprechwissenschaft mangelt es augenblicklich an praktikablen Forschungsmethoden, die eine Verbindung von Grundlagen- und Anwendungswissenschaft sowie pädagogischer Praxis ermöglichen. Aber gerade wenn die Sprechwissenschaft sich stärker an den Universitäten verankern will, muß sie mit Konzepten aufwarten, die die systematische Forschungsarbeit vorantreiben können und gleichzeitig einen gewissen Anwendungscharme besitzen.

Für den Bereich der interkulturellen Kommunikation wurde das in der interkulturellen Psychologie entstandene Kulturstandard-Konzept vorgestellt, das zum einen der systematischen Strukturierung des komplexen und diffusen Phänomens „Kultur" dienen und zum anderen als zielgruppenspezifisches Lernwerkzeug in interkulturellen Trainingsmaßnahmen transferwirksam genutzt werden kann, wenn es mit schlüssigen Lehr-Lernkonzepten, wie z. B. dem Anchored Instruction Ansatz verknüpft wird.

Auf die im Titel gestellte Frage, ob Kulturstandards nun grobe Klötze oder nützliche Denkgriffe (Drach 1932) sind, kann mit einem klaren „sowohl-als-auch" geantwortet werden. Sie reduzieren Komplexität, indem sie Kategorien zur Verfügung stellen und sind deswegen grobe Klötze. Bei flexibler Verwendung als Topoi in kritischen Interaktionssituationen sind sie allerdings sehr hilfreich, dem eigenen Wahrnehmen, Denken, Fühlen und Handeln Orientierung zu geben sowie den fremdkulturellen Partner zu verstehen und schaffen so die Basis für ein gemeinsames Handeln.

Ich konnte Ihnen in meinen Äußerungen nur Backsteine hinwerfen und hoffe, Jadesteine durch Ihre Kritik zurückzuerhalten ... (Chinesische Schlußformel).

Literatur

Ausubel, D. P.: Educational Psychology. A cognitive view. New York 1968

Clancey, W.: Situated action: A neuropsychological interpretation. Cognitive Science, 17, 87-116, 1993

Cognition and Technology Group at Vanderbilt: The Jasper Project. Lessons in curriculum, instruction, assessment, and professional development. Mahwah 1997

Drach, E.: Redner und Rede. Berlin 1932

Greeno, J. G., Smith, D. R., Moore, J. L.: Transfer of situated learning. In Detterman, D. K., Sternberg, R. J. (Eds.): Transfer on trial: Intelligence, cognition and instruction. 99-167. Norwood 1993

Kammhuber, S.: Konzeption, Einsatz und Evaluation von Videosequenzen in interkulturellen Orientierungsseminaren. Unveröff. Diplomarbeit. Universität Regensburg 1996

Krewer, B.: Kulturstandards als Mittel der Selbst- und Fremdreflexion in interkulturellen Begegnungen. In Thomas, A. (Hrsg.): Psychologie interkulturellen Handelns, 147-164. Göttingen 1996

Krewer, B.: Interkulturelle Trainingsprogramme – Bestandsaufnahme und Perspektiven. Vortrag im Rahmen der Konferenz ,Europäische Qualifikation durch deutsch-französische Ausbildung?' Frankreich-Zentrum der Universität Freiburg/Br. 1993

Kroeber, A. A., Kluckhohn, C.: Culture. A critical review of concepts and definitions. Cambridge 1952

Liang, Y.: Sprachroutinen und Vermeidungsrituale im Chinesischen. In A. Thomas (Hrsg.): Psychologie interkulturellen Handelns. 247-268. Göttingen 1996

Mayring, P.: Qualitative Inhaltsanalyse: Grundlagen und Techniken. Weinheim 1993

Morteani, I.: Teilstrukturierte Interviews als Methode zur Erhebung „kritischer Interaktionssituationen: Eine vergleichende Analyse zwischen Chinesen und Deutschen. Unveröff. Diplomarbeit. Universität Regensburg 1996

Renkl, A.: Träges Wissen. Wenn Erlerntes nicht genutzt wird. Psychologische Rundschau, 47, 78-92, 1996

Tajfel, H. (Hrsg.): Differentiation between social groups. Studies in intergroup behavior. London 1978

Thomas, A.: Psychologie interkulturellen Lernens und Handelns. In Thomas, A. (Hrsg.): Kulturvergleichende Psychologie. 377-424. Göttingen 1993

Thomas, A.: Analyse der Handlungswirksamkeit von Kulturstandards. In Thomas, A. (Hrsg.) Psychologie interkulturellen Handelns. 107.135 Göttingen 1996

Winter, G.: Was eigentlich ist eine kulturelle Überschneidungssituation? In Thomas, A. (Hrsg.): Psychologie und multikulturelle Gesellschaft. 221-227. Göttingen 1994

54

ERNST V. KARDORFF

Experten und Laien – Ein Problem transkultureller Kommunikation

Die folgenden Überlegungen interpretieren das Verhältnis von Laien und Experten als exemplarischen Fall transkultureller Kommunikation, die im Zuge einer Globalisierung der modernen Wissensgesellschaft (Böhme u. Stehr 1986) zunehmend an Bedeutung gewinnt. Dazu wird zunächst die Besonderheit transkultureller Kommunikation im Verhältnis zur interkulturellen Kommunikation skizziert. In einem zweiten Abschnitt werden Strukturmerkmale der Kommunikation zwischen Laien und Experten herausgearbeitet, die dann im dritten Abschnitt am Beispiel beraterischer und therapeutischer Kommunikation präzisiert werden. Schließlich folgen einige Überlegungen zur Verbesserung der Kommunikation zwischen Laien und Experten.

1. Interkulturelle und transkulturelle Kommunikation: Gemeinsamkeiten und Unterschiede

Interkulturelle Kommunikation zielt auf eine Analyse der Bedingungen von Fremdverstehen und auf die Herstellung und Entwicklung gelingender Verständigung zwischen den Mitgliedern unterschiedlicher Kulturen mit ihren normativen säkularen und religiösen Deutungsmustern, Sprachwelten, historisch-politischen Gesellschaftsformen und Lebensweisen. Dabei wird die Bedeutung wechselseitigen Respekts für lokal-historische Besonderheiten akzentuiert und für sozialisationsbedingte Empfindlichkeiten sensibilisiert, die aus einer Verletzung der in „sozialen Repräsentationen" (Flick 1995) und in Figurationen „thematischen Bewußtseins" (v. Kardorff 1983) kodierten und in emotionalen Bindungen verankerten alltäglichen Interaktionsformen und Rituale resultieren. Förderung interkultureller Kommunikation zielt auf die Schaffung tragfähiger und vertrauenswürdiger Verständigungsformen als Basis für gemeinsame Konfliktbewältigung und Handlungsstrategien in Wirtschaft, Politik und Alltag zwischen den Kulturen in einer von Migration und politischen Verwerfungen geprägten multikulturellen Welt.

Interkulturelle Kommunikation verstärkt aber nicht nur Gemeinsamkeiten und sensibilisiert für die Qualität von Verschiedenheit, sondern verschärft Differenzen, die im interkulturellen Kontakt oft erst sichtbar und erlebbar werden. Diese Differenzen machen neugierig, erzeugen aber auch Angst und provozieren Ab- und Ausgrenzung, Ablehnung, Rückzug und Widerstand. Dies ist nicht erstaunlich, wenn man sich die vielfältigen Differenzen, widersprüchlichen Anforderungen und ungewohnten Verhaltenszumutungen sowie die dazu erforderliche „Gefühlsarbeit" vergegenwärtigt, die den beteiligten Kommunikationspartnern erhebliche Abstraktions-, Selbstdistanzierungs- und Reziprozitätsleistungen abverlangen.

Im Zeichen von Globalisierung (Beck 1997)und der Herausbildung einer quer zu nationalstaatlichen Grenzziehungen und kulturellen Eigenwelten verlaufenden „Network-Society" (Castells 1996) entsteht weltgesellschaftliche *„Transkulturalität"* (Welsch 1997, 18) als relativ neues Phänomen. Einen Aspekt der damit gemeinten Durchdringungen und Vermischungen der jeweilig spezifischen kulturellen Muster bilden die sich im Zuge globalisierender Modernisierungs- und Differenzierungprozesse weltweit durchsetzenden (und wirtschaftlich durchgesetzten) technisch-wissenschaftlichen Kommunikationsformen. Deren Schnittflächen verlaufen *quer* zu den regionalen und historisch-politischen überformten Lebensformen und ihren jeweiligen multikulturellen Mischformen und Neubildungen. Dies zeigt sich an so unterschiedlichen Kommunikationsformen wie Piktogrammen und Verkehrsleitsystemen, die die Menschenmengen auf Flughäfen, Bahnhöfen, in Ämtern und Krankenhäusern der Metropolen koordinieren, an der ikonographischen Steuerung von Lese- und Bedienungsfeldern auf den Monitoren von Steuerungs-, Kontroll- und Informationsverarbeitungssystemen, im Internet und den im Medium international jeweils für die Bereiche der Wirtschaft, des Rechts und der Technik genormten Fachtermini sowie am homogenisierten Standardenglisch der internationalen Wissenschaftssprache.

Während Piktogramme, Bedienungsanleitungen und Fachtermini die transkulturelle Nutzung technisch-instrumentellen Anwenderwissens für professionelles Handeln (etwa Sekretariatstätigkeiten, wie den Umgang mit Hardware, PC und FAX oder mit Software, wie Textverarbeitungssystemen oder Internet) codieren, stehen die Sprachen des Rechts, der Wirtschaft, des Handels, der Verwaltung und der Wissenschaft für die international jeweilig durchgesetzten Deutungsmonopole mit ihren einschneidenden und weitreichenden politischen, rechtlichen und wissenschaftlichen Geltungsansprüchen. Diese werden durch Expertensysteme repräsentiert, die sich, obwohl selbst kulturell spezifisch entlang des abendländischen Rationalitätsmodells entstanden, von ihrer engen Kontextgebundenheit weitgehend gelöst und in relativ autonomen und selbstreferentiellen Handlungssystemen nach eigenen Regeln und Standards der Problemwahrnehmung, -erzeugung und -bearbeitung, der Wissensgenerierung und der Professionalisierung weltweit selbst organisieren und reproduzieren (Luhmann 1990). Diese Expertensysteme bilden im Prozeß der weltweiten Modernisierung den Kern der sogenannten „Wissensgesellschaft" (Böhme u. Stehr 1986).

Eine verallgemeinerbare Erfahrung, die Menschen mit transkultureller Kommunikation in der Wissensgesellschaft machen, könnte etwa wie folgt beschrieben werden: "Die Zäune zwischen dem, was man weiß und dem, was die anderen wissen, werden immer höher" (Mittelstraß 1993, 71). Diese Differenzerfahrung ist nicht allein quantitativer Art: sie ist qualitativ, insofern es sich im Verhältnis zum gemeinsam geteilten Alltagswissen um immer spezialisiertere und strukturell anders konstruierte Wissenstypen handelt; sie ist folgenreich, weil die im wissenschaftlichen Code formulierten Wissensformen mit einem universellen und hegemonialen Geltungsanspruch auftreten und weil sie machtvoll und mit oft schwer abschätzbaren Folgen in Traditionen, Lebenswelten und die subjektiven Gestaltungsräume des Alltäglichen eingreifen. Auf die mit dem Typus neuzeitlicher Verwissenschaftlichung der Lebenswelt – Max Weber spricht hier von einem Vorgang der „Entzauberung der Welt" – verbundenen tatsächlichen und zugleich emotional dramatisiert wahrgenommenen Bedrohungen reagieren heute weltweit antimoderne, antiaufklärerische und wissenschaftskritische Bewegungen. Konkret greifbar wird diese Erfahrung in der Konfrontation der Laien – hier verstanden als Nichtfachleute (Chargaff 1992), Unkundige, Unzuständige und Uneingeweihte – mit Experten – hier verstanden als Wissende, Sachverständige (Paris 1993), Zuständige und Eingeweihte.

2. Kommunikation zwischen Laien und Experten

Im säkularen Prozeß einer zunehmenden Rationalisierung und wissenschaftlichen Durchdringung immer weiterer Bereiche des gesellschaftlichen Alltags nehmen Abhängigkeit von und Angewiesensein auf Experten zu. Dies bringt einerseits Vorteile im Sinne von Arbeitsteilung, komplexerer Formen der Problembeschreibung und -bearbeitung sowie erweiterte Möglichkeiten der Problemdelegation für die Laien mit sich, schafft aber auch Asymmetrien und ist mit erheblichen Zumutungen an Informationsverarbeitung, Abstraktion, Selbstdistanz und generalisiertem Vertrauensvorschuß auf Seiten der Laien verbunden. Laien sind auf Experten in immer mehr Lebensbereichen angewiesen; gleichzeitig arbeiten Experten daran, daß die Alltagshandelnden auf sie angewiesen und von ihnen abhängig bleiben. Kurz: das Verhältnis von Laien und Experten ist von komplexer wechselseitiger Abhängigkeit gekennzeichnet und verweist auf ein strukturelles Machtgefälle, das kommunikativen Aushandelns bedarf und keineswegs „von alleine" passiert. Gelingt die Kommunikation nämlich nicht, dann verlieren beide: der Experte an Reputation, der Laie an Vertrauen.

Die wissenschaftliche Rationalisierung mit ihrem Anspruch auf Universalität, affektive und interessenbedingte Neutralität erzeugt freilich nicht jene Eindeutigkeiten und klaren Orientierungen, die sich Laien vom Experten und Experten von ihren Deutungsmustern selbst häufig erwarten. Ein paradoxer, im Hinblick auf das Verhältnis von Laien zu Experten höchst bedeutsamer Nebeneffekt ist das zunehmende Entstehen von Gegenexperten. Aus der Medizin möchte ich nur auf die Kontroversen um Krebsfrüherkennung, pränatale Diagnostik, in-vitro-Fertilisation, Eingriffe in die Keimbahn oder medizinische Tests an nicht-einwilligungsfähigen Personen sowie die Organspendedebatte oder die Kontroverse zwischen Schulmedizin und Naturheilkunde verweisen. Dieses als postmodernes „Ende von Eindeutigkeiten" (Baumann 1992) beschriebene Phänomen der Krise des Experten als nicht-intendierte Folge zunehmender Verwissenschaftlichung läßt die Welt in ihren Konstruktionen komplexer, widersprüchlicher und vielfältiger, kurz: immer unübersichtlicher erscheinen und werden. Auf die Formen gesellschaftlichen Lebens bezogen, erzeugt die expertenbestimmte Kolonisierung von Lebenswelt und Alltag eine Vielzahl von Konflikten und Unsicherheiten, die paradoxerweise gerade nicht umstandslos zur verstärkten Autorität der Wissenschaft oder einzelner Disziplinen führen, sondern – neben unkritischer Wissenschaftsgläubigkeit und durch Wissenschaft nicht erfüllbare Erwartungen, etwa an die Medizin – auch in Widerstand und Skepsis gegenüber der „kalten", analytischen Wissenschaft und ihrer als von Fremd- und Eigeninteressen gesteuerten Vertreter sowie in einer disziplin- und professionskritischen Haltung der Laien äußert, die die Kontroversen zwischen rivalisierenden Experten beobachten und aus diesen Differenzen wiederum einen Teil von Handlungsautonomie (zurück)gewinnen (vgl. dazu Punkt 4).

Expertenwissen kann aus strukturellen Gründen keinen Ersatz für das Alltagswissen bieten: im Gegensatz zum wissenschaftlichen Expertenwissen ist es weder analytisch noch reflexiv; es ist vielmehr synthetisch, ganzheitlich und synkretistisch, es beruht auf unhinterfragten Selbstverständlichkeiten und ist in diesem Sinne „naiv". Eine weitere Strukturverschiedenheit zwischen Expertenwissen und Alltagswissen liegt darin, daß die „Ethnomethoden" (Garfinkel 1967), mit deren Hilfe Alltagshandelnde ihre sozialen Wirklichkeiten konstruieren, nach anderen Kriterien funktionieren als es der Logik wissenschaftlichen Expertenwissens entspricht. Expertenwissen tritt damit in kritisch-produktive Konkurrenz zum Alltag, kann jedoch die teilweise Transformation in die „Strukturen der Lebenswelt" (Schütz u. Luckmann 1979) in Form von „Populärsynthesen" nur begrenzt steuern (Beck u. Bonß 1989). Laien wiederum haben große Probleme, wissenschaftlichen Expertenrat in ihre eigene Lebenswelt zu transformieren. Der Experte ist in dieser Situation als Vermittler gefragt, nicht als Ersatzautorität. Vermittlung heißt hier aber nicht in erster Linie Informationsvermittlung im Sinne einer „verständlichen Wissenschaft" – so nötig dies auch immer ist. Vermittlung bedeutet vielmehr, die Strukturverschiedenheit von expertendefinierter Weltsicht und Alltagssicht zum Anlaß für Kommunikation zu nehmen.

3. Laien- und Expertenkommunikation im Feld von Beratung und Therapie

Im Bereich technisch-instrumentellen Wissens stehen die funktionale Vermittlung instrumentellen Handlungswissens (Bedienungsanleitungen, Arbeitsschutzvorschriften, technische Handbücher, Verfahrensvorschriften) und ihre didaktische Aufbereitung („Verständlichkeit") im Vordergrund. Hier handelt es sich um eine im wesentlichen monologische Form der Kommunikation, die

als einfacher Lernprozeß beschrieben werden kann: der Laie wird zum Spezialisten (Hitzler 1994). Komplizierter stellt sich das Verhältnis von Laien und
Experten im Bereich der personenbezogenen Dienstleistungen und hier besonders im Fall von Beratung und Therapie dar. Hier ist das Gelingen der Kommunikation von einem „uno actu"-Prozeß (Gross 1983) wechselseitigen Aushandelns und Verständigens geprägt: nur mit, nicht über oder gegen den Klienten kann Beratung und Therapie gelingen. Dies bedeutet auch, daß das monologische „compliance" Konstrukt, das dem traditionellen Arzt-Patientenmodell
zugrundeliegt, den Kommunikationsauftrag verfehlt.

Therapie- und Beratungsexperten interpretieren lebensweltlich vorgängiges
Wissen neu (Beck u. Bonß 1989). Dies bedeutet zunächst die narrative Ordnung der sozialen Welt und die darin aufgehobene Selbstinterpretation des Klienten und seines Anliegens, dessentwegen der Experte aufgesucht wurde, in
Kategorien der jeweiligen Fachlichkeittradition, der der Berater zugehört, zu
rekonstruieren und sie dadurch theoriefähig und analysierbar zu machen. In
der auf diagnostischen Verfahren beruhenden Interpretation des Experten
erscheint das besondere Problem des Klienten als „Fall" innerhalb eines theoretischen Modells (etwa als „Kommunikationsstörung" im Familiensystem).
Die Anforderung an den Klienten besteht nun darin, sein vorgetragenes Problem in die expertendefinierte Problemsicht zu transformieren und im Rahmen
seiner Lebenswelt und Biographie zu reinterpretieren. Diese Übersetzungslei-
stung muß dann in einem nächsten Schritt innerhalb des institutionellen Rah-
mens in dem der Berater tätig ist und die seine Handlungsreichweite definiert,
verortet werden (Bestimmung des Therapie-/Beratungsziels, ggf. Weiterverwei-
sung an andere Einrichtungen und Spezialisten). Ist dies geschehen, muß die
Strategie in dem betreffenden „Fall" entwickelt werden. Schließlich muß der
Klient mit diesen komplexen Überlegungen des Professionellen vertraut
gemacht und zu konstruktiver Mitarbeit, d. h. zur Akzeptanz der professionellen Sicht der Dinge bewegt werden. Dabei muß sich der Berater Gedanken
machen über die für Alter, Geschlecht und Bildungshintergrund des Klienten
angemessene sprachliche Form der Vermittlung, sich mit ihm über vermutete
Hypothesen (z. B. subjektive Krankheitstheorien) und Absichten des Klienten,
über seine Motivation usw. verständigen. Dieser Kommunikationsprozeß verlangt vom Klienten, der zuvorderst sein Problem sieht, einen Rat will und
möchte, daß ihm geholfen wird, eine erhebliche intellektuelle und emotionale
Abstraktionsleistung, die zudem unter Streßbedingungen (Belastung durch das
Problem, Zeitperspektiven) stattfindet.

Für den Kontakt zwischen Laie/Klient mit dem Arzt/Psychologen existiert
eine gesellschaftlich kodierte „Normalform", die ausformuliert für den Klienten etwa so lautet:

„der Experte, den ich hier aufgesucht habe, ist Repräsentant einer über seine Ausbildung
und die Erfolge des Handelns der Angehörigen seines Berufsstandes eine zu Recht

zuständige, d. h. legitimierte und zugleich kompetente Fachkraft, der ich Vertrauen entgegenbringen kann (und der ich, weil ich selber nicht mehr weiter weiß, auch vertrauen muß) und an die ich daher auch mein Problem delegiere, damit sie mir dann sagt, wie sie mein Problem sieht, wie ich handeln soll und welche Alternativen es gibt; die meiner augenblicklichen Situation der Hilfebedürftigkeit geschuldete zeitweilige Suspendierung meiner Autonomie nehme ich hin, weil ich derzeit keine bessere Alternative sehe, weil ich eine Lösung für meine Probleme erreichen will, usw. ...".

Innerhalb dieser Standardsituation und der in ihr liegenden Erwartungen treten im konkreten Beratungsprozeß Konflikte und Unvereinbarkeiten auf: während die Bemühungen des Experten auf die Strukturierung und Lösung eines Detailproblems zugeschnitten sind, also auf Komplexitätsreduktion zielen, sind die der Laien überkomplex, ihre Lösungsvarianten sind von der Pragmatik des Alltags bestimmt, notwendig unscharf, um Handlungsoptionen offen zu halten und Selbstwidersprüchlichkeiten zu minimieren, sie sind von Rollenverpflichtungen, von Aspekten der routinemäßigen Organisation des Alltags, vom kurzfristigen Interesse an Konfliktlösung, von längerfristigen Perspektiven individueller und familiärer Lebenspläne, von akzidentellen Wahrnehmungen aus den Bereichen der veröffentlichten Meinung und der Moden geprägt. Damit wird die „Verwendung" des Expertenwissens durch den Laien zu einem entscheidenden und kritischen Problem bei einer erfolgreichen Problembewältigung. Um die „Passung" zwischen expertendefinierter Sichtweise und der Alltagssicht des Klienten/Laien zu verbessern, ist es erforderlich, die Laien selbst als Experten der Organisation ihres Alltages und ihrer Lebenswelt zu begreifen. Sie verfügen über zentrale Verfahren, "Daumenregeln" und ein „intuitives Wissen um Sozialstruktur" (Cicourel 1975), das sie situationsgerecht und virtuos handhaben. Dieses Wissen erlaubt es ihnen unter Nutzung der komplexen Indexikalität und Unschärfe der Alltagssprache, die „Rhetorik der sozialen Ordnung" (Wolff 1976) beständig neu „herzustellen", zu bestätigen und aufrechtzuerhalten. Beraterische und therapeutische Kommunikation muß damit den fundamentalen „Grund" der Lebenswelt des Klienten/Laien bei der Umsetzung seiner Therapie-/Beratungsfiguren systematisch berücksichtigen. Dies beinhaltet zugleich eine Anerkennung der Laienkompetenz; damit kann der Experte auch der vielfach kritisierten „Entmündigung durch Experten" (Illich 1978) entgegenwirken.

4. Perspektiven transkultureller Kommunikation

Die Probleme transkultureller Kommunikation stellen sich weltweit als zunehmende Herausforderung im Prozeß wissenschaftlich-technischer und wirtschaftlicher Modernisierung heraus. Will man diesen Prozeß nicht nur als machtvolles Durchsetzen expertendefinierter und -gesteuerter Deutungsmonopole auffassen, denen die Individuen sich einfach nolens volens zu fügen haben, sondern als Vorgang verständigungsorientierten Handelns im Rahmen demokratisch verfaßter Prozesse reflexiver Aufklärung einer „zweiten Moderne" (Beck 1997) verstehen, dann gilt es nach neuen Formen der Vermittlung zwischen Laien und Experten zu suchen. Transkulturelle Kommunikation stellt sich dann als weltweiter Spezialfall interkultureller Kommunikation dar, die die eingelebten kulturellen Selbstverständlichkeiten und Lebenswelten der Laien in ihrem Eigenrecht akzeptiert.

Für den Bereich der personenbezogenen beraterischen und therapeutischen Kommunikation zwischen Laien und Experten ließen sich folgende Kriterien für verbesserte Kommunikation benennen:

– Herstellung von Transparenz im Beratungsprozeß – von einer verständlichen Sprache bis zur Verdeutlichung der spezialisierten Sichtweise des Experten;
– Anschlußfähigkeit der therapeutischen Sichtweisen und Interventionen an den Alltag der Klienten sichern durch Anerkennung seiner Expertenschaft bezüglich seines eigenen Lebensalltags und Kenntnis seiner Lebenswelt;
– Sicherung von Partizipation im Prozeß des Aushandelns der Beratungs- und Therapieziele;
– „Empowerment" (Stark 1996) der Klienten zur Stärkung ihrer Nutzerkompetenz.

Alle diese Überlegungen setzen die Entwicklung einer Kultur der Kommunikation zwischen Laien und Experten voraus, in der beide Seiten einander erst einmal vollständiger wahrzunehmen versuchen als dies bislang der Fall ist. Ergebnisse einer kritischen Risikokommunikationsforschung (Bonß 1995; Ruhrmann 1996) zeigen, daß Experten und Gegenexperten von (Laien-) Öffentlichkeit hinsichtlich ihrer Glaubwürdigkeit, Unabhängigkeit und der Bereitschaft, Laieneinwände ernsthaft aufzugreifen und zu berücksichtigen kritisch beoachtet werden. Für gesellschaftlich relevante Debatten um die Bewertung von Groß- und Risikotechnologien schlägt Beckenbach (1993) ein „Moderatorenszenario" vor. Im Bereich beratender und therapeutischer Kommunikation sind, nicht zuletzt angestoßen durch Gesundheits-, Selbsthilfe- und Angehörigenbewegung (v. Kardorff 1996), neue Formen der Laien- (= Nutzer) und Expertenkommunikation entstanden, wie Konzepte des „Trialogs" zwischen Klienten, Angehörigen und Experten und die sogenannten „Psychoseseminare" im Psychiatriebereich (Bock et al. 1995), in denen jenseits therapeutischer Ansprüche, Versuche des wechselseitigen Verstehens in herrschaftsfreier Atmosphäre erprobt werden.

Literatur

Baumann, Z.: Moderne und Ambivalenz. Hamburg 1992
Beck, U.: Was ist Globalisierung? Frankfurt/M. 1997
Beck, U., Bonß, W. (Hrsg.): Weder Sozialtechnologie noch Aufklärung? Analysen zur Verwendung sozialwissenschaftlichen Wissens. Frankfurt/M. 1989
Bock, T., Buck, D., Esterer, I.: Das Hamburger Psychoseseminar – Versuche der Verständigung zwischen Psychose-Erfahrenen, Angehörigen und professionellen Mitarbei-

tern. In Bock, T. u. a. (Hrsg.): Abschied von Babylon. Verständigung über Grenzen in der Psychiatrie. 282-287, Bonn 1995

Böhme, G., Stehr, N (Eds.): The Knowledge Society. Dordrecht 1986

Bonß, W.: Vom Risiko. Unsicherheit und Ungewißheit in der Moderne. Hamburg 1995

Castells, M.: The Rise of the Network Society. Cambridge/Mass. 1996

Chargaff, E.: Lob des Laien. Universitas 47, 409-416, 1992

Cicourel, A. V.: Sprache in der sozialen Interaktion. München 1975

Flick, U. (Hrsg.): Psychologie des Sozialen. Reinbek 1995

Garfinkel, H.: Studies in Etnomethodology. Englewood Cliffs/New Jersey 1967

Gross, P.: Die Verheißungen der Dienstleistungsgesellschaft. Opladen 1983

Hitzler, R., Honer, A., Maeder, Chr. (Hrsg.): Expertenwissen. Die institutionalisierte Kompetenz zur Konstruktion von Wirklichkeit. Opladen 1994

Hitzler, R.: Wissen und Wesen des Experten. In Hitzler, R., Honer, A., Maeder, C. (Hrsg.): Expertenwissen. 13-30, Opladen 1994

Illich, I. (Hrsg.): Entmündigung durch Experten. Zur Kritik der Dienstleistungsberufe. Reinbek 1978

Kardorff, E. v.: „Thematisches Bewußtsein" als Basis lebensweltlich-handlungsbezogenen Fremdverstehens. Zu den soziologischen Grundlagen interkultureller Kommunikation. In Gerighausen, J., Seel, P. C. (Hrsg.): Interkulturelle Kommunikation und Fremdverstehen. Dokumentation eines Werkstattgesprächs des Goethe-Instituts München. 136-168, München 1983

Kardorff, E. v.: Die Gesundheitsbewegung – eine Utopie im Rückspiegel. In: Gesundheitsakademie (Hrsg.) Macht – Vernetzung – Gesund? 15-37, Frankfurt/M. 1996

Luhmann, N.: Die Wissenschaft der Gesellschaft. Frankfurt/M. 1990

Mittelstraß, J.: Natur und Geist. Von dualistischen, kulturellen und transdisziplinären Formen der Wissenschaft. In Huber, J., Thurn, G. (Hrsg.): Wissenschaftsmilieus. 69-84, Berlin 1993

Paris, R.: Eine Gretchenfrage – Sachverständigkeit als Problem. Universitas 48, 1191-1201, 1993

Ruhrmann, G.: Versäumnisse – Gefahren? Risikokommunikation zwischen Experten und Laien. Universitas 51, 955-964, 1996

Schütz, A., Luckmann, T.: Strukturen der Lebenswelt. Frankfurt/M. 1979, Band 1

Stark, W.: Empowerment. Neue Handlungskompetenzen in der psychosozialen Praxis. Freiburg/Br. 1996

Welsch, W.: Transkulturalität. Universitas 52, 1997

Wolff, S.: Der rhetorische Charakter sozialer Ordnung. Selbstverständlichkeit als soziales Problem. Berlin 1976

GIJS VON DER FUHR

Multikulturelle Kommunikation – Gedanken und Thesen über Selbstorganisationen und ihr Umfeld in den Niederlanden

Einleitend möchte ich Ihnen einige Informationen über Selbstorganisationen von Migranten in den Niederlanden geben. Danach werde ich Ihnen einige Gedanken über die verschiedenen Elemente und Grundlagen der niederländischen Migrantenpolitik darstellen.

Zunächst möchte ich voranstellen, daß die bekannte holländische Toleranz keine moralische, sondern eine wirtschaftliche Qualität ist. Zukünftig wird es eine Einschränkung der Einwanderung oder eine gelenkte Immigration geben. Man wird die Integration fördern und die Diskriminierung bekämpfen. Dabei ist nicht die Assimilation der Ausgangspunkt, sondern die Integration, wobei eigene soziale Strukturen der Migrantengemeinschaften nicht als Hindernis, sondern vielmehr als Instrument der Integration gesehen werden.

1. Von den 16 Millionen Einwohnern der Niederlande sind fast 8 % Nichtholländer, von diesen stellen Surinamer, Türken und Marokaner die größte Bevölkerungsgruppe dar. In unseren Großstädten (mit 700.000 Einwohnern ist Amsterdam die größte Stadt) sind 35 % der Einwohner Ausländer. Die Schuljugend besteht zu fast 60 % aus Ausländern. Bei dieser Konstellation ist die Frage aktuell: Wer integriert eigentlich in was? Die niederländische Migrantenpolitik hat sowohl einen stark örtlichen als auch einen nationalen Bestandteil. Auf nationaler Ebene bestimmt man die allgemeinen politischen Prämissen, die Ausführung dagegen gehört zu den örtlichen Verantwortlichkeiten. Die Zulassung von Ausländern und Flüchtlingen obliegt der Verantwortung des Justizministeriums, für die Integration und Einbürgerungspolitik zeichnet das Innenministerium verantwortlich. Die Eingliederung der Neuankommenden wird den Gemeinden übertragen.

2. Die Selbstorganisationen der Migranten sind in zweierlei Hinsicht von Bedeutung:

– Sie bieten für die 1. Generation der Migranten die Möglichkeit, die eigene Identität kulturell und sozialpolitisch zu erleben.
– Sie erfüllen eine Mittlerfunktion zwischen der eigenen Gemeinschaft und den gesellschaftlichen, kulturellen und politischen Institutionen des Empfangslandes.

Die *erste Funktion* von Selbstorganisationen ist in den Niederlanden am stärksten ausgeprägt. Dabei werden Selbstorganisationen einschließlich Moscheen durchaus als Instrument der Integrationspolitik gesehen. Die niederländische Integrationspolitik umfaßt sowohl individuelle als auch kollektive Komponenten.

Die *zweite Funktion* der Selbstorganisationen wird sowohl von den Selbstorganisationen, als auch von semistaatlichen Institutionen getragen. Dies ist vergleichbar mit den deutschen Ausländerbeauftragten, die sich ganz speziell mit Flüchtlingen und Migrantengemeinschaften beschäftigen. Auch Stiftungen sind in diesem Rahmen tätig. Übrigens gibt es bei der Ausländerarbeit, anders als in Deutschland, eine Trennung zwischen Arbeit in der ersten Linie, d. h. eine individuelle Betreuung der Ausländer und Arbeit in der zweiten Linie, d. h. eine Unterstützung von Gruppen, Initiativen, Entwicklungen usw.

3. Die zweite und dritte Generation von Migranten stellt andere Forderungen an die Selbstorganisationen als ihre Eltern. Dies spürt man am deutlichsten auf der religiösen Ebene. Während sich die ältere Generation den Sitten der Herkunftsländer verpflichtet fühlt, öffnet sich die jüngere Generation neuen und radikalen Einflüssen oder befürwortet die Entwicklung einer europäischen Islamisierung.

4. Die niederländischen Behörden haben Voraussetzungen für das Funktionieren der Selbstorganisationen geschaffen. So gibt es bestimmte staatliche Strukturen, die die Zusammenarbeit von Behörden und Selbstorganisationen ermöglichen. Gesetzlich geregelt wurden Beratungen zwischen der nationalen Behörde und einzelnen Migrantengruppierungen sowie Dachverbänden. Es gibt Mitspracheorgane der Molukker, Türken, Marokkaner und Südeuropäer. In verschiedenen Gemeinden, wie z. B. Amsterdam, gibt es lokale Mitspracheorganisationen. Diese sind bei der Vorbereitung und Ausführung von politischen Entscheidungen in der Minderheitenpolitik aktiv tätig. Im Übrigen haben die Niederlande das kommunale Wahlrecht für jene ausländischen Bürger, die mindestens 5 Jahre legal im Land leben. Im Zusammenhang mit anderen Maßnahmen, wie z. B. die doppelte Staatsangehörigkeit, hat dies die Integration stark gefördert.

5. In Zukunft werden sich die eigenen Organisationen der Migranten weitgehend ändern. Meiner Meinung nach werden sie sich in eine Art Selbsthilfegruppe entwickeln oder in einen kulturellen Verein umwandeln. Sie könnten sich aber auch als eine Lobby-Gruppe verstehen oder sogar gesellschaftliche oder politische Institutionen gründen. Mit der Zunahme von Migranten in einflußreichen Stellungen in der Wirtschaft, Kultur und Politik wird die Emanzi-

pation der einzelnen Bevölkerungsgruppen anders ablaufen als über die traditionelle Selbstorganisation. Die Bedeutung der traditionellen Selbstorganisationen wird sich verringern und langfristig nur noch für diejenigen eine marginale Rolle spielen, die ihre starken Bindungen zu den Herkunftsländern nicht aufgeben wollen.

6. Die Behörden des Empfangslandes sollten im Sinne der Einbürgerung und Integration die Migrantenorganisationen unterstützen, denn diese haben eine wichtige Mittlerfunktion zu erfüllen. Rücksprachen und enge Beziehungen zu jeder Gruppierung sind dabei unerläßlich. Ein gutes Modell für diese Beziehungen ist die niederländische Mitsprachepraxis. Die niederländische Migrationspolitik kann nur in einem weiten Umfeld von Politik und Gesetzen gesehen werden. Dabei ist es wichtig, sich daran zu erinnern, daß die Niederlande stets eine Handelsnation waren, wozu der tolerante Umgang mit verschiedenen Kulturen eine wichtige Voraussetzung war. In der Vergangenheit brachte dies auch bestimmte Vorteile, wie die Geschichte beweist. Als z. B. die Portugiesen aus Japan vertrieben wurden, weil sie neben ihren Waren auch unbedingt ihren Glauben an die Japaner verkaufen wollten, konnten die Niederländer, die im Umgang mit fremden Kulturen sich tolerant verhielten, ihre wirtschaftliche Position erweitern und wurden so der meistbegünstigte Handelspartner Japans. In seiner Kolonialzeit war das Königreich der Niederlande mit der Kolonie Indonesien das größte islamitische Reich der Welt.

Wie sieht nun die niederländische Migrantenpolitik praktisch aus? Lassen Sie mich dazu einige Grundpfeiler darstellen:

1. Ein Grundsatz niederländischer Migrationspolitik ist der, daß jeder Ausländer in unserem Land schnellstens integriert werden soll. Schengen wird mit großer Härte durchgesetzt, aber für jeden legal lebenden ausländischen Mitbürger wird viel in seine Einbürgerung investiert. Das Motto lautet: Beschränkung der Immigration, Förderung der Integration und Bekämpfung der Diskriminierung.

2. Ein weiterer Grundpfeiler niederländischen Migrationsverständnisses ist die Wohnungspolitik. Die niederländische Wohnungspolitik ist so ausgerichtet, daß es vermieden wird, Ghettos zu bilden. Wie gelingt es, Ghettos zu vermeiden? Ich darf dies beispielhaft erläutern: Ein Hausbesitzer hat 10 Wohnungen (übrigens ist die Mehrheit der Wohnungen in Amsterdam z. B. Eigentum der Stadt oder von Kooperationen). Dieser Hausbesitzer ist verpflichtet, die Hälfte seiner Bausubstanz der sozialen Wohnungsverteilung zu übertragen. Natürlich bekommt er dafür Miete. Es verbleiben ihm fünf Wohnungen, deren Mieter er sich selber aussuchen kann. Selbstverständlich ist er auch bei diesen Mietern an

die gesetzlichen Regelungen gebunden. So darf er z. B. nicht aufgrund nationaler Herkunft oder sozialer Umstände einen Mieter bevorzugen oder einen anderen abweisen.

3. Migrationsgrundlage Nummer drei ist die niederländische Verfassung. So legt Absatz 1 der niederländischen Verfassung fest, daß im Hoheitsgebiet der Niederlande unter gleichen Umständen jeder Mensch gleichbehandelt wird. Diskriminierung nach nationaler Herkunft, Rasse, Religion, Geschlecht, sexueller Präferenz usw. ist nicht gestattet.

4. Das Antidiskriminierungsgesetz ist ein vierter Grundpfeiler niederländischer Politik. Dieses Gesetz ist Teil der Justizgesetze und wird in der Praxis konsequent durchgesetzt. So darf z. B. in einem Lokal keinem wegen seiner Herkunft der Eintritt verweigert werden. Wer sich einer derartigen Verweigerung schuldig macht, begeht eine Straftat und muß mit einer Verwarnung rechnen bzw. riskiert die Schließung seines Lokals.

5. Der fünfte Grundsatz niederländischer Migrationspolitik heißt Förderung der Arbeitspartizipation. Durch Arbeiszeitverkürzung, flexible Arbeitszeiten sowie durch gelenkte Schaffung von Arbeitsplätzen für unterprivilegierte Gruppen wird der Arbeitslosigkiet allgemein und besonders für Migrantengruppen begegnet. So haben sich Arbeitgeber- und Arbeitnehmerorganisationen gemeinsam auf einen Fünfjahresplan zur Schaffung von 60.000 Arbeitsplätzen geeinigt. Dieser Plan wurde mit einer halbjährigen Verzögerung bereits erfüllt und wird auch weiter fortgesetzt. Im Wirtschaftsbereich haben Unternehmer der Lebensmittelbranche gegenwärtig besonders den ausländischen Kunden entdeckt. Allein in der Region Amsterdam, wo von 1 Million Einwohnern mehr als 300.000 Ausländer sind, wird die Kaufkraft der Migranten mit mehr als 1 Milliarde Gulden angegeben. Dies ist der Ausgangspunkt dafür, daß Unternehmer sowohl in ihrem Personalbestand, als auch in ihrem Produktangebot den ausländischen Kunden einbeziehen. Ethnomarketing ist „booming business".

6. Das Wahlrecht ist eine weitere wichtige Grundlage der Migrationspolitik. Jede Person, ob EU-Bürger oder nicht, die legal in den Niederlanden lebt, hat bis zur kommunalen Ebene aktives und passives Wahlrecht. Dieses Wahlrecht ist mit übergroßer parlamentarischer Mehrheit vor 14 Jahren gegen den Widerstand der öffentlichen Meinung beschlossen worden. Die Befürchtungen der Bevölkerung gingen dahin, daß man Angst vor der Bildung von Ausländerparteien hatte, die Anlaß zu Auseinandersetzungen geben könnten. Diese Befürchtungen erwiesen sich als grundlos, denn keine der Ausländerparteien hat sich durchgesetzt. Es war im Gegenteil so, daß die Migranten ebenso entschieden,

wie die gebürtigen Niederländer. In der Außenpolitik votierten die Migranten mehr links, in der Innenpolitik mehr rechts; gewählt wurden Sozialdemokraten, Christdemokraten, Linksliberale und Grüne Linke. Das Wahlrecht hat somit wesentlich zur Einbürgerung beigetragen.

7. Die doppelte Staatsangehörigkeit ist der siebente Grundsatz niederländischen Migrationsverständnisses. Die Niederlande haben ein Gesetz, das es ermöglicht, sich für die niederländische Staatsangehörigkeit zu bewerben, ohne die ursprüngliche Nationalität aufzugeben. Dies wird in zwei Fällen angewendet: Einmal dann, wenn es im Herkunftsland verfassungsmäßig unmöglich ist, die Nationalität aufzugeben (z. B. Marokko). Zum anderen wird dies gestattet, wenn durch die Aufgabe der ursprünglichen Staatsangehörigkeit ein unzumutbarer materieller oder immaterieller Schaden ensteht, wie z. B. der Verlust des Erbrechts in der Türkei. Obwohl es sich bei diesem Gesetz um eine Ausnahmeregelung handelt, nutzen immer mehr Türken und Marokkaner, aber auch andere, diese Möglichkeit und bewerben sich um die niederländische Staatsangehörigkeit. Besonders bei Jugendlichen besteht die Tendenz zur doppelten Staatsangehörigkeit.

8. Ein weiterer Grundpfeiler der Migrationspolitik ist die Polizei. Die niederländische Polizei hat einen demokratischen Ruf. Polizisten werden aus der gesamten Gesellschaft geworben und werden hinsichtlich ihrer demokratischen Gesinnung befragt. Die Polizeigewerkschaften spielen in diesem demokratischen Prozeß eine große Rolle.

9. Die Ausnutzung eigener sozialer Migrantenstrukturen, z. B. für einen europäischen Islam. Zu Anfang meines Beitrages habe ich schon einmal auf die holländische Auffassung über die Selbstorganisationen hingewiesen. Diese Auffassung geht über das Dulden von Ausländern hinaus. Wir fördern z. B. die Bildung eines niederländischen bzw. europäischen Islam. Nach unserer Meinung ist es langfristig unerwünscht, Imame (Gebetsvorsänger in der islamischen Religion) aus der Türkei oder aus Marokko zu importieren. Viel besser wäre es, sie an niederländischen Universitäten auszubilden. Besonders angestrebt wird es, die Trennungen zwischen den drei Glaubensrichtungen Judentum, Christentum und Islam zu überwinden, da diese Trennungen politischer und nicht religiöser Art sind. Dazu gibt es seit einigen Jahren an der Amsterdamer Universität einen speziellen Sitz für Islam in Zusammenarbeit mit der religions- und sozialwissenschaftlichen Fakultät sowie dem Ausländerbeauftragten. Vieles ist schon geleistet worden und immer mehr dringt es auch in moslemische Kreise vor, daß für eine Zukunft in einem hochindustrialisierten Land an der Schwelle des 21. Jahrhunderts auch eine veränderte Form des Islam notwendig ist. Dieser neue Islam kann durchaus auf die Urquellen der

Zeit „Ijtihad", d. h. der Deutung der heiligen Texte zurückgreifen. In den ersten Jahrhunderten war diese Deutung keine Sünde, sondern eine lobenswerte Bestrebung nach Freiheit und zum Nutzen für die ganze „Umma", die Gemeinschaft der Gläubigen. Später wurde diese Deutung völlig eingeschränkt als Gefahr für die politischen Machtbestrebungen der religiösen und staatlichen Führer. Heute lohnt es sich durchaus, zu unterscheiden zwischen Religion, Aberglauben, regionalen Bräuchen (die an sich respektabel sein können und auch innerhalb des Integrationsprozesses Bedeutung haben) und politischen Mißbräuchen des kulturellen Kapitals einer Gemeinschaft (siehe Pierre Bourdieu, Mohammed Arkoun).

Für die Ausländerpolitik gibt es außer den genannten allgemeinen Gedanken kein grundsätzliches Konzept. In erster Linie ist Ausländerpolitik eine praktische Politik, wobei die jeweiligen Gesetze und Regelungen den praktischen Gegebenheiten angepaßt werden. Dies ist ein Konzept, das nicht ideologisch, nicht allumfassend und nicht unbedingt eindeutig ist, sondern lokal unterschiedlich, praktisch und dynamisch, wobei es die sozialen Strukturen der einzelnen Migrantengemeinschaften einbezieht. Es ist ein Konzept, in dem in einem geistigen und politischen Raum unterschiedliche kulturelle Eigenheiten in eine gesellschaftliche Realität transformiert werden können. Dabei werden Auseinandersetzungen nicht als Zeichen der Schwäche, sondern als Zeichen ständiger Erneuerung gesehen. Hierbei werden die Grundwerte der Gesellschaft, die geprägt sind durch den 80-jährigen Krieg von 1568-1648 und die internationale Erklärung der Menschenrechte, nicht in Frage gestellt. Die Niederlande sind seit dreihundert Jahren eine stabile Demokratie mit Schwankungen nach links und rechts, wobei Nationalität und Bürgerschaft seit langem keine Kämpferbegriffe mehr sind. Migration hat unsere Gesellschaft erreicht und wird auch in Zukunft da sein. Die gemeinsame Führung der Gesellschaft, die Einbeziehung anderer Kulturen hat unsere niederländische Identität verstärkt und unsere Wirtschaft geprägt. Wie gesagt, Toleranz ist nicht nur eine moralische, sondern auch eine wirtschaftliche Qualität. Toleranz und Eigennutz gehen sehr gut zusammen. Bürgerschaft ist ein wesentlich wichtigerer Begriff, als alle Lobgesänge auf die multikulturelle Gesellschaft. Man braucht einander nicht zu lieben, um einander zu verstehen.

CARSTEN WIELAND

Konvergenz der Kommunikationseliten oder „Kulturkonflikt"?

Entfernungen und Unterschiede schrumpfen an der gesellschaftlichen Spitze. Rächt sich deren Rumpf mit den Mitteln der Demokratie?

Wir befinden uns, so das Schlagwort, im „Zeitalter der Masseninformation". Allerdings werden weniger die Massen informiert, als eine Masse von Information von denen, die Zugang zur ihr haben, selektiv rezipiert. Im folgenden soll untersucht werden, welche Auswirkungen diese Entwicklung auf Entscheidungsträger einer demokratischen Gesellschaftsform hat, und ob dies zu einer Annäherung von Kulturen (Konvergenz) oder zu einer Abgrenzung („Kulturkonflikt") führt.

Eine bisher nicht gekannte Vernetzung von Informationen, Denk- und Lebensweisen verführt zunächst zu mindestens zwei Trugschlüssen:

(1) Der interkulturelle Kontakt wird schier zahl- und grenzenlos.
(2) Aus dieser Entwicklung heraus kommen sich Massen von Menschen immer näher und auf einen ähnlichen Informationsstand.

Vielmehr ist die Zahl derjenigen, die die Chancen der Freizügigkeit und der Kommunikationsmittel ergreifen, erschreckend begrenzt. Ein großer Teil dieses kleinen Teiles der Menschheit sind Studenten. Aus welchem Land und aus welchem Kulturkreis sie auch immer kommen: Sie haben sich viel zu erzählen. Sie haben gemeinsame Grundwerte, einen gemeinsamen Nenner, gemeinsame – eigene und mediale – Erfahrungen, ein Minimum an gemeinsamen kulturellen, politischen und wirtschaftlichen Vorstellungen. Sie erkunden, erobern, fliegen, reisen und e-mailen. Sie sind sich nah und kommen sich immer näher. Viele von ihnen werden die künftigen Entscheidungsträger in ihren Gesellschaften.

Diese Gruppe ist Teil einer weltweiten „*Kommunikationselite*". Die davon Ausgeschlossenen möchte ich der Kürze halber einfach „*Kommunikationsarme*" nennen. Nicht, weil sie a priori arm an kommunikativen Fähigkeiten ihrer Person wären, sondern weil sie nur spärlich oder gar nicht an einer kulturübergreifenden Kommunikation teilnehmen.

Im Sinne von Jürgen Habermas ließen sich die Mitglieder dieser Kommunikationselite als Teilnehmer eines Diskurses beschreiben, der weltweit Informationen austauscht. Das sind vor allem Informationen, die sich über kulturelle, gesellschaftliche, politische und wirtschaftliche Grenzen hinwegsetzen – also weltweit zugänglich und gleichzeitig weltweit universell sind, und, die erst durch diesen Diskurs universell werden *können*.

Unter Kommunikationseliten – oder „Brückenkopf-Eliten", wie Johan Galtung sie nennt (Galtung 1978, 36ff) – zählen selbstverständlich nicht nur Jugendliche. Auch sind solche Eliten nichts völlig Neues. Die engen Beziehungen der Adelsgeschlechter im Mittelalter und der frühen Neuzeit sind nur ein Beispiel für eine Elite, die eine relativ hohe Mobilität und gemeinsame Werte- und Kommunikationsmerkmale aufweist.

Doch die Kommunikationselite von heute ist quantitativ und qualitativ darüber hinausgewachsen. Denn, *erstens*, ihre Zahl hat sich sprunghaft vergrößert. Allerdings die Zahl der Menschen auf dieser Erde auch, so daß der Begriff Elite weiterhin gerechtfertigt ist.

Zweitens, die Zugangskriterien sind nicht mehr so absolut an die soziale Herkunft gebunden. Die Einschränkung „so absolut" ist notwendig. Denn der Zugang zu dieser Elite hängt stark von der jeweiligen Gesellschaftsform ab, in der sich diese Elite bildet.

So entsteht diese Elite in Schwellenländern und Entwicklungsländern aus einer sehr dünnen Schicht der rasant aufsteigenden Nouveaux Riches, die in Delhi oder Bangkok, mit Handy am Gürtelclip, in den Kino-, Konzert- und Konsumtempeln ihrer klimaregulierten Inselwelt leben. Die Teilnahme an der Kommunikationselite ist an eine unverhältnismäßig hohe Kaufkraft gebunden.

In den wirtschaftlich und sozial relativ egalitären Gesellschaftsordnungen der sogenannten westlichen Welt sind die Zugangsbedingungen mittlerweile praktisch unbeschränkt. Hier kommt es eher darauf an, wer die gebotenen Möglichkeiten der Freizügigkeit und Kommunikation nutzt. Es ist eine Frage des Interesses und der Initiative, nicht mehr so sehr eine der Kaufkraft.

Drittens: Ein weiteres Merkmal der heutigen Kommunikationseliten ist ein verhältnismäßig hoher Anteil an jungen Menschen. Denn zum einen erfordern die modernen Kommunikationsmittel immer mehr technisches Know-how. Die schwindelerregende Weiterentwicklung der Software und Hardware schließt überproportional ältere Menschen aus.

Ein weiterer Grund sind die relativ geringen Reisekosten, die sich Menschen schon in Zeiten hoher, auch gesundheitlicher, Mobilität und größerer Freizeit leisten können. Das gilt selbstverständlich vor allem in den westlichen Industriestaaten.

Am meisten partizipieren Wissenschaftler im internationalen Austausch. Sie hatten schon immer einen Drang zum Internationalen und Interkulturellen. Die elektronisch vernetzte Forschung ist dabei ein neuer Quantensprung. Die Tatsache, daß sich e-mail und Internet-Anschlüsse bei uns, wie auch in Schwellenländern, um die Wissenschaft herum ansiedeln, d. h. in den Universitäten meist kostenlos verfügbar sind, verengt die Kommunikationselite noch zusätzlich auf die Bildungselite.

Auch die Wirtschaft ist schon immer ein Kandidat für grenzüberschreitende Aktivitäten gewesen. Kaufleute und Händler waren lange Zeit die einzigen

Brücken zwischen verschiedenen Gesellschaften und Kulturen. Doch selten entstanden dabei Diskurse, gab es also einen beidseitigen Austausch und gemeinsame Grundwerte und Ziele. Das ist heute anders. Unternehmer aus aller Welt haben nicht nur gemeinsame Ziele, sondern richten sich auch nach gemeinsamen wirtschaftspolitischen Paradigmen. Aus dieser Beobachtung heraus kursiert in der Politikwissenschaft seit einiger Zeit die sogenannte Konvergenz-Theorie. Sie beschäftigt sich, verkürzt, mit der Frage, ob sich die Weltwirtschaft zwecks eines gemeinsamen Nenners – Effektivität – auf gemeinsame Institutionen und Abläufe einpendelt. Gestritten wird darum, wieviel Spielraum *politischen* Akteuren und Institutionen dabei überhaupt noch bleibt. Was kulturelle Faktoren angeht, ist die Frage wohl einfacher zu beantworten: Sie beeinflussen das Wirtschaften kaum. Christliche, islamische und laizistische Staaten führen miteinander Handel – seit jeher ohne Probleme.

Diejenigen, die dabei an den Schaltstellen sitzen, sind die Entscheidungsträger aus der jeweiligen Kommunikationselite ihrer Gesellschaft.

Diese Beobachtungen führen auf die folgende These: *Die Kommunikationseliten in den einzelnen Gesellschaften und Staaten sind in Grundwerten und Lebensformen weiter von der Masse der eigenen Landsleute entfernt als von den jeweiligen Kommunikationseliten der anderen Gesellschaften, welcher Kultur auch immer.*

Dieses Phänomen kann man in den Zusammenhang mit der These Samuel P. Huntingtons stellen, daß Konflikte unserer Zeit vornehmlich Konflikte zwischen Kulturen seien (Huntington 1996). Dabei lassen sich zwei Argumentationsstränge bilden, die miteinander konkurrieren.

Zunächst aber muß Huntingtons These verfeinert werden: Wer sagt, Kulturen seien im Konflikt, impliziert immer *politische* Konflikte. Sie müssen sich um einen Konfliktpunkt kristallisieren und brauchen Konfliktträger. Wenn also Huntington von Konflikten zwischen Kulturen spricht, dann müssen Konflikte zwischen Staaten aus verschiedenen Kulturkreisen gedacht werden – oder genauer: Konflikte zwischen Regierungen. Ähnlich sieht es aus bei sogenannten ethnischen Konflikten, die allzu oft eigentlich politische und wirtschaftliche Gründe haben.

Wichtig ist hier: *In den Regierungen der Konfliktparteien sitzen Entscheidungsträger aus den Kommunikationseliten.*

Daraus könnte man folgern, daß sogenannte „Kulturkonflikte" in Zukunft abnehmen. Denn die staatstragenden Kommunikationseliten teilen zunehmend Überzeugungen, Werte, Institutionen und Lebensweisen. Doch diese Folgerung greift zu kurz. Denn die inneren Verhältnisse der Staaten, die Staatsform, aus der die Entscheidungsträger hervorgehen, spielt eine wichtige Rolle. Die *Demokratie* ist heute die häufigste Regierungsform der Welt, wenn auch in verschiedenen Modellen. Der Wahltag ebnet mit dem Prinzip „one man – one vote" den Unterschied zwischen Mitgliedern von Kommunikationseliten und Kommunikationsarmen ein.

(1) *Möglichkeit eins:* Die Gesellschaft besteht aus einer relativ kleinen Kommunikationselite und einer großen Zahl von Kommunikationslosen. Außerdem exsistiert eine demokratische Staatsform, mit „one man – one vote".

Die *erste Folge*: Die Kommunikationsarmen wählen die Repräsentanten der Kommunikationselite ab, denn sie haben sich von ihnen entfremdet.

Die *zweite Folge*: Die neue Regierung verfolgt eine Politik der kulturellen Abgrenzung und des Nationalismus.

Der *Schluß* daraus: Wenn die Mehrheit der Staaten Demokratien sind, steuern wir auf einen Konflikt zwischen Staaten verschiedener Kulturen zu – verkürzt: auf einen „Kulturkonflikt". Die Spannungen nehmen zu, je mehr sich die Kommunikationseliten von den kommunikationsarmen Massen entfremden. Über diesen Umweg gelangen wir also zur These Huntingtons.

Anzeichen für eine solche Entwicklung gibt es zum Beispiel in Indien: Dieses Land ist extrem den Einflüssen westlicher Werte und Lebensformen ausgesetzt. Jugendliche im heutigen städtischen Indien fahren oft auf westliche Musik und Tanzformen, auf Fast-Food, Sex-Appeal, und wenn sie es sich leisten können, auch auf Kreditkarten, Handys und schnelle Autos ab. Eine wachsende Zahl der oberen Mittelklasse nimmt an dieser „sozialen Revolution" teil. Zwar findet in Indien zur Zeit eine langsame Rückbesinnung auf die eigene Kultur statt. MTV wurde zwecks Zuschauerquoten mit südasiatischen Songs und Moderatoren „indianisiert" und der englische Sender BBC strahlt Nachrichten jetzt auch in Hindi aus. Doch es führt kein Weg zur alten Lebensweise zurück. Die Kultur der Kommunikationselite erhält eine neue Qualität. Diese Entwicklung könnte sich rächen.

Die Folgen: Aufgebrachte Mobs stürmten die Filialen von Fast-Food-Ketten im südindischen Bangalore; gegen den Miss-World-Schönheitswettbewerb, der 1996 in Indien stattfand, demonstrierte eine groteske Gelegenheits-Koalition von nationalistischen Studenten, Bauern und Feministinnen. Meistens war dabei immer eine Partei im Spiel: Die nationalistisch-religiöse Hindu-Partei BJP (Bahartiya Janata Party). Ihre Parolen reiten auf den Wellen eines indischen Minderwertigkeitskomplexes, der sich aus der Angst vor einem kulturellen Ausverkauf an den Westen nährt. Die Massen drohen, diesen nationalistischen Abwehrkurs zu belohnen. Die BJP ist derzeit die stärkste politische Partei im indischen Unterhaus. Seit März 1998 stellt sie zum zweiten Mal die Regierung in Neu-Dehli. Ihre Wähler gehören meist zu den kommunikationsarmen Massen. Ihre Attacken richten sich gegen westliche Kultur, Unternehmen und Medien, außerdem traditionell gegen die Moslems im Land. Diese Partei war maßgeblich daran beteiligt, daß die Babri Moschee in Ayodya im Dezember 1992 von einem religiös fanatisierten Hindu-Mob zerstört wurde.

In der größten Demokratie der Welt ist eine Kulturdebatte entfacht, die die Defensive der Kommunikationsarmen in der Gesellschaft in Gang gebracht hat.

Über das demokratische Parteiensystem konnte der kulturelle Nationalismus eine politische Form annehmen, die einige als „Kulturkonflikt" bezeichnen würden. Doch es gibt dazu auch eine Gegenthese. Der Ausgangspunkt ist der gleiche: Es ist Wahl in einer Gesellschaft, in der die Masse von der Kommunikationselite entfremdet ist. Vorher war die Annahme: Sie wählen sie ab.

(2) Die zweite Möglichkeit: *Die zur Wahl stehenden Entscheidungsträger, in welcher Kultur auch immer, sind trotz unterschiedlicher tagespolitischer Parolen oder Programme einander näher als den Kommunikationsarmen.*

Wen auch immer die Kommunikationsarmen wählen, sie wählen immer Mitglieder der Kommunikationselite. Daraus ergeben sich vor allem zwei Konsequenzen:

Erstens: Der Abstand zwischen beiden Gruppen ist auf diese Weise unaufhebbar. *Zweitens*: Auf der Ebene der Entscheidungsträger findet tatsächlich eine internationale Annäherung statt.

An dieser Stelle lassen sich die verschiedenen Ebenen mit Hilfe der Habermasschen Diskursethik beschreiben. In seiner Theorie des kommunikativen Handelns entstehen ja gesellschaftliche Zusammenhänge und moralische Normen durch wechselseitige Kommunikation, an der jedes Mitglied der Gesellschaft idealiter teilnimmt (Habermas 1992).

Wenn wir von der Theorie der Kommunikationseliten ausgehen, läßt sich Habermas' Idealtypus einer interaktiven Gesellschaft durch Kommunikation nicht aufrechterhalten. Vielmehr entstehen mehrere Sub-Diskurse, die nur über dünne Kanäle miteinander in Verbindung stehen. Besonders schwach ist die Berührung zwischen dem Diskurs der Kommunikationselite und den Diskursen der Kommunikationsarmen. Die modernen Medien verstärken diesen Trend, so paradox das klingt.

Wo allerdings ein gemeinsamer, allumfassender Diskurs à la Habermas entsteht, ist er im interaktiven medialen Netz der Kommunikationseliten verschiedener Gesellschaften und Kulturen. Er bildet sich in bisher nicht bekanntem Maße weltweit heraus. Somit hat jeder Entscheidungsträger eines Staates mehr gemeinsam mit seinem Amtskollegen auf einem anderen Kontinent als mit dem Bauern im eigenen Land.

Daher bleibt der Ausgang jeder demokratischen Wahl im Paradigma der Kommunikationselite.

Auch hierfür gibt es Beispiele genug: Viele Entscheidungsträger, besonders von Dritte-Welt-Ländern, haben im Ausland studiert. Sie kommen mit einem gemeinsamen Nenner an kulturellen und politischen Grundwerten und ähnlichen Wirtschaftsvorstellungen ins Heimatland zurück. Dabei spielt Parteizugehörigkeit nur noch eine untergeordnete Rolle. Auch wenn dem Nationalismus das Wort geredet wird, geht es häufig nur um persönliche, politische und wirtschaftliche Interessen der Kommunikations- und Herrschaftselite.

Auch für Indien läßt sich das vorhin dargestellte Beispiel relativieren. Die nationalistische Hindu-Partei BJP stellte im Mai 1996 für 13 Tage zum ersten Mal den Premierminister. Atal Behari Vajpayee verkündete, an der wirtschaftlichen Öffnung des Landes wenig zu ändern. Daran hat sich auch nach der Wahl 1998 prinzipiell wenig geändert. Einmal an der Macht und nationalen und internationalen Zwängen und Interessen ausgesetzt, gleicht sich die Politik parteipolitischer Rivalen manchmal verblüffend.

Das gilt auch im kulturellen Bereich. Während die BJP 1996 noch Stimmung gegen die Miss-World-Show in Bangalore machte, kündigte sich der „König des Pop", Michael Jackson, zum Konzert in Bombay an. Er, die Inkarnation des Kapitalismus und des modernen westlichen Kulturbegriffs, wurde von Vertretern der Nationalisten mit offenen Armen empfangen. Der Premier des Bundesstaates Maharaschtra, Bal Thackeray, gehört der ultrarechten Gruppierung Shiv Sena an, die mit der BJP koaliert. Er persönlich empfing Jackson in seiner Villa in einem Nobelviertel von Bombay. Jackson, so lobte der Premier, sei einer der größten Musiker aller Zeiten. Was er natürlich nicht sagte: Die Konzert-Einnahmen brachten Geld in die leere Staatskasse. Und die „modernen" indischen Jugendlichen lagen dem Pop-Idol mit der Plastiknase mit Kreischen und Tränen zu Füßen, wie überall in der Welt auch.

Die Staatsform der Demokratie ändert also nichts an der zunehmenden Entfremdung der Kommunikationseliten von den Massen im eigenen Land und an einer globalen Annäherung der Eliten untereinander. Es kommt damit zu einer internationalen „kulturellen Konvergenz" der Entscheidungsträger mit dem nötigen gesellschaftlichen, politischen und technischen Know-how.

Allerdings ist es genauso möglich, vor allem in einer Demokratie, daß Machthaber den Kommunikationslosen – bis hin zum Kulturchauvinismus und Nationalismus – das Wort reden; nicht aus politischer Überzeugung, sondern aufgrund der Machtchancen, die sich aus „one man – one vote" ergeben.

Für beide konkurrierenden Thesen gibt es Beispiele und damit Argumente aus der politischen Praxis. Im kulturellen Leben wird eine Konvergenz wohl eher unbestritten sein. Die kulturellen Gemeinsamkeiten sind uns mittlerweile schon so selbstverständlich geworden, daß wir sie kaum noch erstaunlich finden.

Hier erhält der Begriff des „Fremden" eine neue Qualität. Er wird aus dem geographischen Kontext herausgehoben und in eine neue Dimension gestellt. Das Fremde wird zunehmend nur noch abhängig von Kommunikation und Information, nicht mehr von Nähe. Zeit, Raum und Unterschiede schrumpfen im Zeitalter der Kommunikation. Doch dieses neue Lebensgefühl bleibt einer Elite vorbehalten.

Dadurch gewinnt ein alter Spruch einen neuen und vielfältigen Sinn. Der provozierende Satz ist in weißer Farbe an die zerbröselnde Wand eines besetzten Hauses in Berlin-Kreuzberg gepinselt, direkt am ehemaligen Mauerstreifen: „Die Grenze verläuft nicht zwischen den Völkern, sondern zwischen oben und unten".

Literatur

Galtung, J.: Eine strukturelle Theorie des Imperialismus. In: Imperialismus und strukturelle Gewalt (Hrsg. Senghaas, D.). Frankfurt/M. 1978
Habermas, J.: Theorie des kommunikativen Handelns. Frankfurt/M. 1992
Huntington, S. P.: Der Kampf der Kulturen. Wien 1996

BOHDANA LOMMATZSCH

Sprachliche Universalien und interkulturelle Kommunikation

Für die Kommunikation spielen vielfältige und vielschichtige Phänomene eine Rolle, so die verbalen und nonverbalen Kommunikationsmittel, die Art und Weise der vermittelten Bilder und Szenen, die kommunikative Kompetenz und das Verhalten der Kommunikationspartner, sachliche und emotionale, objektive und subjektive Faktoren u. v. a. m. Diese Phänomene stehen in bestimmten Beziehungen zueinander, sie bedingen, ergänzen, ersetzen evtl. auch einander und beteiligen sich in unterschiedlichem Grade am Erreichen oder Scheitern des Kommunikationsziels.

Die Art und Weise, wie diese Phänomene an sich und im konkreten Einzelfall die Verständigung beeinflussen, ist

(1) sprach- und kulturübergreifend, z. T. einzelsprach- und kulturabhängig,
(2) kommunikativ-übergreifend und z. T. kommunikativ-differenziert, d. h. abhängig vom Typ der Kommunikationssituation, und
(3) von der Individualität der Kommunikationspartner abhängig.

Im vorliegenden Beitrag werden einige dieser Phänomene herausgegriffen, es wird auf eine weniger beachtete Seite der sprachlichen Universalien aufmerksam gemacht und darauf aufbauend, verständigungsfördernde Strategien für die interkulturelle Kommunikation beschrieben. Es sollen auch Gründe für die geringe Beachtung dieses Aspektes genannt werden, verbunden mit der Anregung, den vorgeschlagenen kommunikativen Strategien eine größere Aufmerksamkeit zu schenken.

1. Begriffliche Festlegungen

1.1. Sprachliche Universalien

Zweierlei Fragestellungen werden in der diesbezüglichen Forschung vor allem behandelt (Bußmann 1990, 819):

– Welche Universalien lassen sich in den Einzelsprachen feststellen?
– Welche Gründe für die sprachlichen Universalien gibt es?

Die Erforschung der erstgenannten Frage brachte bis jetzt nur allgemeine, für die Praxis wenig nützliche Ergebnisse (so z. B., daß es in allen Sprachen Vokale gibt u. ä.). Es zeigt sich, daß sprachliche Universalien offensichtlich am komplexen sprachlichen Zeichen (bestehend aus Inhalt, Form und Funktion) untersucht werden müssen.

Universelles zeigt sich vor allem in der Funktion und in vielerlei Hinsicht auch im Inhalt sprachlicher Einheiten, die Gemeinsamkeiten der Formen dagegen sind fast nur in den eng verwandten Sprachen (und auch hier nicht immer verläßlich – vgl. z. B. mehrsprachige Homoformen oder die sog. „falschen Freunde des Übersetzers" u. ä.), oder rein zufällig zu finden.

Die so unterschiedlichen Formen spielen in der Kommunikation in der Hinsicht eine Schlüsselrolle, als nur über die materiell identifizierbaren Formen die Funktionen und Bedeutungen sprachlicher Einheiten erreichbar sind. Dieses kommunikative Hindernis kann man jedoch unter bestimmten Bedingungen, wie im weiteren gezeigt wird, durch geeignete kommunikative Strategien minimieren und die inhaltlichen und funktionalen Gemeinsamkeiten nutzen.

Während die Bemühung um die Beantwortung der Frage nach einer gemeinsamen Ursprache der Menschheit in eine Sackgasse führt, erweist sich dagegen die Konzentration auf die physiologischen Voraussetzungen der Sprachfähigkeit, die dem Menschen als Gattung grundsätzlich gemeinsam sind und die die Gemeinsamkeiten der Funktionen sprachlicher Einheiten bedingen, als theoretisch sinnvoll und praktisch nützlich. Diese physiologischen Voraussetzungen betreffen vor allem die kognitiven Funktionen:

„Unter kognitiven Funktionen verstehen wir alle bewußten und nicht bewußten Vorgänge, die bei der ‚Verarbeitung' von organismusexterner oder -interner Information ablaufen" (Schmidt/Thews 1995).

Diese Vorgänge spiegeln sich in der Sprache im Instrumentarium bestimmter Kategorien wider, mit deren Hilfe die Informationen der äußeren und inneren Umwelt des Menschen – existent als Bilder und Szenen – verarbeitet und verallgemeinert, zu abgegrenzten, mehr oder weniger scharf konturierten, strukturierten Vorstellungen formiert, und mit Hilfe eines materiellen Mittels festgehalten werden. Das materielle (sprachliche) Mittel hält die jeweilige Vorstellung, das verallgemeinerte Abbild, wie eine Klammer zusammen und macht diese (sozusagen in Vertretung) transferierbar, mitteilbar.

Mit Hilfe dieses Instrumentariums werden alle den Menschen interessierenden (und für ihn kognitiv erreichbaren) Bestandteile der Bilder und Szenen, d. h. sowohl die Objekte und ihre Zusammenhänge, als auch die Objekte in Zusammenhängen verarbeitet und materiell (sprachlich) festgehalten.

Das kognitive kategorielle Instrumentarium läßt sich sehr plastisch anhand von Fragen, mit deren Hilfe die Bilder und Szenen in der Kommunikation sprachlich kodiert und dekodiert werden, veranschaulichen, so z. B.: wer?, was tut er?, womit?, warum?, wann?, wo?, was ist das?, usw. Theoretisch erfaßt ist dieses Instrumentarium z. B. in dem Begriff der Valenz der sprachlichen Einheiten.

Die Gesamtheit der Kategorien dieses Instrumentariums stellt demnach die angeborene Grammatik des Denkens dar, die für den Aufbau eines Sprachsystems richtungsweisend ist und das Denken und die Sprache verbindet. Die Sprache revanchiert sich für diese Hilfe damit, daß sie durch die Abgrenzung und das Festhalten der einzelnen gedanklichen Inhalte das Denken zu einer höheren Abstraktion anregt und ihm diese Abstraktion ermöglicht.

Die einzelnen Sprachen verraten vor allem darin eine gemeinsame kognitive Basis, daß ihr System im Rahmen des kognitiven Instrumentariums (nach den jeweils relevanten Kategorien) strukturiert ist, und zwar sowohl

(a) die einzelnen konkreten und abstrakten Objekte (Lexeme)
(b) die Ausschnitte der Bilder, Objekte im Zusammenhang (Syntagmen)
(c) die Bilder und Szenen (Sätze und Texte).

Die Bestandteile eines Satzes lassen sich genauso wie die Bestandteile eines Bildes nach der Prädikationsgrundformel Größe + Aussage zuordnen.

Durch eine konsequente Verwendung dieses Instrumentariums ist der Mensch allerdings dann fähig, unterschiedlich grobgegliederte (d. h. mit einer großen Extension und einer groben Intension) bzw. feingegliederte (d. h. mit einer kleinen Extension und einer detaillierten Intension) Vorstellungen zu lexikalischen und grammatischen Bedeutungen zu vereinigen. Unter Anwendung dieses universellen Instrumentariums wirft nun jede Sprache über die Welt (alles Existente) sozusagen ein Netz, grob- und feinmaschig, und erfaßt verallgemeinerte Vorstellungen, in der grobmaschigen Erfassung (fast) universell, in der feinmaschigen z. T. sehr individuell. Auch die „feinmaschigen", z. T. recht unterschiedlichen Bedeutungskomplexe sind jedoch über dasselbe Instrumentarium dekodierbar (im Übersetzungsprozeß behilft man sich dann oft mit Umschreibungen, Doppelbezeichnungen u. ä.).

Jedes Sprachsystem kann außerdem auch rein sprachliche konventionelle Kategorien ohne eine kognitive Begründung aufnehmen (z. B. die Kategorie des grammatischen Geschlechts). Das dem Menschen gemeinsame kognitive Instrumentarium bedingt somit die prinzipiell mögliche einzelsprachübergreifende Verständigung.

1.2. Struktur der Nachricht

Die kommunikative Handlung ist nicht nur von dem kognitiven Instrumentarium rational gesteuert, sie unterliegt auch, wie jede menschliche Handlung, dem Einfluß von Emotionen, von kulturell festgelegten Verhaltensnormen. Sie ist von den gespeicherten Erfahrungen abhängig und dem Einfluß der aktuellen situativen Umstände ausgesetzt. Es ist jedoch bis zu einem gewissen Grade eine freie Handlung von Individuen, die die Wirkung aller genannten Faktoren auch selbst beeinflussen oder steuern können.

Die Einflüsse auf die kommunikative Handlung spiegeln sich in der Nachricht wider. Die Nachricht (der produzierte Text) ist mehrfunktional, und zwar nicht nur im Sinne des Organonmodells von Bühler. Sie weist darüber hinaus auch eine besondere inhaltliche Struktur auf, die mindestens

– aus dem reinen Bild (der vermittelten Vorstellung, bzw. der Vereinigung von Vorstellungen, „Bild pur")
– aus Bildzusätzen verschiedener Art und für die Kommunikationspartner von verschiedener Wichtigkeit (Einstellungen zum Bild, zum Partner; Kommentare, Assoziationen, Zustände der Partner usw.)
– aus kontextuellen Zusatzinformationen aller Art (d. h. äußeren situativen Informationen, gespeicherten Erfahrungen u. ä.), d. h. leichter oder schwerer, sprachlich oder außersprachlich erreichbaren „versteckten" Hintergrundinformationen

besteht. Bezüglich der sprachlichen Universalien sind vor allem folgende Phänomene interessant:

– die inhaltliche Struktur des Bildes und die semantisch-grammatische Struktur der Versprachlichung
– die Bildnähe, bzw. die Entfernung vom realen Bild durch die Verwendung bestimmter sprachlicher (lexikalischer und grammatischer) Mittel
– die Art (die Arten) der Bildzusätze
– der Grad der Bildüberlagerung durch Bildzusätze.

Bezüglich der monokulturell kommunikativen Differenzierung sind vor allem folgende Fragen interessant:

a) Besonderheiten der Struktur der Nachricht

– die erwartete Struktur der Nachricht in den einzelnen Typen der Kommunikationssituationen (die Notwendigkeit, Duldung oder Vermeidung von Bildzusätzen, die evtl. Zusatzinformationen)
– die aktuellen Strukturen der Nachricht in einem konkreten Kommunikationsereignis und ihre evtl. Abweichungen von der Erwartung, evtl. fehlende Zusatzinformationen
– die kommunikativen Konsequenzen der erwarteten oder abweichenden Struktur der Nachricht (das Bild verständlich/mißverständlich/unverständlich, natürlich/ unnatürlich, vertraut/fremd, persönlich/distanziert, sprachlich unbeholfen, primitiv/stilistisch einwandfrei, wirksam, inhaltlich einfach/kompliziert, gedanklich anspruchsvoll/anspruchslos u. a. m.).

b) Besonderheiten der sprachlichen Form der Nachricht

– die stilistische Gestaltung (z. B. Verfremdung) des Bildinhaltes
– die Widerspiegelung des Inhaltes, der Emotionalität, der Persönlichkeit bzw. Distanziertheit der Darstellung in der sprecherischen Gestaltung der Nachricht (einschließlich der prosodischen Mittel)
– die evtl. Ergänzung oder Begleitung sprachlicher Formen durch nonverbale Mittel (Gestik/Mimik/Körpersprache) – (als Unterstützung des Bildes pur, der Bildzusätze, der Zusatzinformationen zum Bild).

2. Muttersprachliche kommunikative Gewohnheiten und interkulturelle Kommunikation

2.1. Muttersprachliche kommunikative Gewohnheiten

Die Besonderheiten der Struktur der Nachricht wirken sich kommunikativ-differenziert unterschiedlich auf das Erreichen des Kommunikationsziels aus. In der monokulturellen Kommunikation ist dieser Umstand mindestens intuitiv bekannt. Kommunikativ-differenziert adäquate, natürliche und übliche, dem Usus entsprechende kommunikative Gewohnheiten gehören bei jedem Muttersprachler, so er sich nicht bewußt für Abweichungen (z. B. um eine besondere Wirkung zu erzielen) entscheidet, zu seiner kommunikativen Kompetenz.

Diese kommunikativen Gewohnheiten sind qualitativ und quantitativ unterschiedlich ausgeprägt in Abhängigkeit von der mündlichen oder schriftlichen Form der Kommunikation, vom Typ der Kommunikationssituation, von der Einzelsprache, sowie der Individualität der Kommunikationspartner.

Zu den kommunikativen Gewohnheiten gehören u. a.:

(1) Bildzusätze (für das „Bild pur" überflüssige) Kommunikationsmittel:

– Floskeln (Gewohnheits-, Höflichkeits-, Verlegenheits-, Kontakt-, Appellfloskeln, Füllsel)
– expressive Mittel (z. B. Schimpfwörter, Interjektionen der Begeisterung, Zustimmung)
– Gewohnheitsgestik, willkürliche, bildunterstützende, expressive oder lexikalisierte Gestik
– neutrale, expressive oder kommentierende Mimik
– neutrale, expressive oder kommentierende Körpersprache.

(2) lexikalische Besonderheiten, wie z. B.:

– Phraseologismen, Sprichwörter
– Regional- und Slangwörter
– Paraphrasen
– Stilfiguren.

(3) syntaktische Besonderheiten, wie z. B.:

– asyndetische Verbindungen
– Abweichungen des Satzbaus (deformierte Sätze, abgebrochene, bruchstückhafte, nichttendenwollende Sätze, subjektive Wortfolge).

(4) Besonderheiten der Gedankenfolge, wie z. B.:

– die Vorwärts-Rückwärts-Kommunikation (Conversation which moves forwards and backwards can be very confusing, Sutcliff 1981, 10).

(5) verfremdete prosodische Mittel, wie z. B.:

– stark emotionale Akzentuierungen
– von der Handlung (lachen, seufzen, sich bücken) gezeichnete, auch deformierte Akzen-

tuierungen oder Artikulation, unterbrochene Wörter
– nachlässige Aussprache.

(6) Ellipsen:

– kontextbedingt (z. B.: und dieses?)
– stilistisch merkmalhaft (z. B.: mal sehen)
– lexikalisiert (z. B.: um drei).

(7) pragmatische Kontextmittel:

z. B.: gegenüber von „Kaisers"; in der Nähe vom „ehemaligen Metropol".

Durch diese kommunikativen Gewohnheiten kommt es in der monokulturellen
Kommunikation also häufig:

– zu einer Überlagerung des Bildes durch viele zum Bild pur oft nicht unmittelbar
gehörenden Bildzusätze
– zum torsohaften Bild (durch kontextbedingte Ellipsen, durch Eliminierung trivialer
oder zur allgemeinen Erfahrung der Muttersprachler, der Einheimischen oder Einge-
weihten gehörende Informationen)
– zum verfremdeten Bild (durch lexikalisierte Ellipsen, sprachliche Deformationen,
Abkürzungen, Stilfiguren u. ä.)
– zum puzzleartigen Bild (logische und zeitliche Sprünge).

Das dadurch theoretisch schwerer erreichbare „Bild pur" stellt in der Regel
kein kommunikatives Hindernis dar. Im Gegenteil, kommunikative Gewohnheiten dieser Art werden in den entsprechenden Kommunikationssituationen
als natürlich, vertraut und persönlich, lebendig, dynamisch, also als „völlig normal" empfunden.

2.2. Konsequenzen für die interkulturelle Verständigung

Für die interkulturelle Verständigung bei einer durchschnittlichen oder unter-
durchschnittlichen Sprachbeherrschung eines Kommunikationspartners (oder
evtl. beider Kommunikationspartner) stellen jedoch gerade die o. a. kommunikativen Gewohnheiten der Muttersprachler ein großes Hindernis für die Verständigung dar. Hier gilt als das wichtigste Prinzip die maximale Bemühung,
den Weg zum „Bild pur" nicht zu versperren, das Bild möglichst von allen über-
flüssigen Zusätzen zu befreien, es nicht zu verfremden, ein vollständiges Bild in
einer einfachen Gedankenfolge (die dem spontanen Denken am nächsten
steht) aufzubauen. Dieses Prinzip weicht von dem muttersprachlichen kommunikativen Usus ab, oder es steht in bestimmten Kommunikationssituationen
sogar im scharfen Kontrast zum Erwarteten. Obwohl sich eine solche Strategie
im Rahmen der lexikalischen Korrektheit und der grammatischen Richtigkeit
bewegt, gehört sie nicht zu der üblichen muttersprachlichen und erfordert
daher ein Training. Daher wird von manchen Muttersprachlern eine solche

Strategie als mindestens so unnatürlich empfunden, wie die agrammatisch interkulturelle „Version", wie z. B.: „Du nicht wissen? Ich zeigen."

Folgende sprachliche Mittel sind für die interkulturelle Kommunikation zu empfehlen:

– vollständige, aber sparsame und exakte sprachliche Mittel, einfacher grammatisch richtiger Satzbau, möglichst einfache Wortformen (z. B. Verbformen: zeigte, statt hat gezeigt)
– stilistisch neutrale Mittel des Grundwortschatzes, möglichst Ausdrücke mit großer Extension
– Namen und Zahlen (auch in der mündlichen Kommunikation) in schriftlicher Form
– möglichst keine (allzu große) Trennung zueinandergehörender Bildteile
– chronologischer und logischer Aufbau des Bildes
– neutrale prosodische Mittel.

Es ist günstig, im Blickkontakt mit dem Kommunikationspartner zu sein (natürliches Mundbild ist sichtbar und evtl. hilfreich). Der Muttersprachler muß den Nichtmuttersprachler vor allem aber gut hören können (das fremde Mundbild ist ihm u. U. nicht hilfreich). Es wird sparsame, möglichst bildunterstützende Gestik/Mimik/Körpersprache und eine distanziert-neutrale Proxemik empfohlen.

2.3. Begründung der geringen Beachtung der vorgeschlagenen kommunikativen Strategie von Seiten der Sprechwissenschaft

Die Sprechwissenschaft strebt nach einem kommunikativen Ideal. Nicht eine durchschnittliche, sondern eine überdurchschnittliche, optimale kommunikative Kompetenz steht im Mittelpunkt des Interesses.

Die oben erwähnte kommunikative Strategie widerspricht diesem Ideal, hier wird der einfache (einfachste) Durchschnitt nicht nur geduldet, sondern gefordert.

Eine Bemühung, ausschließlich das „Bild pur" sprachlich zu vermitteln, ist für viele Kommunikationssituationen (und gerade für die, in der wir häufig interkulturell kommunizieren) vollkommen unnatürlich. Die Bildzusätze sind, da angewöhnt, anerzogen, schwer vermeidbar, die Eliminierung der Bildzusätze unter Wahrung der Natürlichkeit und grammatischen Richtigkeit macht ein Training erforderlich.

2.4. Begründung der erwähnten Strategie

Für die Verständigung in der interkulturellen Kommunikation (unter den genannten Bedingungen) ist das „Bild pur" dominant wichtig. Die emotionalen, persönlichen Bildzusätze stehen deutlich im Hintergrund.

Wenn das „Bild pur" nicht durch überflüssige Zusätze erdrückt wird, nicht torsohaft oder puzzleartig aufgebaut ist, dann treten die einzelnen Bestandteile des reinen Bildes deutlich hervor. Unter diesen Bedingungen lassen sich die Vorteile des universellen funktionalen Instrumentariums für den Aufbau und für das Verständnis des Bildes voll nutzen und die Nachteile der unterschiedlichen Formen minimieren.

Eine ruhige, nicht übertrieben langsame oder/und überdeutliche, aber ruhige und freundliche Sprechweise vermittelt den für die Kommunikation günstigen persönlichen Eindruck. Eine solche kommunikative Strategie ist ebenfalls für die Kommunikation mit den Gehörlosen empfehlenswert.

3. Fazit

Die kommunikative Orientierung auf das reine Bild ist für die interkulturelle Kommunikation aus folgenden Gründen wichtig und günstig:

– Der Zugang zum Bild wird erleichtert, die unmittelbare Verständigung gefördert.
– Die sprachliche Kompetenz des Nichtmuttersprachlers wird gefördert (Festigung des Grundwortschatzes und der grundlegenden morphologischen und syntaktischen Mittel).

Literatur

Bußmann, H.: Lexikon der Sprachwissenschaft. Stuttgart 1990
Schmidt/Thews: Physiologie des Menschen. 26. Aufl. Berlin-Heidelberg 1995
Sutcliffe, T. H.: Sign and Say. The Royal National Institute for the Deaf, GB 1981
Lommatzsch, B.: Die Kommunikationssituation, kommunikative Konstellationen. Hörgeschädigtenpädagogik, Beiheft 29, Heidelberg 1992

INGRID ROSE-NEIGER UND MICHAEL THIELE

Blickwinkel in der Körpersprache, transnational betrachtet

> I wish that for just one time
> You could stand inside my shoes
> And just for that one moment
> I could be you.
> (Bob Dylan, Positively 4th Street)

1. Hören durch die Augengläser

Benjamin Franklin, ein Meister interkultureller Kommunikation, hat in seinen Tagebüchern festgehalten, wie entscheidend es für den Kommunikationsprozeß sein kann, nichtverbales Verhalten genau zu beobachten:

> Ich trage meine Brille ständig. (...) Wenn unsere Ohren die Laute der Sprache nicht voll zu erfassen vermögen, hilft ein Blick auf die Veränderungen in den Gesichtszügen des Sprechenden. Ich kann besser verstehen mit Hilfe meiner Augengläser (Morain 1978, 1).

Der körpersprachliche Aspekt transnationaler Kommunikation hat in den letzten dreißig Jahren nachhaltig das Interesse der Forschung gefunden. Das gilt auch für seine Rolle im Fremdsprachenerwerb. Die Anzahl der Publikationen auf dem Gebiet der Körpersprache ist groß. Allgemein akzeptiert ist inzwischen die Feststellung, daß die Fähigkeit, eine fremde Sprache zu sprechen, noch lange nicht garantiert, daß zwischen den Kommunikanten „Verständigung stattfindet".

Autoren neuerer Sprachlehrbücher, die „Praktiker", haben allerdings diese Erkenntnis – und ebenso Franklins Beobachtung – leider größtenteils noch nicht in Lehr- und Lernpraxis umgesetzt. Die meisten der gebräuchlichen Lehrmaterialien zum Fremdsprachenlernen spiegeln nur allzu deutlich die Vorliebe der Verfasser für das wider, was einige Wissenschaftler „Culture mit einem großen C" nennen: Kulturelles Wissen wird angesehen als Kenntnis von Literatur, Geschichte und politischem Tagesgeschehen. Natürlich sind diese Dinge wichtig. Aber viele Anthropologen erachten sie als bei weitem nicht so bedeutsam für den Alltag und damit für interkulturelles Verstehen wie die eher „verborgenen" Seiten der Kultur, nämlich Zeit- und Raumgefühl, Distanzzonen, Regeln des Blickkontakts, allgemein den Kodex des Nonverbalen, Sitten und Gebräuche.

Wie kommunizieren wir? Wir wissen, daß Kommunikation darin besteht, Nachrichten zu kodieren und zu dekodieren, und daß sie viele konstituierende Bestandteile hat, nämlich Vorstellungen (Glaube und Religion, Wertesystem, Einstellungen und Haltungen, Weltsicht, Sozialordnung), verbale und nonver-

bale Prozesse. Die körpersprachlichen Vorgänge umfassen solche Dimensionen
wie Körperverhalten (Gesamterscheinung, Kleidung, Bewegungen, Gesichts-
ausdruck, Blick, Berührungen, Geruch, paralinguale Expressivität), Raumgefühl (proxemischer Code), Zeitempfinden (time pattern), auch das Schweigen.
Einfach gesagt: Kommunikation ist der Austausch von Bedeutungen. Wir können gleicherweise formulieren: Kommunikation ereignet sich immer dann,
wenn Verhalten Bedeutung zugeschrieben wird. Dabei schreiben zum einen wir
selbst unserem eigenen Verhalten eine Bedeutung zu, indem wir unsere Botschaft mit einer bestimmten Absicht aussenden (Ich bin ärgerlich, also schreie
ich meinen Gesprächspartner an); zum anderen nimmt der andere die Nachricht entweder so auf, daß er die von uns intendierte Bedeutung übernimmt,
oder so, daß er sie anders versteht, also mit abweichender Bedeutung versieht;
zum dritten „senden" wir Botschaften, ohne daß wir dies wüßten, nämlich
dadurch, daß ein anderer unserem Verhalten eine bestimmte Bedeutung *ver-
leiht* (Sie läuft schnell, also hat sie's eilig). Wie auch immer – wir alle kodieren
und dekodieren Botschaften; aber unsere Kultur ist es, welche die Form der
Botschaft bestimmt und welche ebenso die Bedeutung nahelegt, die wir als
Empfänger einer Botschaft dieser Botschaft *geben*.

Was ist Kultur? Für unsere speziellen Zwecke reicht es, Kultur *hier* als Gruppe
von Menschen zu definieren, die gewisse Überzeugungen, Werte und eine
gemeinsame Geschichte teilen. Natürlich gibt es Schwankungen innerhalb
einer Kultur. Aufgrund des Regelwerks kultureller Normen kann man voraus-
sagen, was die meisten Glieder einer Kultur in den meisten der Fälle tun werden; aber die individuelle Handlungsweise kann selbstverständlich schwach
oder stark von der Norm abweichen.

2. Näheres zum Körper

Kommen wir näher zum Sujet unseres Aufsatzes: Körpersprache. Schauen wir
uns einmal folgende kritische Situationen an:

Eine amerikanische Ingenieurin ist recht beeindruckt von der Qualität französischer Forschung. Auf einem Kongreß in Toulouse meint sie zu einigen französischen Kollegen:
„Die aktuellen französischen Publikationen zum Gummirecycling sind ✑." Ihre Kollegen wechseln rasch das Thema und entfernen sich bald.

Ein amerikanischer Geschäftsmann verhandelt mit potentiellen japanischen Geschäftspartnern in Tokio. Am späten Nachmittag schlagen die Japaner vor, die Sitzung in ein
nahegelegenes Restaurant zu verlegen, und laden den Amerikaner zum Essen ein. Der
lächelt und stimmt mit ✑ zu. Die Japaner verstummen, lächeln dann und sagen, das
Restaurant sei nicht teuer. Die Verhandlungen scheitern.

Ein amerikanischer Professor in Argentinien möchte einem seiner Studenten signalisie-
ren, daß seine Antwort klasse war, und macht ✑. Der Student steht wütend auf und

stürzt aus dem Hörsaal. Kurz darauf ersucht der Rektor der Universität den Dozenten, sein Amt niederzulegen.

Was war geschehen? In den USA bedeutet 🖐 etwas Gutes. Gute Arbeit, gute Antwort, gute Idee. In Deutschland ist das Zeichen ambivalent, freilich mit Präferenz *gut*: wir zeigen damit, wie in den Vereinigten Staaten, unsere bewundernde Zustimmung an; Taucher symbolisieren „okay" unter Wasser mit diesem Zeichen; aber es kann bei uns auch „Arschloch" heißen. In Frankreich bedeutet diese Geste „null" oder „wertlos". Somit hatte die amerikanische Ingenieurin die französische Wissenschaft nicht gelobt, sondern als Muster ohne Wert deklariert. Nach dieser Beleidigung französischen Stolzes würde sie einiges daran setzen müssen, die abgebrochenen Brücken wieder zu schlagen, vor allem weil sie noch dem Vorurteil der Franzosen Vorschub geleistet hatte, Amerikaner hätten sowieso keinen Benimm.

Und Japan? Das Zeichen meint „Geld" in Japan. Der Amerikaner hatte also innerhalb des japanischen Kontextes nicht sein Einverständnis erklärt, sondern gefragt, ob seine Gastgeber ihn in ein *teures* Restaurant einluden. Es ist nicht nur ein Zeichen von Respektlosigkeit und Geringschätzung, sich nach dem Preis für das Essen zu erkundigen, wenn man eingeladen wird, sondern es machte rückwirkend ihm und vor allem seiner ganzen Firma Schande. Folglich war er als Geschäftspartner bei den Japanern „unten durch"; denn für diese ist es substantiell im Arbeitsleben, Respekt zu zeigen auf der einen Seite, auf der anderen aber auch, Respekt gezollt zu bekommen.

Und die argentinische Szene? Das Signum 🖐 bedeutet „männlicher Homosexueller" in Südamerika. Der amerikanische Professor hatte also, vor dem versammelten Semester, den Studenten, wenn auch unbeabsichtigt, als sexuell anomal hingestellt. In San Francisco hätte man ein solches Verhalten des Dozenten wohl nur als *politically incorrect* empfunden, da dort Homosexualität als alternativer Lebensstil akzeptiert oder toleriert ist, zumindest in gebildeten Kreisen. Aber Südamerika reagiert immer noch höchst empfindlich auf Homosexualität. Es gibt kaum eine schlimmere Beleidigung für einen südamerikanischen Mann, als für schwul gehalten zu werden.

Zugegeben: unsere Beispiele sind recht dramatisch. Natürlich hat nicht jedes Mißverständnis zwischen den Kulturen derartig weitreichende Konsequenzen, zumal man meist damit rechnen kann, daß einem als Ausländer, der etwas falsch macht, zumindest guter Wille unterstellt wird. Dennoch muß man festhalten, daß *jede* Botschaft eine Konsequenz hat, in irgendeiner Form, da es unmöglich ist, auf die Handlung eines anderen nicht zu reagieren. Menschliche Wesen versuchen unausweichlich, das, was um sie herum geschieht, zu interpretieren, ihm eine Bedeutung zuzuschreiben.

The economy

America first

Eine Abbildung des amerikanischen
Präsidenten Bill Clinton in der britischen
Zeitschrift *The Economist.*

Was dachten die Australier als sie dieses
Photo sahen?

Abb.1: Amerikanischer Präsident Clinton

Körpersprache ist an soziale Gruppen, an Kulturräume, soziokulturelle Normen und Handlungsmuster gebunden. Die kulturelle und gesellschaftliche Entwicklung hat oft einen Kanon von Gesten für einen bestimmten Kulturraum typisch werden lassen. Der nach oben gerichtete Daumen signalisierte ursprünglich im Circus Maximus Roms, daß der Gladiator im Kampf mit den Löwen Sieger geblieben und in Zukunft ein freier Mann war. Noch heute bedeutet er bei den Amerikanern „You're the best" oder „That's great". Vorsicht in Nigeria und Australien! Tramper benutzen den nach oben gerichteten Daumen, um eine Mitfahrt zu bekommen. Dort empfiehlt sich diese Bewegung nicht, denn *thumbs up* ist da eine obszöne Geste.

Offenbar sind die *Bewegungshandlungen* in ein soziales System eingeordnet, innerhalb eines kulturspezifischen Musters definiert, in eine bestimmte Bewegungskultur integriert und den „Eingeborenen" dieser Kultur in ihrer Besonderheit nicht bewußt. Unsere Körpersprache ist insoweit begrenzt, als sie kulturell fest determiniert ist – und damit birgt sie den interkulturellen Konflikt zwangsläufig in sich.

3. Der Trugschluß der Ähnlichkeit

Leider werden wir alle oft Opfer eines Trugschlusses, des *Trugschlusses unterstellter Ähnlichkeit*, das heißt der Annahme, daß Menschen uns ähnlicher sind, als es tatsächlich der Fall ist. Wir erliegen der Illusion zu verstehen, solange wir des Mißverständnisses nicht gewahr werden. „Ich verstehe dich vollkommen. Du bist derjenige, der nicht richtig versteht." Die meisten von uns sind sich der parochialen Bestimmtheit ihres Verhaltens nicht bewußt, da wir noch nicht verstanden haben, daß Kommunikation und Kultur eine untrennbare Einheit bilden.

„Mentale Programme variieren nach Maßgabe der sozialen Umgebung, in welcher sie erworben wurden. Der gebräuchliche Begriff für derartige mentale Software ist *Kultur.*

(...) In den meisten westlichen Sprachen meint ‚Kultur' für gewöhnlich ‚Zivilisation' oder ‚geistige Bildung' und insonderheit die Resultate solcher Bildung wie Erziehung, Kunst und Literatur. Das ist ‚Kultur im engeren Sinne'; ich bezeichne sie manchmal als ‚Kultur eins'. Kultur als mentale Software jedoch, eine Begrifflichkeit von Sozialanthropologen, ist weiter in ihrem Sinn; das ist dann ‚Kultur zwei' (...) Sie umfaßt nicht nur solche Aktivitäten, die dazu dienen, den Geist zu schulen, sondern auch die gewöhnlichen und einfachen Dinge im Leben: grüßen, essen, Gefühle zeigen oder nicht zeigen, Distanzzonen einhalten, Liebe machen, Körperpflege betreiben. (...) Kultur zwei beschäftigt sich mit den grundlegenden menschlichen Vorgängen; sie handelt von den Dingen, die weh tun."
(Hofstede 1991, 4-5)

4. Der Schlüssel zum Verstehen

Wir glauben immer noch, daß der Schlüssel zur interkulturellen Kommunikation ein besseres Verstehen des Fremden ist. Aber der Schlüssel liegt, wie der Anthropologe Edward Hall gezeigt hat, in kultureller *Selbst*bewußtheit:

In diesem Kontext ist es von entscheidender Bedeutung, sich immer wieder vor Augen zu halten, daß der Teil des menschlichen Nervensystems, der mit sozialem Verhalten befaßt ist, nach dem Prinzip negativen Feedbacks arbeitet. Das heißt, es ist einem überhaupt nicht bewußt, daß es ein Kontrollsystem gibt, solange man das Programm befolgt. Ironischerweise bedeutet das, daß der Mehrzahl der Menschen Wissen über substantielle Bereiche des Selbst vorenthalten bleibt, bedingt durch die Art und Weise, wie das Kontrollsystem funktioniert. Der einzige Augenblick, in dem man das Kontrollsystem überhaupt bemerkt, ist der Zeitpunkt, an dem das Handeln dem verborgenen Programm nicht folgt. Das geschieht besonders bei interkulturellen Begegnungen. Von daher ist das große Geschenk, das Angehörige der menschlichen Rasse für einander haben, nicht irgendeine exotische Erfahrung, sondern die Gelegenheit, Bewußtheit von der Struktur ihres eigenen Systems zu erlangen, was nur gelingen kann, wenn man mit anderen interagiert, die nicht dasselbe System besitzen – Personen anderen Geschlechts, anderer Altersgruppen, anderer Volksgruppen, anderer Kultur. (Hall 1976, 44)

Wir müssen das fremde Sprechen, die fremde Kommunikation, die fremde Körpersprache als Folie des eigenen Sprechens, der eigenen Kommunikation, der eigenen Körpersprache nutzen, uns die Konstituenten und Koordinaten des eigenen Selbst zu erklären. „Insofern könnten wir, wenn wir uns auf das scheinbar Fremde reflektierend einlassen, uns am Ende selbst entdecken und uns besser verstehen als zuvor" (Czucka 1993, 83). Denn dann entsteht im Glücksfall eine dritte Kultur aus der über eine zweite reflektierten ersten.

Wie können wir unsere kulturelle Selbsteinschätzung luzider und objektiver machen? Einen Ausländer zu bitten, einen Inländer und damit meinen eigenen Landsmann zu beschreiben, ist ein guter erster Weg, sich selbst so zu sehen, wie andere einen sehen.

Schiller schrieb in den „Tabulae votivae" des Musenalmanachs für das Jahr 1797 unter der Überschrift „Der Schlüssel" (1965, 305):

Willst du dich selber erkennen, so sieh, wie die andern es treiben,
Willst du die andern verstehn, blick in dein eigenes Herz.

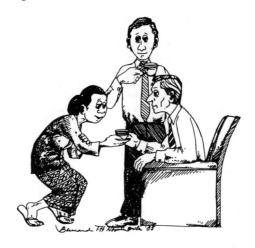

Abb. 2: Ehrerbietung, ausgedrückt durch Handhaltung und Kopfhöhe

Der Weg zum Verstehen des andern geht über: Sich in den Augen des andern sehen, sich mit den Augen des andern sehen. Sich selbst anders betrachten. Perspektivenwechsel und Introspektion in Kultur, Einfühlung und Selbsterkenntnis, Verändern der Blickrichtung. Sich selbst verstehen lernen durch den andern, dann den andern.

Wissen wir beispielsweise, wie wir körpersprachlich Respekt zeigen? In den Vereinigten Staaten steht man auf, während man sich in einigen polynesischen Kulturen setzt, um Ehrerbietung zu erweisen. Viele von uns werden in dieser Zeichnung (Aarau et al. 1994, 69) das Absenken des Kopfes als Respektgeste identifizieren; nur wenige werden dies bei der Hand-Arm-Geste tun. In den meisten westlichen Kulturen werden derartige Respektgebärden mit Unterwürfigkeit assoziiert. Sie konfligieren mit den Werten von Gleichheit und Emanzipation.

Wie bezeugt ein Deutscher Respekt? Studierende diese und ähnliche Fragen diskutieren zu lassen ist eine effektive Methode, um kulturelle Selbstbewußtheit in kulturell homogenen Gruppen zu erhöhen. Man kann sagen, daß Deutsche oft aufstehen, um jemandem von höherem oder gleichem, ja auch niedrigerem Status Ehrerbietung zu bezeugen. Kindern wird beigebracht, daß sie gerade stehen, wenn sie mit einem Erwachsenen sprechen, und ihm in die Augen schauen, wenn sie angesprochen werden. Warum nur verbindet eine Kultur Respekt mit Sich-Verbeugen, eine andere mit Aufrecht-Stehen?

5. Konklusion: Zwischen uns und ihnen

Die meisten Lernprogramme, die entwickelt worden sind, um interkulturelle Kommunikation zu lehren und zu lernen, stellen *das andere Verhalten* in den Mittel- und Blickpunkt: Die Dänen machen das, die Spanier das. „Wenn Sie in Südafrika sind, machen Sie es niemals so, sondern immer so ..." Diese Lernprogramme stellen die Unterschiede zwischen „uns" und „ihnen" heraus. Sicherlich ist zielorientierte Information ein integraler Bestandteil interkulturellen Trainings; aber *inter*ethnisches Sensibilitätstraining kann stark von *intra*ethnischem Sensibilitätstraining profitieren. Wenn man eine Gruppe von deutschen Studenten bittet, einen umfassenden Kanon von Regeln aufzustellen über die genannten Respektbezeugungen oder, beispielshalber, Raum und Berührungen, also Proxemik und Haptik, und ihre Rolle in sozialen Interaktionen innerhalb Deutschlands, ist die Liste anfangs meist recht kurz. Wenn man diese Liste zusammen mit den Studierenden aber weiterentwickelt, bis man ein weites Feld von Situationen umfaßt hat, erhöht sich die Sensibilität für kontextbezogene Kommunikationspraktiken (und wie sie gedeutet werden) beträchtlich. Das *interkulturelle* Ereignis ist dann leichter zu verstehen, und zwar als Kommunikationsereignis, das in einem additionalen Kontext stattfindet.

Das Risiko für die erfolgreiche interkulturelle Kommunikation liegt nicht in der Tatsache, daß kulturelle Differenzen bestehen, sondern in der Annahme, daß sie nicht bestehen. Wir werden wohl niemals fähig sein, einen interethnischen Kommunikationsbreakdown vollkommen zu vermeiden; aber ein Bewußtsein von den verschiedenen Ebenen, auf denen internationale Kommunikation stattfindet, wird die Gefahr negativer Projektion und Schuldzuweisung und xenophober Stereotypisierungen reduzieren. Dazu ist eine Änderung der Perspektive vonnöten, ein neues Paradigma. Nicht so sehr die Perspektive auf den anderen ist gefragt, sondern die Frage, wie der andere uns sieht. Über Hinein-Sicht in die eigene Kultur und ihre Bedingtheiten können wir vielleicht die Einsicht gewinnen, warum wir den anderen als anders empfinden und warum er uns als anders betrachtet. Wenn wir nämlich uns in den Blickwinkel nehmen, eröffnet sich eine ganz andere Perspektive auf den anderen.

Literatur

Aarau, A., Draine, C., Hall, B.: Reisegast in Indonesien. Dormagen 1994

Czucka, E.: Schrift-Kultur und fremde Sprache. Überlegungen zum Literaturunterricht mit ägyptischen Deutschstudenten. In Metwally, N., El Dib, N., Ayad, A. E., Khattab, A., Czucka, E. (Hrsg.): Vermittler und Vermittlung. Fs. Kamal Radwan. Kairoer Germanistische Studien 7, 69-84. Kairo 1993

Hall, E. T.: Beyond Culture. New York, London, Toronto, Sydney, Auckland 1976

Hofstede, G.: Cultures and Organizations. Software of the Mind. London 1991

Morain, G. G.: Kinesics and Cross-cultural Understanding. Language in Education, Theory and Practice 7. Arlington 1978
Schiller, F.: Sämtliche Werke (Hrsg. Fricke, G., Göpfert, H. G.). Bd. 1. 4. Aufl. München 1965

Die Zitate aus englischsprachigen Publikationen geben wir in unserer Übersetzung wieder.

HELLMUT K. GEISSNER

Zur Überwindung des Ethnozentrismus durch Ethnorhetorik und Ethnohermeneutik

„Ethnisch" bedeutet nicht nur die Zugehörigkeit zu einem bestimmten Volk, sondern – wie schon ἔθνοσ – jede „durch Gewohnheit verbundene Menge, Schar, Haufen ... von Menschen", das Zugehörigkeitsgefühl zu einer Gruppe eines Volkes. Üblicher wird klassifiziert nach rassischen, nationalen, stammesgeschichtlichen, religiösen, sprachlichen oder kulturellen Merkmalen wie Geschlecht, Alter, Beruf. Ethnos bezeichnete auch „Scharen, Herden, Schwärme von Tieren", war im Unterschied dazu auch gebräuchlich für die gesamte „Menschenklasse", später sogar für die „Heiden".

Ethnozentrismus bezeichnet die Auffassung, „daß die eigene Gruppe den anderen überlegen ist". Es muß nicht mehr der veraltete Spruch sein „Am deutschen Wesen soll die Welt genesen" oder der radikale „Deutschland den Deutschen", auch nicht der Vers aus einem Kirchenlied „Wir sind im wahren Christentum, mein Gott wir danken dir", auch nicht die Rede vom „auserwählten Volk", weder im jüdischen Original noch in der nationalsozialistischen Travestie. Ethnozentrisch sind auch harmloser scheinende Formeln wie „Wir haben den rechten Glauben, die andern nur eine Ideologie", oder „Wir wählen die richtige Partei, wer anders wählt, ist dumm", oder „Wir sind das wichtigste Fach, die andern sollen erst einmal so weit kommen" usw. usw.

Selbst wer für sich davon überzeugt ist, frei zu sein von ethnozentrischen Attitüden, wie soll er oder sie die, der eigenen Überzeugung zugrundliegende, meist heimliche Ethnizität erkennen, wie ihr entkommen? Auch der gerade vollzogene Rückgriff auf die griechische Wortbedeutung denkt am ethnischen Leitseil eines sog. „abendländischen" (d. h. nicht-morgenländischen) Verständnisses, ist „eurozentrisch" (Heinrichs 1982, 25), nicht z. B. afrikanisch, chinesisch, indisch. „Die Gebildeten", meint Pierre Bourdieux (1974, 163), „sind die Eingeborenen der oberen Bildungssphäre und neigen daher zu einer Art von Ethnozentrismus, den man Klassenethnozentrismus nennen könnte."

Dieser Klassenethnozentrismus ist gegründet auf der Idee individueller Bildung. Auch zu seiner Überwindung gehört deshalb die Einsicht in die fundamentale „Pluralität der Menschen" (Arendt 1960, 14), gehört die ebenso fundamentale Einsicht in die prinzipielle Verschiedenheit von Menschen, Kulturen und ihrer Geschichte. Die Verschiedenheit (diversity) zeigt uns „uns selbst und alle anderen geworfen in die Mitte einer Welt von unaufhebbarer Fremdheit, die wir nicht wegräumen können" (Geertz 1986,120). Es ist nur zu verständlich, daß wir Menschen versuchen, in der „Welt dieser unaufhebbaren Fremdheit" wenigstens durch die Einbindung in eine ethnische Gruppe oder – und auch das ist ein Ziel von Erziehung – in die nicht minder ethnische Bildungstradition einiges an Vertrautheit zu gewinnen, etwas Verläßliches. Aber wie lange ist diese Bindung tragfähig?

Diese Rückbindung an die Bildungstradition mag wohl auch einer der Gründe sein – um das Problemfeld einzugrenzen und sich dem Vortragsthema zu nähern – warum sich die nicht nur der Bezeichnung nach griechische „Rhetorik", (wenn auch weniger auf die 1. Sophistik) immer wieder zurückbezieht auf ihre griechischen Anfänge. Doch

„analog zum Demokratiebegriff, den nur eine ahistorisch zu nennende Einstellung in seinem ursprünglichen Zustand in der attischen *polis* festschreiben könnte, statt ihn aus der jeweiligen Verfaßtheit im historischen Prozeß neu zu definieren, kann auch der Rhetorikbegriff nicht in seinem Erstverständnis in jener ‚polis' eingefroren werden, statt ihn aus seinen Wandlungen (...) je neu zu bestimmen." (Geißner 1988, 1769)

Diese Wandlungen vollziehen sich nicht nur *innerhalb* der Völker, das wäre ein *intrakulturelles* Mißverständnis, sondern auch *zwischen* den Völkern, also *interkulturell*. Deshalb konstatierte ich damals:

„Analog zur Sozio- (...) und *Ethnohermeneutik* (...) liegt hier das interdisziplinäre Forschungsfeld von Sozio- (...) und *Ethnorhetorik* (...)." (1774)

Von diesem Problemverständnis aus kann jetzt *gefragt werden, was genau ist unter Ethnorhetorik und Ethnohermeneutik zu verstehen, und wie könnte es beiden gelingen, den Ethnozentrismus zu überwinden?* Wenn bislang vereinfachend die Termini „Rhetorik" und „Hermeneutik" verwendet wurden, dann bedeutet das allgemein: Rhetorik ist ohne adaequate Hermeneutik sinnlos (Badura 1972, 260). Ausdifferenziert im Konzept der Theorie der „Rhetorischen Kommunikation" bedeutet das: *Gesprächsrhetorik und Gesprächshermeneutik* (Geißner 1996a, 953) sowie *Rederhetorik und Redehermeneutik*, entwickelt aus grundlegender Gesprächsfähigkeit und Gesprächsverstehensfähigkeit sowie Redefähigkeit und Redeverstehensfähigkeit. Gegenstand der jetzigen Überlegungen sind also Gespräche und Reden, die in „speech communities" (Hymes 1979) unterschiedlicher Ethnien zwischen Vertrauten und Fremden geführt oder gehalten werden sowie Verstehensprozesse, die sie auslösen, bzw. Handlungen, die ihnen folgen.

Wie aber soll das Fremde, sollen die Fremden selbst innerhalb der eigenen Ethnie, innerhalb der eigenen Kultur verstanden werden? (Heinrichs 1982; Krusche/Wierlacher 1990). Da wie Freud sagte, sogar das „Ich nicht Herr im eigenen Haus" ist, wie soll es Herr oder Herrin der eigenen Kultur sein, von der es beherrscht wird? Wer deshalb die Annahme einer totalen Selbsttransparenz für illusorisch hält, kann nicht umhin, das Fremde schon in sich selbst zu suchen. Nach dem II. Weltkrieg erschien das Buch „Hitler in uns selbst" (Picard 1946), kurz nach der Wende sprach Gauck von der „Stasi in uns selbst". Ohne den Versuch, das Fremde in mir selbst zu verstehen, bleibt das Verstehen des Fremden nicht nur befangen, sondern genau genommen: unmöglich.

„Da wir nun aber in unserer Kultur großgeworden sind, mit unseren Kategorien Verstehen gelernt haben, besteht die Gefahr, daß wir die fremden Phänomene unseren Vor-Urteilen folgend, falsch interpretieren. Und dies gilt nicht nur einmal, sondern in bezug auf jede fremde Kultur aufs neue." (Nadig 1986, 36)

„Fremde Kultur" meint sowohl die *intrakulturelle* Fremdheit als auch die *interkulturelle*. Ein entscheidender Indikator sind dabei die in einer „speech community" geltenden „Sprechweisen" (Hymes 1979, 166ff). Gemeint sind damit nicht nur die sprachlichen (verbal) Formen Regiolekt, Dialekt, Soziolekt, sogar „Ethnolekt" (Hinnenkamp 1994, 57), sondern auch die Formen des sprecherischen (paraverbal) und des körperlichen (extraverbal) Ausdrucks in den kommunikativen Beziehungen. Nur in diesem umfassenden Verständnis ist es sinnvoll, Kinder-, Jugend-, Frauen-, Männer-, Berufs- und Fach"sprachen" zu unterscheiden oder „Gastarbeiterdeutsch", differenziert nach z. B. Türkisch, Griechisch, Polnisch (Slembek 1995). Auf jeden Fall muß die „*intra-Kultur-interkulturelle Kommunikation von inter-Kulturen-interkultureller Kommunikation* unterschieden werden" (Hinnenkamp 1989, 37).

Dabei zeigt sich, wie wichtig die außersprachlichen Kommmunikationskanäle sind: visuelle (sehen), auditive (hören, Laute, Töne und Klänge), olfaktorische (riechen), taktile (berühren), textile (anfassen), proxemische (Bewegungen im Raum) (Geißner 1996b). Es wäre dem Klassenethnozentrismus der Gebildeten zuzuschreiben, vor allem dem der „Schrifteliten", würde versucht, die Ausdrucksfunktionen zu hierarchisieren oder gar, sie dem sprachlichen Ausdruck unterzuordnen. Bühl spricht von kulturellen Prozessen, zwischen denen nicht Hierarchie, also Unterordnung besteht, sondern Heterarchie, also Nebenordnung:

„Kulturelle Systeme sind ... ‚heterarchisch', denn sie bestehen aus mehreren voneinander mehr oder weniger unabhängigen Entscheidungs- und Kulturträgern, die zum Teil miteinander konkurrieren, zum Teil ohne Kenntnis voneinander oder Verständnis füreinander nebeneinander tätig sind." (Bühl 1987, 69)

Das gilt für das Nebeneinander und Ineinander von Trivial-, Lebens-, Sub-, Hoch- und Weltkultur. Eine besondere Rolle spielen in den kommunikativen Prozessen die zu Selbstbildern und Fremdbildern geronnenen Stereotype (Lehtonen 1995a, 97ff). Eine junge Sprecherzieherin lebt in einer WG (*Lebenskultur),* gehört einer „cornerclique" an (*Subkultur),* geht samstags in die Disco (*Trivialkultur),* sonntags in die Kirche, rezitiert mit Inbrunst oder spielt Orgel (*Hochkultur)* und hat Teil an der massenmedial frei Haus gelieferten „Welt" (*Weltkultur),* vielleicht sogar an der weltweiten wissenschaftlichen *Reflexionskultur.* „Jede Ebene stellt ein eigenes selbstregulatives System dar, jede Ebene hat ihr eigenes Organisationsmuster" (Bühl nach Minzel 1993, 198). Wir gleiten von Ebene zu Ebene, lernen sozialisatorisch die geltenden Organisationsmuster und exekutieren unser „geteiltes Selbst" unauffällig, es sei denn, in Grenzsituationen zeigten sich überwindbare oder therapiebedürftige Risse.

„Das Ich ist also kein einheitliches Subjekt, keine feste Identität, das aus einer soliden Masse besteht, die mit Schichten von Oberfläch(lichkeit)en bedeckt ist, die man schichtweise abtragen muß, um das wahre Gesicht zu sehen. Das ‚Ich' selbst besteht (nur) aus unendlich vielen Schichten". (Trinh 1989, 94)

Die bisherigen Überlegungen zum Verhältnis von Selbstverstehen und Fremdverstehen führen zunächst zu der Feststellung: Niemand hat – auch nicht im Rhetorischen oder im Hermeneutischen –

– einen festen Punkt außerhalb der eigenen „speech community"
– einen festen Punkt außerhalb der eigenen Sozialisation und der darin entwickelten Einschätzung der Möglichkeiten dieser Werte-Welt
– einen festen Punkt außerhalb der eigenen kulturbefangenen Einschätzung von Kommunikationssitutionen und Kommunikationsprozessen.

Von dieser Einsicht aus gilt es nun, sich dem Fremden zu nähern, wie es sich im Ethnorhetorischen und im Ethnohermeneutischen zeigt.

Ethnorhetorik beginnt explizit mit der Untersuchung „Navajo worldviews and cultural patterns of speech: A case study in ethnorhetoric" (Philipsen 1972); erwähnt seien aus der Vielzahl englischsprachiger Arbeiten nur noch einige Autoren: Casmir, Morris, Gudykunst, Kim, Starosta, Conquergood, Carbaugh sowie die 20 Bände des Jahrbuchs „International and Intercultural Communication"; von deutschsprachigen Arbeiten, z. B. die zum Gesprächsmanagement zwischen Deutschen und Türken (Hinnenkamp 1989), zu Geprächen zwischen Deutschen und Chinesinnen (Günthner 1993), zu Gesprächsbeendigungen (Kotthoff 1994), zum Streitgespräch und zur „Appellrhetorik" (Rehbein 1994); hierher gehören auch Arbeiten über Unterschiede in der deutsch-deutschen Kommunikation (Beck 1991; Wachtel 1991; Barthel 1995).

Zur *Ethnohermeneutik* gibt es englische Untersuchungen z. B. von Bradley, Philipsen, Hymes, Gumperz, Lehtonen; deutschsprachige zur Ethnopsychoanalyse (Heinrichs 1982; Parin 1983), zur interkulturellen „Verständigung" (Loenhoff 1992), vor allem die Arbeiten von Hans Bosse (1979; 1994), der am Beispiel der dritten Welt mit ethno-hermeneutischen Verfahren Möglichkeiten und Sinn von Auflehnung und Gegenkultur untersucht.

„Die Kolonisierung der äußeren Natur der Menschen in der dritten Welt ist heute weitgehend abgeschlossen. ... Eine von Mission und kolonialer Kulturpolitik begonnene, jedoch nicht abgeschlossene Arbeit der Fortschrittsbringer liegt in der Kolonisierung der ‚inneren Natur', der Enteignung des Bewußtseins. ... Die Ethnohermeneutik untersucht die subjektive Seite dieser inneren Kolonisation, nachdem sie deren objektive Seite, die

Transnationalisierung der kapitalistischen Kultur, soziologisch erfaßt hat." (Bosse 1979, 10f)

Den Gesamtkomplex der Forschungsergebnisse und der daraus sich ergebenden Möglichkeiten einer „Ethnohermeneutik des Sprechens" hat Semira Soraya aufgearbeitet (1997).

Wenn die von Bosse beschriebene Kolonisierung der inneren Natur nicht nur in der 3., sondern auch in der 1. und 2. Welt „vor sich geht", was könnten dann die bisher an dieser Kolonisierung beteiligten Formen der traditionellen Rhetorik jetzt und künftig anderes bewirken als die Stabilisierung eben dieses kolonialen Zustandes. Die affirmative Rhetorik verhält sich ebenso kolonialistisch wie die sie komplettierende Hermeneutik. Die „systematisch verzerrte Kommunikation" (Habermas) kann nicht durchschaut, noch kann an ihrer Entzerrung gearbeitet werden. Mit Stan Deetz ist zu fragen, ob „Democracy in an age of corporate colonization" (1992) überhaupt auf dem Wege der „öffentlichen Deliberation" – wie Kopperschmidt meint (1995, 35) – zu entkolonisieren ist, oder ob es dazu einer kritischen Rhetorik nicht ebenso bedarf wie einer kritischen Hermeneutik.

„Kritisch" bedeutet zunächst nichts anderes als „nicht-affirmativ". Diese anti-dogmatische Haltung läßt sich in einem präzisen Sinn mit bestimmten Zielsetzungen auch als „subversiv" bezeichnen (Geißner 1995a, 21). In nicht gerade luzider Begrifflichkeit glaubt Dieter W. Allhoff (1996, 14), einen Gegensatz zwischen „kooperativ" und „subversiv" feststellen zu können; „kooperativ" hat jedoch einen Gegenbegriff vielleicht in „individuativ", aber nie in „subversiv", denn subversives wie affirmatives Handeln kann kooperativ sein. „Affirmativ kooperativ" ist die Rhetorik der Anpassung, „subversiv kooperativ" ist die Rhetorik der Aufklärung, die Rhetorik des Widerstandes, sind alle Formen der Gegen-Rhetorik, in welcher Facette der fragmentierten rhetorischen Kommunikation auch immer (Geißner 1971; jetzt auch in Kopperschmidt 1991). „Subversiv kooperativ" waren in der großen Politik z. B. die Widerstandskämpfer vom 20. Juli 1944 oder die Bürgerrechtler in der DDR, die Montagsmarschierer in Leipzig vor der Wende 1989. Wer annimmt, Subversion sei nur in totalitären Systemen gerechtfertigt, der ist blind und taub gegenüber auch in der alltäglichen Politik unserer Demokratien vorhandenen „invisible but effective tyranny" (Deetz 1990, 95): z. B. die zunehmende Altersarmut vor allem von Frauen, die Verweigerung von Lehrstellen, der Umgang mit der Jugendarbeitslosigkeit, die Bezahlung sachfremder Leistungen aus dem Rententopf, die Behandlung der Minderheiten, der Zugang zu den Medien ...

Allerdings sind die dogmatischen Positionen, gegen die Widerstand zu leisten ist, trotz der systematischen Verzerrung, noch eher zu finden als die „good reasons", die den Widerstand rechtfertigen. „Gute Gründe" nämlich gelten nicht unabhängig von Zeit, Person und Situation, sind keinem vorhandenen Moral-System einfach zu „entnehmen", sondern nur jeweils in Prozessen dialogischer Vergewisserung erneut zu begründen, zu überprüfen und zu verändern, wenn sie nicht selbst dogmatisch werden wollen. Es gilt das zuvor Gesagte zu bekräftigen: Es gibt keinen festen Punkt außerhalb, außerhalb der dialogischen Ethik. (Geißner 1995b)

Es ist schwierig, den eignen Bias, die eigenen Vor-Urteile zu erkennen. Dies versuchen besonders die hier besprochenen Ethnotheorien. Folgendes scheint zielführend: „Indem wir die menschliche Natur in einer von uns entfernten fremden Gestalt wahrnehmen, fällt vielleicht auch auf unsere eigene Natur etwas Licht" (Malinowski 1979, 49). Diese „fremde Gestalt", von der Malinowski spricht, kann in fernen Ländern vorkommen; z. B. wenn wir „unser" parlamentarisches System konfrontieren mit dem „Palaver als der Urform der Demokratie in Afrika" (Aden 1995), wenn wir Einzelheiten erfahren über andere rhetorische Formen, z. B. über die Verständigungsrituale in Melanesien, die Initiationsreden bei den Hopi, aber was wissen wir von der rhetorischen Kommunikation der Ethnien in unserem Land, nicht nur der fremdsprachigen oder gemischtsprachigen Gruppen? Vielleicht wissen wir mehr von den Kommunikationsformen einer streetgang in Chicago als von denen einer Wohnblockclique in Kreuzberg.

Wer nicht auf den gebahnten Wegen einer affirmativen Rhetorik die bestehenden Zustände konservieren will, sondern mitwirken will, die hinderlichen, ungerechten Zustände zu verändern, der/die muß neue Wege gehen. So haben sich in den Vereinigten Staaten seit längerem neben der „old rhetoric" verschiedene Konzepte der „new rhetoric" entwickelt, die sich zum Teil heftig befehden. Eine ähnliche Entwicklung gibt es in der französischen Literaturkritik. Die Vertreter der „alten" Kritik, die „objektiven" Methoden huldigen, bekämpfen die Anhänger der „neuen" Kritik. Roland Barthes hielt die „alte" Kritik für repressiv, sogar für obskurant, weil sie nicht willens sei, die „Macht der Macht, die Sprache der Sprache" in Zweifel zu ziehen. Da die „neue" Kritik gerade dies tut, ist sie gegenüber dem Credo der Vertreter der „alten" Kritik „subversiv" (1967, 23). Ein anderer Lösungsansatz überspringt die ethnische und situative Differenzierung und meint kontrafaktisch, im Vorgriff auf eine „ideale Sprechsituation" überall gültige, also „universale" Kategorien kommunikativen Handelns finden zu können. Im Unterschied zu diesem, vorwiegend von Habermas vertretenen Ansatz klammert mein sozialpragmatischer Ansatz weder die sozialen Gegebenheiten und realen Situationen aus, noch die ethnischen und kulturellen Unterschiede, geht es doch um die Bedingungen des Miteinandersprechens im lebensweltlichen Zusammenhang des Miteinanderhandelns. In diesem Verständnis haben Rhetorik wie Hermeneutik nur als kritische eine Berechtigung (Geißner 1981).

Eine „*critical rhetoric*" vertritt auch Ramie McKerrow, deren Aufgabe es sei: „den Diskurs der Macht zu demaskieren und zu entmystifizieren" (1989, 91).

Auch für ihn steht die

„kritische Praxis auf eigenen Füßen, ohne Bindung an universale Standards der Vernunft. Stattdessen vollzieht kritische Rhetorik ihre Bindung an das Mögliche, an die Doxa als Grundlage ihres Wissens, an sprachlichen Nominalismus als den Grund doxastischer Bedeutungen und an Kritik verstanden als Vollzug (performance)." (109) Ausdrücklich stellt er fest, daß die doxastische Rhetorik gerichtet ist „gegen die universalistischen Tendenzen der kommunikativen Ethik von Habermas oder gegen Perelmans philosophische Rhetorik." (105)

In der Folge dieses Ansatzes muß die „rhetorische Hermeneutik" die irrige Annahme korrigieren „es gäbe Bedeutung außerhalb der spezifischen geschichtlichen Kontexte rhetorischer Praxis" (Mailloux 1985, 630). In dieselbe Richtung argumentiert auch Michael Huspek. „*Critical Hermeneutics*" unterscheide sich von Habermas' kritischer Theorie vor allem durch ihr Verständnis des Verhältnisses von Theorie und Praxis; d. h. sie betreibe die „kritische Selbst-Reflexion der Gesellschaft" und bleibe aber gleichzeitig „eingetaucht in die Realität der Praxis".

„Kritische Hermeneutik verfolgt nicht nur ein emanzipatorisches Interesse, sondern mit ihrer spezifischen Sensibilität für die alltägliche Kommunikation und die Bedeutungen in der Lebenswelt eignet sie sich für ein umfassenderes kritisches Verstehen als jenes, das die kritische Theorie anbietet." (1991, 232f)

Die Möglichkeit des Verstehens ethnohermeneutischer Vorgänge ist auf die konkreten lebensweltlichen Kontexte bezogen, die universalpragmatisch nicht zu fassen sind.

Wo nun ist diese „kritische Hermeneutik" wissenschaftlich zu verorten? Die Problematisierung dieser Frage ist unverzichtbar, wenn das Verhältnis von Ethnorhetorik und Ethnohermeneutik bedacht wird. Mit welchem Anspruch wird hier der Hermeneutik eine so entscheidende Rolle zugewiesen? Wie steht es überhaupt mit ihrer methodologischen Dignität? Verfechter quantitativer Analysen gehen noch immer davon aus, sie könnten Erscheinungen der Empirie „objektiv" erfassen, bzw. „Objektivität" durch Messen oder durch statistische Verfahren erreichen. Ganz abgesehen davon, daß empirische Fakten noch keine objektiv gegebenen, verrechenbaren Daten sind, Daten erst an der Schnittstelle zum Analysanden, also „resubjektiviert", etwas „bedeuten", gilt generell, daß der Analytiker

„... da er ja nicht alles und nicht jedes analysiert und nicht alles mit jeder Methode immer schon ein Hermeneutiker gewesen sein muß, ehe er ein Analytiker sein kann, bzw. (...) ein Hermeneutiker werden muß, wenn er seine Analysen verstehen will." (Geißner 1982, 39)

Noch einen Schritt weiter in die Grundlagen geht Georges Devereux (1973, 209):

„Nicht die Untersuchung des Objekts, sondern die des Beobachters eröffnet uns einen Zugang zum *Wesen* der Beobachtungs*situation*, daß die charakteristischen Daten aller

Verhaltenswissenschaften Phänomene sind, die durch Beobachtung selbst hervorgerufen werden." Daraus folgt: „Genauso wie es keine *vorinterpretierten* Phänomene gibt, so gibt es keine uninterpretierten Daten." (254)

Wahrnehmung geschieht selten „interesselos", wissenschaftliche Wahrnehmung noch seltener: „jenseits der Wahrnehmung erfolgt Bewertung; ein Ding sehen heißt, ihm Wert beimessen" (E. Black 1978, 15); d. h.: es gibt keine Wahrnehmung ohne interpretativen Ansatz.

Dies vorausgesetzt wird vom Wissenschaftler in den begründenden, auf „doxa" gegründeten, also doxastischen Wissenschaften (d. h. in den nichtbeweisenden Naturwissenschaften), auch von den sprechwissenschaftlich Arbeitenden, eine interpretative, eine „hermeneutische" Einstellung verlangt. Der Versuch, diese hermeneutische Einstellung zu umgehen, führt zur Behauptung der Möglichkeit „reiner" Beobachtung. Aber nicht nur für Devereux gilt: „weder teilnehmende noch direkte Beobachtung erbringt wissenschaftliche Ergebnisse" (Heinrichs 1982, 149), denn „entgegen szientistischer Reduktionsversuche können Sinngehalte nicht aus dem von außen beobachtbaren bzw. wahrnehmbaren Verhalten deduziert werden" (Aschenbach 1984, 247); lapidar: *„Sinn ist nicht zu beobachten, sondern zu verstehen."* (Geißner 1981, 128)

„Die Tatsache, daß schon die alltägliche Wahrnehmung implizit Verstehens- und Interpretationsprozesse enthält, ist mittlerweile auch empirisch so gut und durchgängig bestätigt, daß sie heute als Allgemeingut der Psychologie gelten kann." (Groeben 1986, 146)

Norbert Groeben versucht mit seinem Konzept einer „verstehend-erklärenden-Psychologie" das alte Dilemma zwischen „beobachten/erklären" vs. „verstehen" zu überwinden, ja er rückt „die Methode des Verstehens in den Analysemittelpunkt" (127), ein Vorgang, der ihn – „im Gegensatz zur klassischen (monologischen) Experimentalmethodologie" – zur „positiven Zielidee einer dialogischen Hermeneutik" führt (157). Auf der traditionellen Seite steht jedoch nach wie vor „die Mehrheit der Psychologen, die zur Zeit mit Hilfe eines naiven, rein statistischen Empirismus der Grundsatzfrage ausweicht ..." (Hansen 1993, 8). Als Grundsatzfrage gilt: Was heißt es, daß Menschen ihre soziale Wirklichkeit selber konstruieren, daß „Kultur unsere Lebenswelt schafft" (14). Auch die Psychologie müsse wie die verstehende Soziologie „endlich anfangen (...) die menschlichen Verhaltensweisen, die menschlichen Wahrnehmungen, das Denken und Fühlen als sozial und kulturell erzeugt zu sehen", dann wäre auch ihre Methode „die der geisteswissenschaftlichen Hermeneutik" (Bruder 1993, 169). In dieser Auffassung von Hermeneutik weiß sich Sprechwissenschaft von ihrem Selbstverständnis aus gut aufgehoben. Nur von diesem Ansatz aus kann sie sich der Frage nähern, wie denn durch Ethnorhetorik und Ethnohermeneutik dem eigenen Ethnozentrismus beizukommen sei.

Sowohl für das Rhetorische als auch für das Hermeneutische lassen sich zwei Stufen unterscheiden: einerseits Alltagsrhetorik und Alltagshermeneutik, andererseits theoretisch reflektierte Rhetorik und theoretisch reflektierte Hermeneutik. Deshalb habe ich früher vorgeschlagen (1982, 43), die Alltagshermeneutik, d. h. das im alltäglichen Sprechen geschehende Verstehen, die alltägliche Interpretation des Hörverstandenen, „prähermeneutisch" zu nennen, „hermeneutisch" dagegen nur die an einer Theorie überprüfbare „interpretatio interpretationis". Die Alltagsrhetorik ließe sich analog als „prärhetorisch" bezeichnen und nur die an der Theorie überprüfbaren Prozesse rhetorischer Kommunikation als „rhetorisch". Von den beiden ausgemachten Stufen finden sich die erste in den Gesprächen und Reden der verschiedenen Ethnien. Fraglich bleibt – zumindest intrakulturell – ob sie auch die zweite Studie einer bereichsspezifischen Theorie entwickelt haben, bzw. entwickeln konnten. Deshalb ist hier wie auch in interkulturellen Untersuchungen die Gefahr besonders groß, daß Untersuchende ihre eigenen Theorieansätze, die alten wie die neuen, den prärhetorischen und prähermeneutischen Prozessen in den fremden Ethnien überstülpen. Das wäre freilich erneut – bewußt oder unbewußt – ethnozentristisch.

Unter der Voraussetzung des Konstruktivismus wie des Dekonstruktivismus gibt es kein wissenschaftliches Wahrheitsmonopol (mehr), es gibt Wahrheiten. „Kultur bricht das überlieferte Image von Wahrheit" (Starosta 1984, 231), fragmentiert die „eine" Wahrheit. In der Verschiedenheit der Kulturen werden verschiedene Wahrheiten vollzogen. Deshalb ist es erforderlich, die Werte anderer Kulturen nicht „abzuwerten durch die Werte der eigenen Kultur", sondern es ist erforderlich, die Differenzen zu den Werten der anderen Ethnien zu verstehen und gerade dadurch den eigenen Ethnozentrismus zu erfahren.

Für diese *ethnohermeneutischen* Versuche gibt es – wie bereits gesagt – keinen festen Ort in irgendeinem System, es bleibt nur das *Gespräch* zwischen den intrakulturellen und den interkulturellen Ethnien, also die *ethnorhetorischen* Prozesse. Wenn es um das „Gespräch zwischen Ethnien" geht, dann ist nicht das „Zwiegespräch" zwischen Personen modellhaft. Im „dialogischen Modell" treffen sich letztlich die verschiedenen Wissenschaften, mit der „rhetoric of inquiry" auch die Naturwissenschaften (Gross/Keith 1997). Selbst „die bildende Philosophie sucht nicht eine objektive Wahrheit zu finden, sondern sie sucht, das Gespräch in Gang zu halten" (Rorty 1981, 408); denn „*das Gespräch (ist) der unhintergehbare Kontext.*" (422) (Hervorh., H. G.)

Dies ist freilich eine fragile Basis für Wissenschaft, doch wo wäre in einer fragmentierten Gesellschaft eine andere zu finden? Wird von dieser Basis aus „mit Mut und Überzeugung" gearbeitet, so kann das zu „Bescheidenheit führen, nicht zu Verzweiflung, zu Klugheit, nicht zu Zynismus" (Conquergood 1992, 95). Diese hermeneutische Konstruktion „ist nötig sowohl für emotionale Solidarität als auch für politisches Handeln" (Miller 1993, 91). Es ist im Grunde die fragile Basis, von der aus im wissenschaftlichen Gespräch über die Wahrnehmung der rhetorischen und hermeneutischen Prozesse anderer Ethnien – intrakulturell wie interkulturell – der eigene Ethnozentrismus durchschaut, gemäßigt und vielleicht allmählich abgebaut werden kann.

Literatur

Aden, A. A.: Palaver als Urform der Demokratie in Afrika – zwischen Nostalgie und Ernüchterung. In: Europäische Versammlungskultur. (Hrsg. Geißner, H., Herbig, A., Dahmen, R.), 131-146. Berlin 1995

Allhoff, D. W.: Sprechwissenschaft/Sprecherziehung – Positionen – Visionen. In: Sprechen – Reden – Mitteilen (Hrsg. Lemke, S., Thiel, S.), 14-27. München 1996

Arendt, H.: Vita activa oder vom tätigen Leben. Stuttgart 1960

Aschenbach, G.: Erklären und Verstehen in der Psychologie. Bad Honnef 1984

Asante, M. K., Gudykunst, W. B. (Eds.): Handbook of International and Intercultural Communication. Newbury Park 1989

Badura, B.: Kommunikative Kompetenz, Dialoghermeneutik und Interaktion. In: Soziologie der Kommunikation. (Hrsg. Badura, B., Gloy, G.), S. 246-264. Stuttgart-Bad Cannstatt 1972

Barthel, H.: Perspectives of Speech Communication in the German Democratic Republic: Critial Reflections. In Lehtonen, J., (Hrsg.) 195-204. St. Ingbert 1995

Barthes, R.: Kritik und Wahrheit. Frankfurt/M. 1967

Beck, M.: ‚Rhetorische Kommunikation‘ oder ‚Agitation und Propaganda‘. Zu Funktionen der Rhetorik in der DDR. Eine sprechwissenschaftliche Untersuchung. St. Ingbert 1991

Black, E.: Rhetorical Criticism. A Study in Method.(1965). Wisconsin 1978

Bosse, H.: Diebe, Lügner, Faulenzer. Zur Ethnohermeneutik von Abhängigkeit und Verweigerung in der Dritten Welt. Frankfurt/M. 1979

Bosse, H.: Der fremde Mann. Frankfurt/M. 1994

Bourdieu, P.: Zur Soziologie der symbolischen Formen. Frankfurt/M. 1974

Bradley, H. P.: The Folk Linguistics of Woman's Speech. In: CM 48, 73-90, 1981

Broom, B. J.: Building Shared Meaning. Implications of Relational Approach to Empathy for Teaching Intercultural Communication. In: CE 40, 235-249, 1991

Bruder, K.-J.: Psychologie und Kultur. In: Kulturbegriff und Methode. (Hrsg. Hansen, K. P.), 149-169. Tübingen 1993

Bühl, W.: Kulturwandel. Für eine dynamische Kultursoziologie. Darmstadt 1987

Carbaugh, D. (Ed.): Cultural Communication and Intercultural contact. Hillsdale 1990

Carbaugh, D.: Communal Voices. An Ethnographic View of Social Interaction and Conversation. In: QJS 79, 99-113, 1993

Carbaugh, D.: ‚I can't do that!‘ but ‚I can actually see around the corners‘. In: Lehtonen, J. (Hrsg.), S. 215-234, St. Ingbert 1995

Casmir, F., Harms, S. (Eds.): International Studies of National Speech Education Systems. Minneapolis 1970

Casmir, F.: Culture, Communication, and Education. In: CE 40, 229-234, 1991

Conquergood, D.: Rethinking Ethnography. Towards a Critical Politics. In: CM 58, 79-194, 1991

Conquergood, D.: Ethnography, Rhetoric, and Performance. In: QJS 78, 80-123, 1992

Deetz, St.: Negotiation and the Political Function of Rhetoric. In: QJS 69, 434-441, 1983

Deetz, St.: Democracy, Competence, and the Pedagogy of Critical Discourse. In: Ermunterung zur Freiheit. (Hrsg. Geißner, H.), 93-106. Frankfurt/M. 1990

Deetz, St.: Democracy in an Age of Corporate Colonization. New York 1992

Devereux, G.: Angst und Methode in den Verhaltenswissenschaften. München 1973

Forster, R.: Mündliche Kommunikation in Deutsch als Fremdsprache: Gespräch und Rede. St. Ingbert 1997

Geertz, C.: The Interpretation of Cultures. New York 1973

Geertz, C.: The Uses of Difference. Michigan Quarterly Review 25, 105-123, 1986

Geißner, H.: Sprechwissenschaft. Frankfurt/M. 1981

Geißner, H.: Gesprächsanalyse: Gesprächshermeneutik. In: Stil: Komponenten-Wirkungen. (Hrsg. Kühlwein, W., Raasch, A.), Band I, 37-48. Tübingen 1982

Geißner, H.: Rhetorik. In: Soziolinguistik. Ein Internationales Handbuch (Hrsg. Ammon, U., Dittmar, N., Mattheier, K.), 1768-1779. Berlin-New York 1988

Geißner, H.: Anpassung oder Aufklärung (1971). In: Rhetorik (Hrsg. Kopperschmidt, J.) Band II, 202-220. Darmstadt 1991

Geißner, H.: Deutsch als Fremdkommunikation am Beispiel mündlicher rhetorischer Kommunikation. Jahrbuch Deutsch als Fremdsprache 18, 242-268. München 1992

Geißner, H., Herbig A., Dahmen, R. (Hrsg.): Europäische Versammlungskultur. Berlin 1995

Geißner, H.: Politische Kultur – rhetorische Kultur in Europa. In Geißner, H., Herbig, A., Dahmen, R. (Hrsg.), 11-22. Berlin 1995a

Geißner, H.: Über dialogische Ethik. In: Rhetorica XIII, 443-453, 1995b

Geißner, H.: Gesprächsrhetorik. In: Historisches Wörterbuch der Rhetorik. (Hrsg. Ueding, G.), Band III, 953-964. Tübingen 1996a

Geißner, H.: Wege interkultureller Kommunikation. In: Sprache, Sprachen, Kulturen. Entdecken, Erforschen, Lernen, Lehren. (Hrsg. Rist, Th.), 447-462. Landau 1996b

Groeben, N.: Handeln, Tun, Verhalten – als Einheiten einer verstehend-erklärenden Psychologie. Tübingen 1986

Gross, A. G., Keith, W. M. (Eds.): Rhetorical Hermeneutics. New York 1997

Gudykunst, W. B.: Intercultural Communication Theory: Current Perspectives. Beverly Hills 1985

Gudykunst, W. B., Ting-Toomey, St., Wiseman, R.: Taming the Beast: Designing a Course in Intercultural Communication. In: CE 40, 272-285, 1991

Günthner, S., Kotthoff, H. (Hrsg.): Von fremden Stimmen. Frankfurt/M. 1991

Günthner, S.: Diskursstrategien in der interkulturellen Kommmunikation. Analyse deutsch-chinesischer Gespräche. Tübingen 1993

Gumperz, J. J., Dell Hymes (Eds.): Directions in Sociolinguistics. Ethnography of Communication. New York 972

Gutenberg, N. (Hrsg.): Kann man Kommunikation lehren? Frankfurt/M. 1988

Gutenberg, N.: Interkulturelle Kommunikation in Organisationen. Jahrbuch Deutsch als Fremdsprache 18, 288-307. München 1992

Gutenberg, N.: Deutsch als Fremdsprache und Sprecherziehung. In: Materialien Deutsch als Fremdsprache 32, 1-22. Regensburg 1992

Hansen, K. P. (Hrsg.): Kulturbegriff und Methode. Tübingen 1993.

Heinrichs, H.-J.: Die Ethno-Disziplinen. In Heinrichs H. (Hrsg.). Das Fremde verstehen. 119-187, Frankfurt/M.-Paris 1982

Hinnenkamp, V.: Interaktionale Soziolinguistik und Interkulturelle Kommunikation. Tübingen 1989

Hinnenkamp, V.: Interkulturelle Kommunikation – strange attitudes. lili 93, 46-74, 1994

Hinnenkamp, V. (Hrsg.): Interkulturelle Kommunikation. Studienbibliographie. Heidelberg 1994

Huspek, M.: Taking Aim on Habermas's Critical Theory. On the Road Toward a Critical Hermeneutics. In Monographs, Vol. 58, 225-233, 1991

Hyde, M., Smith, C. R.: Hermeneutics and Rhetoric: A seen but unobserved relationship. In: QJS 65, 347-363, 1979

Hymes, D.: Foundations in Sociolinguistsics. An Ethnographic Approach. Philadelphia 1974

Hymes, D.: Soziolinguistik (dt.) Frankfurt/M. 1979

International and Intercultural Communication Annual. seit Bd. 1ff. Newbury Park 1974

Kim, Y. Y.: Interethnic Communication. Newbury Park 1986.

Klein, W., Dittmar, N. (Hrsg.): Interkulturelle Kommunikation. lili 24 Jg., Heft 93, 1994

Knapp, K., Enninger, W., Knapp-Potthoff, A. (Hrsg.): Analyzing Intercultural Communication. Berlin 1987

Knapp, M.: The Rhetoric of Good bye. Speech monographs 40, 183-198, 1973

Kopperschmidt, J.: Ethnozentrik und der Universalitätsanspruch der Rhetorik. In Geißner, Herbig, Dahmen (Hrsg.), 23-36, 1995

Kotthoff, H.: Zur Rolle der Konversationsforschung in der interkulturellen Kommunikationsforschung. lili 93, 75-96, 1994

Krusche, D., Wierlacher, A. (Hrsg.): Hermeneutik der Fremde. München 1990

Leeds-Hurwitz, W.: Notes in the History of Intercultural Communication. In: QJS 76, 262-281, 1990

Lehtonen, J.: Kontakte über Kulturgrenzen. Jyväskylä 1995a

Lehtonen, J. (Ed.): Critical Perspectives on Communication Research and Pedagogy. St. Ingbert 1995b

Lehtonen, J.: The Impact of National Stereotypes on International Exchange: Case Scandinavia. In Geißner, H., Herbig, A., Dahmen, R. (Hrsg.), 75-84, 1995c

Leontev, A. A.: Politische und rhetorische Kultur in Rußland: Eine verlorene Tradition? In Geißner, H., Herbig, A., Dahmen, R. (Hrsg.), 119-130, 1995

Loenhoff, J.: Interkulturelle Verständigung. Zum Problem grenzüberschreitender Kommunikation. Opladen 1992

Mailloux, S.: Rhetorical Hermeneutics. Critical Inquiry 11, 620-641, 1985

Malinowski, B. v.: Argonauten im westlichen Pazifik (1922). Frankfurt/M. 1979

McKerrow, R.: Critical Rhetoric. Theory and Praxis. In: CM 56, 91-11, 1989

Minzel, A.: Kultur und Gesellschaft. In Hansen, K. (Hrsg.) 171-199, 1993

Miller, C.: Rhetoric and Community: The Problem of One and Many. In: Defining the New Rhetorics. (Eds. Enos, T., Brown, S. C.), 79-94. Newbury Park 1993

Misgeld, D.: Critical Hermeneutics versus Neoparsionianism. New German Critique 35, 55-82, 1985

Morris, M.: Saying and Meaning in Puerto Rico. Some Problems in the ethnographic Discourse. Oxford 1981

Mühlhäusler, P.: Interkulturelle Kommunikation – cui bono? Interkulturelle Kommunikation. (Hrsg. Spillner, B.), 19-29. Frankfurt/M. 1990

Nadig, M.: Die verborgene Kultur der Frau. Ethnopsychoanalytische Gespräche mit Bäuerinnen in Mexiko. Frankfurt/M. 1986

Newmark, E., Asante, M. K.: Intercultural Communication. Falls Church 1979

Nwanko, R. L.: Intercultural Communication. A Critical Review. In: QJS 65, 24-346, 1979

Parin, P.: Der Widerspruch im Subjekt. Ethnopsychoanalytische Studien. Frankfurt/M. 1983

Philipsen, G.: Navajo World View and Cultural Patterns of Speech. A Case Study in Ethnorhetoric. In: CM 39, 132-139, 1972

Philipsen, G.: Speaking Culturally. New York 1992

Picard, M.: Hitler in uns selbst. Zürich-Stuttgart 1946

Prosser, M. H.: Intercultural Communication among Nations and Peoples. New York 1973

Rehbein, J. (Hrsg.): Interkulturelle Kommunikation. Tübingen 1985.

Rehbein, J.: Widerstreit. Semiprofessionelle Rede in der interkulturellen Arzt-Patienten-Kommunikation. lili 93, 123-151, 1994

Rorty, R.: Der Spiegel der Natur. Eine Kritik der Philosophie. Frankfurt/M. 1981

Shoter, J.: Conversational Realities: The Construction of Life through Language. Newbury Park 1993

Slembek, E. (Hrsg): Culture and Communication. Frankfurt/M. 1991

Slembek, E.: Fehleranalyse – Fehlertherapie. Heinsberg, 2. Aufl. 1995

Soraya, S.: Ethnohermeneutik des Sprechens. St. Ingbert 1997

Spillner, B. (Hrsg.): Interkulturelle Kommunikation. Frankfurt/M. 1990

Starosta, W.: On Intercultural Rhetoric. In: Methods for Intercultural Communication Research. (Eds. Gudykunst, W. B., Kim, Y. Y.), 229-138. Beverly Hills-London 1984

Steinbacher, K.: Die Struktur des Verstehens und die Logik interkultureller Interpretation. München 1984

Trinh, T. M.: Woman, native, other: Writing postcoloniality and feminism. Bloomington 1989

Wachtel, St.: Notes on Speech Culture of the GDR and the FRG. In Slembek, E. (Hrsg.), 141-148, 1991

Wierlacher, A. (Hrsg.): Perspektiven und Verfahren einer interkulturellen Germanistik. München 1987.

CE = Communication Education.
CM = Communication Monographs.
QJS = Quarterly Journal of Speech

HENNER BARTHEL UND TEONA ZAZAVITCHI-PETCO

Anreden im interkulturellen Kontext: Ethnorhetorische Studien

Gumperz und Hymes (1986) nennen als Ursache für Verstehensbarrieren folgende Quellen:

– unterschiedliche kulturelle Annahmen über die Situation und ihr angemessene Verhaltensweisen und Intentionen
– unterschiedliche Verfahren der Informations- und Argumentationsstrukturierung in einem Gespräch
– die Verwendung eines unterschiedlichen Systems sprachlicher und sprecherischer Konventionen wie z. B. die „An-Reden".

Die Erforschung des Anredesystems nimmt im Rahmen der Ethnorhetorik und Ethnohermeneutik einen wichtigen Platz ein.

Ethnorhetorik nimmt den sprechwissenschaftlichen Ansatz auf, ist Theorie und Praxis von Gespräch und Rede im interkulturellen Kontext und impliziert nach Soraya (1993, 173) kritische Hermeneutik in mehrfacher Hinsicht:

– im Sinne Schleiermachers „strengerer Praxis" (Verstehen ergibt sich nicht von selbst)
– im Sinne von selbstkritisch, weil sie die Grenzen des eigenen Verstehens anerkennt und veränderbar glaubt
– im Sinne von gesellschaftskritisch, weil sie außerkommunikative Einflüsse (wie politische und wirtschaftliche Macht) in ihrer Wirkung auf Kommunikationsweisen und Verstehensbarrieren berücksichtigt.

Die Ethnorhetorik als genuiner Forschungsgegenstand hat zum Ziel die Förderung interkultureller (mündlicher) Kommunikation und als methodischen Ansatz die Ethnomethodologie und -graphie des Sprechens. Zugleich ist sich die Ethnorhetorik der sich ihr gegenwärtig stellenden Verantwortung im zusammenwachsenden Deutschland/Europa nach dem Fall der Mauer bewußt.

Zeitliche wie materielle Gründe und zugleich die Dringlichkeit der aktuellen Aufgabe, Verstehensbarrieren deutlich und umgehbar zu machen, haben zur Folge, daß neue Erkenntnisse der Anredeforschung und auch andere Forschungen der Ethnorhetorik über *Pilotstudien* gewonnen werden. Pilotstudien bezwecken die möglichst exakte Bestimmung und Charakterisierung von Teilen und Komponenten eines Ganzen sowie von Beziehungen, die diese Elemente untereinander oder zum Ganzen haben. Jede Pilotstudie ist somit notwendigerweise selektiv: sie erfolgt unter bestimmten Aspekten und Interessensgesichtspunkten (im Fall der Anredeforschung ist das der Gebrauch von Anreden als Ausdrucksformen miteinandersprechender Menschen in unterschiedlichen Kulturen mit dem Ziel, Verstehensbarrieren zu beseitigen), und sie läßt zahlreiche, das Ganze und seine Teile betreffende Faktoren unberücksichtigt.

Soraya (1993, 118) unterstreicht Geißners Aussage, daß Verstehen nicht zu trennen ist von gegebenen sozialen und kulturellen Zusammenhängen. „WIE man WEN, WO grüßt und anspricht" stellt sich als Forschungsfrage in diesem wissenschaftlichen Rahmen, und die Ergebnisse der Pilotstudien illustrieren, wie Sprecher Äußerungen über den Kontext, Kentnisse über den sozialen Hintergrund ihrer Gesprächspartner und Wahrnehmungen der Umgebung verwerten, um zu angemessenen Ansprechformen zu gelangen. Die Ergebnisse von Pilotstudien geben Anregungen für weitergehende Untersuchungen über die Anwendbarkeit von Entscheidungsprozessen in ethnorhetorischen Studien und für die sprecherzieherische Arbeit.

Die *Anrede* ist nach Braun et al. (1989, 3) die sprachliche und sprecherische Bezugnahme eines Sprechers auf seinen oder seine Gesprächspartner. Anredeformen sind Wörter und Wendungen, die der Anrede dienen. Sie beziehen sich auf den Gesprächspartner und enthalten so eine stark deiktische Komponente. Anredeformen gehören in den meisten Sprachen vor allem drei Wortklassen an: Pronomen, Verb und Nomen.

Das Anredesystem ist von der Gesamtheit der zur Verfügung stehenden Formen der Anrede gebildet. Sprachen unterscheiden sich im Inventar und in der Zahl der verwendeten Anredeformen. Im Englischen z. B. gibt es nur die Anredeform „you"; im Deutschen, Französischen, Russischen gibt es für die Anrede einer Person zwei Anredeformen (du und Sie), im Rumänischen drei (tu = du; deine Hoheit = dumneata und Ihre Hoheit = dumneavoastra).

Infolge des Vorhandenseins mehrerer Formen ist die Wahrscheinlichkeit, daß es zur Nonreziprozität in der Benutzung von Anredeformen kommt, oder daß die Kodierung der Benutzungskonventionen steigt, sehr hoch.

Braun et al. (1989) legten als Ziel der Anredeforschung die Erforschung des zugrundeliegenden Anredesystems fest, um danach das Anredeverhalten einzelner Sprecher oder Sprechergruppen untersuchen zu können. Hierunter verstehen sie den Gebrauch, den ein Sprecher von den zur Verfügung stehenden Anredeformen macht.

Insbesondere da, wo der Sprecher zwischen verschiedenen Formen wählen kann, die in der Gesprächssituation gleichermaßen anwendbar sind, ist das Anredeverhalten von ethnorhetorischem Interesse, da die Wahl zwischen austauschbaren Formen hier durch soziale Faktoren bestimmt wird. Infolgedessen wird die gewählte Anredeform zum Ausdruck des Verhältnisses zwischen den Gesprächspartnern.

Im Bereich der Anredeforschung fanden Brown und Gilman (1960) heraus, daß die Auswahl bestimmter Anredeformen von der sozialen Beziehung der

Gesprächsteilnehmer zueinander abhängen kann. Dabei unterscheiden sie zwischen der reziproken und nichtreziproken Benutzung der intimeren Anredeform „du" und der Höflichkeitsform „Sie" im Deutschen, Italienischen und Französischen. Eine gefundene Regelmäßigkeit ist, daß immer die statusmächtigere Person die Anredeform bestimmt.

Mit einer Befragung haben die Autoren versucht, zeitgenössische Unterschiede zwischen französischen, italienischen und deutschen Anrederegeln zu erfassen. Befragt wurden 50 französische, 20 deutsche und 11 italienische in Amerika lebende Studenten. Die Hauptregel, die sich aus dieser Untersuchung ableiten läßt, ist, daß das reziproke „du" immer wahrscheinlicher wird und das nichtreziproke „Sie" immer unwahrscheinlicher – je höher die Zahl der solidaritätsproduzierenden Eigenschaften zwischen zwei oder mehreren Personen steigt.

Winchatz (in Vorb.) hat versucht, das Anredesystem der Deutschen zu erfassen und deren Anredeverhalten herauszuarbeiten. Sie fand folgende Anwendungssituationen des Pronomens „Sie": als Ausdruck der Formalität/Distanz, Unsicherheit über die Art der Beziehung mit dem Gesprächspartner, Abwendung (für ältere Interviewte), Abweisung, ungleichen Status, wahrgenommenen Altersunterschied.

Die Benutzung des Pronomens „du" ist mit folgenden Ausdruckssituationen verbunden: Wut, Vertrauen, Intimität, Gleichheit, Freundschaft, Direktheit, wahrgenommene Jugend, wahrgenommener Status, Unterstützung.

Brown und Gilman (1960) gehen von dem Zusammenhang zwischen den Anredepronomen „du" und „Sie" und den Dimensionen der Solidarität und der Macht aus, die fundamental in der Analyse allen sozialen Lebens sind.

In den bisherigen politischen und soziokulturellen Gegebenheiten der ost- und mitteleuropäischen Länder, unter der Diktatur des Sozialismus oder des Kommunismus, konnte beobachtet werden, daß das Machtgefälle, welches in Anredeformen und Anredeverhalten zum Ausdruck kommt, verdrängt wurde. Die Veränderung von Anreden vor und nach der politischen Wende ist wichtig, da der breite und im höchsten Maße konventionalisierte Anwendungsbereich von Anreden ihre hochsensible pragmatische und soziokulturelle Funktion unterstreicht.

Im Rahmen der Ethnorhetorik wird die Forderung an Sprechwissenschaftler und Sprecherzieher gestellt, zu lernen, soziale Strukturen als bedeutungsrelevant zu betrachten.

Die Pilotstudien von Barthel (in Vorb.) und Rösch (1996) gewähren mit der Untersuchung von Anredeformen Einblicke in veränderte Intentionen, veränderte Statusverteilungen und damit Einblicke in den Reformprozeß *Rußlands* unter dem Blickwinkel des Verstehens von Deutschen und Russen.

So existiert „tovarišč" („Genosse") tendenziell nicht mehr. Sofern der

Begriff von Russen überhaupt noch verwendet wird, tritt er in der Kommunistischen Partei auf, in der Armee, selten unter Freunden und an der Universität. Gegenüber seiner früheren allgemeinen Verbreitung in der Sowjetunion fällt heute die ironische Begleitvorstellung des Begriffes auf; dennoch bleibt der Zusammenhang zwischen „tovarišč" und Solidarität in einigen Fällen gewahrt. Die Anredeformen „gospodin/gospoza" („Herr/Herrin") sind weiterhin für Ausländer reserviert. Verbreiteter sind die Formen schon in den russischen Medien und unter den „neuen Russen", aber auch hier scheint die Ironie – wenigstens seitens der (machtlosen) Mittelschicht – eine Rolle zu spielen. Um dem Dilemma beim Gebrauch der rechten Anrede zu entgehen, enthalten sich die Russen ihrer gegenwärtig oder sie gebrauchen ganz einfach bekannte Formen, indem sie den Gesprächspartner mit Vor- und Vatersnamen anreden.

Wie in Rußland läßt sich auch in *Rumänien* der gesellschaftliche und politische Wandel an Veränderungen im Anredesystem erkennen. Während eines zweiwöchigen Aufenthalts in Rumänien (1997) ist folgende explorative Pilotstudie mit 20 Untersuchungsteilnehmern, halbstrukturierten Interviews und halbstandardisierten Fragebogen durchgeführt worden.

   Nach Katz und Schmidt (1991, 54) wird innerhalb von explorativen Pilotstudien übrigens keine repräsentative Stichprobe angestrebt, da bei der Überprüfung von Hypothesen – gemäß deduktivem Vorgehen – keine Verifizierung angestrebt, sondern nach widersprechenden Fällen gesucht wird. Widersprechende Fälle führen jedoch nicht zu einem Falsifizieren der Hypothese oder gar der zugrundeliegenden Theorie, sie weisen lediglich auf die Notwendigkeit einer Revision der Theorie hin.

Arbeitshypothesen der Untersuchung waren:

– Das Anredesystem des Rumänischen befindet sich im ständigen Wandel. Diese Dynamik kann über Anredeformen – insbesondere über deren Benutzung oder Ausfall – erfaßt werden.
– Es gibt eine Veränderung im Anredesystem Rumäniens vor und nach der Revolution. Diese Veränderung kann an der Benutzung von Anredepronomina und Anredeformen geprüft werden.

Zusammenfassend kann man zu den Ergebnissen dieser Pilotstudie sagen, daß das Kriterium der Entscheidung für Anredepronomina in erster Reihe das Alter des Gesprächspartners ist. Diesem Kriterium folgt die Intimität der Beziehung mit dem Gesprächspartner, an dritter Stelle die gesellschaftliche und hierarchische Stellung des Gegenüber und an vierter Stelle die Geschlechtszugehörigkeit. Für einige Personen vermischen sich die Kriterien der beruflichen Stellung des Gesprächspartners und der Intimität der Beziehung in Abhängigkeit vom Kontext der Gesprächssituation. Moderierend wirkt hierbei, ob es sich um eine offizielle oder inoffizielle, eine berufliche oder private Situation handelt. Diese

Unterscheidung zwischen offiziell und inoffiziell kommt besonders stark zum Ausdruck in der Anrede von Vorgesetzten, bei denen die Mehrheit der Befragten angibt, sich in privaten Situationen zu duzen und in öffentlichen zu siezen. Dieses Ergebnis kontrastiert Ammons Beobachtung (1972, 80) für den deutschen Sprachraum, daß „der einmal vollzogene Wechsel von ‚Sie' zum ‚Du' im allgemeinen irreversibel ist". Das Phänomen der situationsbedingten Anwendung von Anredepronomina ist in sozialistischen Zeiten auch bei der Benutzung des Ausdrucks „Genosse" aufgetreten, und es ist zu vermuten, daß sich hier seine Ursprünge befinden.

Daß das Kriterium des Alters wichtiger als das des Intimitätsgrades ist, zeigt sich in der Anrede von Eltern, Großeltern und Verwandten, die im Rumänischen häufig gesiezt werden. Diese Beobachtung konnte Rösch (1996) für russisch dörfliche Gegenden bestätigen. In beiden Ländern macht sich eine Veränderung dahingehend bemerkbar, daß auf Höflichkeitspronomina in verwandtschaftlichen Beziehungen heutzutage verzichtet wird.

Die Beobachtungen von Barthel (in Vorb.) und Rösch (1996), wonach nach dem politischen Wandel Rußlands auf die Benutzung des Ausdrucks „Genosse" weitgehend verzichtet wird, oder daß dieser Ausdruck nur noch in einem ironischen Zusammenhang gebraucht wird, gelten auch für Rumänien. Hier ist der Ausdruck „Genosse" gleich nach dem gesellschaftlichen und politischen Wandel aus den sprachlichen und sprecherischen Gewohnheiten und Konventionen der Bevölkerung gestrichen und zum Synonym für den von niemandem vermißten Kommunismus geworden.

Als Höflichkeitsformen haben sich „Herr" und „Frau" durchgesetzt. Sonstige Kriterien für Anredeformen sind vom Wandel wenig berührt. Manche Befragten behaupteten, daß heutzutage mehr Höflichkeit zwischen Gesprächspartnern bestünde und daß Personen vermehrt durch die Benutzung von Anredepronomina klassifiziert und differenziert würden.

Um das Gelingen eines Gespräches in einer interkulturellen Situation zu erhöhen, müssen die Hör- und Sprechmuster der beteiligten Personen einander angeglichen bzw. das Wissen um die verschiedenen Hör- und Sprechmuster der anderen Person erweitert werden. Nur dadurch entsteht die Möglichkeit einer vorurteilslosen interkulturellen und nichtethnozentrischen Haltung, die die Voraussetzung eines konstruktiven Klärungs- oder Streitgesprächs innerhalb der interkulturellen Situation bildet. Das Anredesystem und -verhalten nimmt in diesem Zusammenhang einen wichtigen Platz ein, da es mit die Weichen für die Entwicklung des ganzen Gespräches stellt.

Literatur

Ammon, U.: Zur sozialen Funktion der pronominalen Anrede im Deutschen. Zeitschrift für Literaturwissenschaft und Linguistik, Heft 7, 77f, 1972

Barthel, H.: Rußland auf der Suche nach neuen Herren: eine ethnorhetorische Studie. In Vorb.

Besch, W.: Duzen, Siezen, Titulieren. Göttingen 1996

Braun, F., Kohz, A., Schubert, K.: Anredeforschung: Kommentierte Bibliographie zur Soziolinguistik der Anrede. Tübingen 1989

Brown, R., Gilman, A.: The pronouns of power and solidarity. In Gigliuli, P. P. (Ed.): Language and social context. pp. 252-282, London 1960

Geißner, H.: Sprechwissenschaft. Königstein/Ts. 1981

Gumperz, J., Hymes, D. (Eds.): Directions in sociolinguistics. 1986

Katz, P., Schmidt, A. R.: Wenn der Alltag zum Problem wird. Stuttgart 1991

Rösch, O.: Anredeformen im Russischen. Fremdsprachenunterricht, Heft 4, 292-296, 1996

Soraya, S.: Ethnohermeneutik des Sprechens. Diplomarbeit. Landau 1993

Winchatz, R. M.: Kann ich Sie duzen, oder soll ich Dich siezen? Diss., in Vorb.

CHRISTA M. HEILMANN

Das Gesprächsverhalten von Frauen – Zeichen fehlender ethnolinguistischer Identität?

1. Zusammenhang zwischen geschlechtsbezoger Analyse von Sprechverhalten und interkultureller Kommunikation

Das Tagungsthema der 23. DGSS-Fachtagung lautete „Interkulturelle Kommunikation". In diesem Kontext den Focus auf das monokulturelle Gesprächsverhalten von Frauen zu richten, erscheint erklärungsbedürftig: Indem synonym zu „Gesprächsverhalten" auch von „weiblicher Gesprächskultur" und „männlicher Gesprächskultur" (z. B. Trömel-Plötz 1996, 11) zu lesen ist, könnte die Annahme bestehen, daß es sich beim Sprechen von Frauen und Männern um unterschiedliche Kulturen handele, das Miteinandersprechen beider Geschlechter wäre demzufolge ein interkultureller Prozeß.

Nähern wir uns dieser Fragestellung über eine Begriffsklärung. Aus der letzten Auflage der Brockhaus-Enzyklopädie (Mannheim 1990) stammt folgende allgemeine „Kultur"-Definition:

„In seiner weitesten Verbreitung kann mit dem Begriff Kultur alles bezeichnet werden, was der Mensch geschaffen hat, was also nicht naturgegeben ist. In einem engeren Sinne bezeichnet Kultur die Handlungsbereiche, in denen ein Mensch auf Dauer angelegte und den kollektiven Sinnzusammenhang gestaltende Produkte, Produktionsformen, Lebensstile, Verhaltensweisen und Leitvorstellungen hervorzubringen vermag, weswegen dieser Kulturbegriff nicht nur das jeweils Gemachte, Hergestellte und Künstliche betont, sondern auch das jeweils moralisch Gute der Kommunikation anspricht." (Bd. 12, 580)

Zu „Kommunikation" lesen wir bei Scherer und Wallbott (1979, 14):

„Innerhalb dieses Prozesses (der Kommunikation – C. M. H.) übermitteln zwei oder mehrere ko-orientierte und wechselseitig kontingent interagierende Akteure im Rahmen zielgerichteter Verhaltenssequenzen Informationen durch Zeichenkomplexe in verschiedenen Übertragungskanälen."

Die Bestimmungskriterien beider Begriffe in Relation zueinandergesetzt, entstehen für „interkulturelle Kommunikationsprozesse" folgende Merkmale:

– Handlungsbereiche, in denen Menschen – miteinander sprechend – den kollektiven Sinnzusammenhang gestaltende Lebensstile, Verhaltensweisen und Leitvorstellungen hervorzubringen vermögen,
– dabei moralische Wertmaßstäbe unterschiedlicher Kulturen (inter-kulturell) einbeziehen,
– wenn sie dieses ko-orientiert, mit Bezug aufeinander und wechselseitig kontingent interagierend vollziehen,

– mit zielgerichteten Verhaltenssequenzen
– und über verschiedene Übertragungskanäle.

Wenn wir mit Geißner davon ausgehen, daß das Gespräch der „Prototyp der Kommunikation" sei (1982, 11), also die zentrale Situation interaktionaler Prozesse, dann ist bei der Betrachtung des Gesprächsverhaltens von Frauen der Focus auf einen Teil der Agierenden, der Sprechenden gerichtet: auf die Frauen. Damit wird zunächst ein gesetztes Merkmal (Geschlecht) einer Gruppe von miteinander Sprechenden, die sich koorientiert aufeinander beziehen, relativ willkürlich zum Betrachtungsgegenstand erhoben. Da über Jahrhunderte hinweg Gebrauch von Sprache und Sprechverhalten unabhängig vom Geschlecht der Betroffenen untersucht wurden, dabei allerdings männliches Verhalten latent gemeint war, mußte der Anspruch, sprechende Frauen „sichtbar" zu machen, von Frauen ausgehen.

Die Frage nach der ethnolinguistischen/ethnorhetorischen Identität sprechender Frauen in einen interkulturellen Kontext zu stellen, heißt der Überlegung nachzugehen, ob – gefiltert nach dem nun nicht mehr nur willkürlich ausgewählten Merkmal „Geschlecht" – kulturell unterschiedliches Sprechen bei Männern und Frauen authentisch nachweisbar ist.

Es wird gezeigt werden können, daß die unterschiedlichen wissenschaftstheoretischen Entwicklungsstufen einer neu entstehenden feministischen Sprachtheorie auch unterschiedliche Antworten auf die Ausgangsfragestellung geben.

2. Defizithypothese

Erste feministische Ansätze in der Linguistik formulierten die Notwendigkeit, Frauen in der Sprache und darüber hinaus in der gesamten Wirklichkeit deutlicher sichtbar zu machen. Über den Umgang mit Benennungen und Berufsbezeichnungen führte der Blick zeitlich deutlich versetzt auch zu der Frage, ob wahrnehmbar unterschiedliches Gesprächsverhalten von Frauen und Männern geschlechtsbezogene Ursachen haben könnte.

Um diese Annahme zu überprüfen, wurde eine Vielzahl von Untersuchungen durchgeführt, die zum Ziel hatten, die Unterschiede von weiblichem und männlichem Sprechverhalten und deren Ursachen herauszufinden. Da bis zu diesem Zeitpunkt Sprechprozesse „an sich", ohne die den Prozeß realisierenden Personen in ihrer Geschlechtszugehörigkeit, analysiert wurden, erscheint es logisch, zunächst weiblich-geschlechtsbezogen zu focussieren und die Ergebnisse mit vorhandenen Daten über „das Sprechen allgemein" abzugleichen.

Als Resultat solchen Vorgehens entstanden Listen „frauentypischer Sprache", in denen Formulierungen wie „weniger als", „nicht so viel wie", „mehr als" den Standard darstellten. D. h., ohne es explizit zu machen, wurde „das

Vorhandene" (männlich dominierte) zur allgemeinen Norm erhoben, an welcher das Besondere, der „Normverstoß", das Gesprächsverhalten von Frauen, zu messen war (u. a. Samel 1995, 30-34).

Bezogen auf diese „Mängelliste", welche die Defizite weiblichen Sprechens im Vergleich mit männlicher Norm deutlich macht (bes. Lakoff 1975), wird diese Vorgehensweise als „Defizithypothese" bezeichnet. Gleichzeitig ist erkennbar, daß eine interkulturelle Fragestellung in diesem Zusammenhang nicht von Belang sein kann.

Wenngleich sich auch zeigen wird, daß diese Hypothese nicht haltbar ist, so zeichnete sich doch damit der erste Schritt auf eine „Konstruktion von Geschlecht" ab. Biologisches Geschlecht wird erstmalig zu einem Analysekriterium sprachlicher Prozesse.

3. Differenzhypothese

Zeitlich spätere Darstellungen von Untersuchungsergebnissen bezüglich geschlechtsbezogenen Sprechens stellen allerdings diese einfache Relation des „anders als" in Frage:

„Die interaktiven Muster, die Frauen- von Männergesprächen unterscheiden, können dahingehend interpretiert werden, daß sie sowohl die verschiedenen sozialen Orientierungen der Sprecher als auch die unterschiedlichen Grade von interaktiver Reife reflektieren." (Holmes 1996, 80)

So wird deutlich, daß Frauensprechen nicht eine defizitäre Variante des Männersprechens ist, sondern etwas von diesem lösgelöstes Differentes:

„Statt Frauen als mißratene oder minderwertige Varianten des ‚eigentlichen Menschen', des Mannes nämlich, zu beschreiben, hat die Frauenforschung gegen diesen Standard des Mannes als Muster opponiert. Bei ihrer Beschreibung des weiblichen Wesens standen die Orientierung der Frauen auf zwischenmenschliche Beziehungen und ihr Suchen nach Nähe, ihre ‚Fürsorgerationalität' und ihre ‚Verantwortungslogik' im Zentrum. In diesem Lichte wurden Handlungen und Denkweisen von Frauen, die vorher als ‚unlogisch' abgetan wurden, da sie nach männlichen Prämissen bewertet wurden, verständlich und logisch." (Ericsson 1996, 106)

Die Annahme, daß es sich dabei um unterschiedliche Kulturen handeln könnte, wäre in diesem Kontext stimmig.

Mit der Differenzhypothese ist ein wichtiger Schritt vollzogen: die tatsächliche Konstruktion von Geschlecht. Für Frauen wird eine selbständige Kategorie eröffnet, nicht mehr nur eine relationale, der Einfluß des Merkmals Geschlecht auf Sprechprozesse wird zum Untersuchungsgegenstand.

4. Registerhypothese und Code-switching-Hypothese

Viele Analysen (u. a. auch von McConnell-Ginet 1978 und Heilmann 1993) haben gezeigt, daß sich bestimmte sprachlich/sprecherische Besonderheiten nicht einfach linear Frauen oder Männern zuordnen lassen (Heilmann 1994). Eine einfache Auszählung von Häufigkeitsverteilungen kann demnach nicht ausreichen, um das belegbare Phänomen der Differenz plausibel zu erklären. Die Sprechrealität ist durch eine duale lineare Klassifizierung anhand des Merkmals Geschlecht nicht darstellbar. Die Registerhypothese und die Code-switching-Hypothese sind Ansätze einer differenzierteren Betrachtungsweise.

Da Frauen und Männer sich in ihrem Sprechverhalten ähnlicher werden, je vergleichbarer ihr sozialer Status ist, so erscheint das Ersetzen von „Sprache der Frauen" und „Sprache der Männer" durch „weiblicher Stil" und „männlicher Stil" oder „female register" und „male register" (Crosby und Nyquist 1976) sinnvoll, um deutlich zu machen, daß es sich lediglich um ein Repertoire von möglichen Verhaltensweisen handelt, das zwar dominant nur von einer Gruppe verwendet wird, diese Dominanz aber auch abhängig ist von anderen Merkmalen als dem Geschlecht, wie Sprechsituation, Rollenverhalten und Sozialstrukturen. Die Idee der unterschiedlichen Register entkräftet die erste Hypothese, daß weibliches Sprechen ein defizitäres Verhalten im Vergleich zu männlichem Sprechen ausdrückt. Auch die Fixierung auf d a s Sprechverhalten von Frauen und d a s Sprechverhalten von Männern (Differenzhypothese) wird aufgelöst, indem deutlich gemacht wird, daß es sich nicht um Normen der Sprache und des Sprechens handelt, die an Männer und Frauen gebunden sind, sondern Möglichkeiten sich eröffnen, daß sich des weiblichen und männlichen Registers auch Angehörige des jeweils anderen Geschlechts bedienen können. Somit spiegelt die sprachwissenschaftliche Entwicklung nur wider, was in der Sprechrealität permanent vorhanden ist: Die den Kommunikationsverlauf Tragenden sind weiblichen und männlichen Geschlechts und bringen sich mit ihrer jeweiligen Personen- und Sozialspezifik in den Prozeß ein.

Ungeklärt bleibt, nach welchen Kriterien die Zuordnung zu den einzelnen Registern erfolgt, unter welchen Umständen bestimmte Sprechverhaltensweisen als dem „female register" oder dem „male register" zugehörig markiert werden und ungeklärt bleibt ferner, welche Rahmenbedingungen es den Sprechenden erlauben, sich der vorhandenen Register souverän zu bedienen.

Einen Antwort-Ansatz versucht die mit der Idee der Registerhypothese eng verbundene Code-switching-Hypothese:

„Im Verlaufe der Forschungen wurde eine dritte Hypothese aufgestellt, die weder von einem Mangel der Ausdrucksfähigkeit von Frauen noch von der einfachen Andersartigkeit ihres Sprachverhaltens ausgeht. Die Code-switching-Hypothese betont, daß Frauen je nach Situation von einer Sprachvarietät (code) in die andere – von der Männer- in die Frauensprache oder umgekehrt – wechseln. Sie passen sich damit den sozialen Erwar-

tungen über ihr Sprachverhalten an und entwickeln eigene kommunikative Kompetenz."
(Samel 1995, 35)

Obwohl auch hier nicht benannt wird, was „Frauensprache" und was „Männersprache" ist, werden doch jetzt die Rahmenbedingungen festgelegt: Codeswitching ist notwendig, um den sozialen Erwartungen an das Sprachverhalten gerecht zu werden. Daraus folgt einerseits, daß ein Code-Wechsel möglich ist, also keine Merkmalfixierung an ein bestimmtes Geschlecht besteht, andererseits wird in der Sprachverwendung doch von unterschiedlichen Codes ausgegangen, die dann wiederum zu bestimmen wären. Die Fähigkeit des Code-switchings wird den Frauen abverlangt. Sie müssen sich der männlichen Sprachverwendungsweise anpassen, um den gesellschaftlichen Erwartungen zu entsprechen: Eine negative Bewertung der Frauensprache findet erst dann statt, wenn diese nicht situationsangemessen verwendet wurde (Eakins u. Eakins 1978, 32). Hier wird noch einmal Nähe zur Defizithypothese deutlich.

Der Hinweis von Brown (1991), daß es sich bei den nachweisbaren geschlechtsdifferenzierenden Unterschieden im Sprachgebrauch um keine Einzelphänomene handele, sondern ein komplexes soziales Gefüge anzunehmen sei, zentriert den Blick wieder auf den gesamten Sprechprozeß, verdeutlicht dessen Komplexität und macht die Existenz unterschiedlicher Kulturen unwahrscheinlich.

„Nur was zuvor unterschieden wurde, läßt sich auch in ein hierarchisches Verhältnis setzen. So gesehen ist die Herstellung der Geschlechterdifferenz eine unabdingbare Voraussetzung für die Herstellung der Hierarchie zwischen den Geschlechtern. Und aus eben diesem Grund scheint mir das Insistieren auf der Differenz, die Konstruktion der Differenz in der Frauenforschung selbst und erst recht die Ontologisierung der Differenz schon im Ansatz kontraproduktiv zu sein: Sie bestätigt gewissermaßen die Bedingung der Existenz dessen, was sie eigentlich abgeschafft sehen möchte." (Wetterer 1992, 206).

5. Dekonstruktion von Geschlecht

Die von Wetterer dargestellte Auffassung von der Notwendigkeit der Dekonstruktion von Geschlecht wird auch in bezug auf das Sprechverhalten durch die Tatsache unterstützt, daß zunehmend deutlicher wird, daß eine Merkmalbindung an „die Frauensprache" und „die Männersprache" nicht gelingt: „Gleichbleibende Geschlechtsunterschiede sind bisher weder im Umfang des Wortschatzes noch bei der Auswahl von Adjektiven und Adverbien gefunden worden, was nicht ausschließt, daß in verschiedenen sozialen Gruppen die Geschlechter einen unterschiedlichen Wortschatz benutzen können. Auch im Bereich syntaktischer Formen sind keine gleichbleibenden Unterschiede gefunden worden, etwa hinsichtlich der Verwendung bestimmter Fragemuster. Begriffe wie Frauensprache, Männersprache suggerieren mehr gleichgeschlechtliche Unterschiede, als tatsächlich existieren." (Schoenthal 1992, 99).

Daraus jedoch schlußfolgern zu wollen, daß die Differenzdiskussion überholt wäre, scheint zu kurz gedacht: Im Gegenteil ist davon auszugehen, daß die Ergebnisse nicht zeigen, daß es keine ausreichenden Unterschiede gibt, sondern sie machen deutlich, daß das Sprechen der unterschiedlichen Geschlechter zu differenzieren ist, aber die kontextlose Merkmalsbestimmung in eine Sackgasse führt. Faktoren wie die soziale Konstellation der Sprechenden zueinander, der konstituierende Aspekt der Sprechsituation, die Merkmalsprägungen durch unterschiedliche Sozialrollen und gesellschaftlich bestimmte Kommunikationsregeln müssen stärker in den Vordergrund rücken als bisher.

War die Konstruktion von Geschlechterdifferenz beim Sprechen ein wichtiger erkenntnistheoretischer Schritt, ist nun die Notwendigkeit ihrer Dekonstruktion, wenn sie auf die Rücknahme der Fixierung auf das (eine) Frauensprechen und das (eine) Männersprechen zielt, eine konsequente Weiterung. Die generelle Dekonstruktion von Geschlechterdifferenz beim Sprechen jedoch wiese in die falsche Richtung:

„Auf den ersten Blick scheinen die Differenzen zwischen Frauen und Männern eher geringfügiger Art zu sein. Bei näherer Betrachtung zeigt sich jedoch, daß es sich dabei teilweise um ganz grundsätzliche epistemologische, psychische, moralische, rechtliche, politische oder lebensweltliche Differenzen handelt, die sich (derzeit jedenfalls) unter Umständen nicht einmal sprachlich vermitteln, sich allemal jedoch in ihrer jeweiligen ‚Wahrheit‘ gerade nicht aufeinander reduzieren lassen." (Maihofer 1995, 171)

Während einer konkreten Kommunikationshandlung verhalten sich die Sprechenden demzufolge auf dem Hintergrund ihrer epistemologischen, psychischen, moralischen, rechtlichen, politischen und lebensweltlichen Vorstellungen. Bei diesen bestehen, wie oben dargestellt, geschlechtsabhängige Differenzen, die dann, bewußt oder unbewußt, in der Sprache, in den Sprechausdrucksmerkmalen und im Verhalten in der aktuellen Sprechsituation ihren Ausdruck finden.

Kommen wir zu dem Schluß, daß das Sprechen von den dargestellten Wertvorstellungen und Einstellungen geprägt ist, weiterhin von der sozialen Konstellation der Sprechenden, der realen Kommunikationssituation mit ihren äußeren und inneren Bedingungen und von der Rollenprägung der Beteiligten, so wird deutlich, daß weder die Defizithypothese, noch die Differenzhypothese, noch die Register- und Code-switching-Hypothese ausreichen können, diesen vielschichtig vernetzten Prozeß zu beschreiben.

Deutlich wird hingegen, daß es sich um einen komplexen Prozeß handelt, dessen Prägungen während der Interaktion selbst entstehen. Neben anderen Merkmalen wird auch „Geschlecht", im Sinne einer sozialen Setzung, im Sprechvollzug jeweils neu erzeugt. Dieses „doing gender" ist Chance und Problem zugleich: Chance, indem durch die fehlende Fixierung auf ein markiertes Merkmalbündel Veränderung von Verhalten denkbar wird. Problem, weil damit alle Hoffnungen auf beschreibbare Konturen von Einzelerscheinungen, die das Geschlecht prägen, aufgegeben werden müssen.

6. Doing-gender-Hypothese

Wenn sich Geschlecht als gender, als soziales Geschlecht in konkreten Einzel-
prozessen jeweils neu konstituiert, weil es sich unter veränderten Bedingungen
auch verändert darstellt, ist zu fragen, welche der den Ablauf beeinflussenden
Faktoren abstrahierbar und untersuchungsmethodisch erfaßbar sind, durch
welche Merkmale Geschlecht erkennbar wird und wie die Vernetzung dieser
Kriterien abbildbar ist.

Aus dem bisher Formulierten müßte zumindest deutlich geworden sein, daß
Wertvorstellungen, Einstellungen, soziale Konstellationen, Rollenprägungen,
reale Kommunikationssituationen, Normen und Erwartungen neben dem
Geschlecht konstitutiven Einfluß haben.

6.1. Geschlechtsbezogenes Kommunikationsmodell

Die Autorin hat ein Modell entwickelt, das in der ersten Stufe eine Differenzierung zwischen geschlechtstypischen (erworbenen) und geschlechtsspezifischen (biologisch determinierten) Merkmalen des Sprechens darstellt, wobei
der Einfluß der Sozialrollen deutlich wird (Heilmann 1994, 321). Ausgangspunkt dieser Darstellung war, daß das Sprechen von Menschen miteinander
nicht dominant von ihrer Geschlechtszugehörigkeit sondern von ihrem Sozial-
rollenverständnis abhängig ist und geprägt wird. Die Arbeit mit diesem Modell
hat jedoch gezeigt, daß es zu begrenzt angelegt war: Die Focussierung auf die
Sozialrollenabhängigkeit hat wiederum deren Gebundenheiten an übergrei-
fende Systeme vernachlässigt. Deshalb ist das Modell in einer zweiten Stufe um
die Darstellung der Abhängigkeit der konkreten Sprechsituation von der epistemologischen, moralischen, rechtlichen, politischen und sozialen Gesellschaftssituation zu erweitern (Abb.1).

Zwei Kreise sollen die Komplexität des weiblichen (w) und des männlichen
(m) Sprechverhaltens versinnbildlichen. Eingeschlossen gedacht in den jeweiligen Kreis sind die personalen, sprachlichen, formativen und leibhaften Faktoren des Sprechens (Geißner 1988, 95-127), d. h. die Elemente, welche die Sprechenden im konkreten Vollzug aktivieren.

Die freien Areale der sich überlappenden Kreise sollen anzeigen, daß in diesem Bereich die Elemente des geschlechtsspezifischen Stils zu finden sind, d. h.
die direkt an das Geschlecht gebundenen (z. B. physiologische). Die Schnittmenge dagegen gibt an, daß u. a. rollenabhängig, also erlernbar und erfahrbar,
beide Geschlechter aus einem gemeinsamen Inventar entnehmen können. Daß
das Rollenverhalten wiederum bestimmt ist von einer weit gefächerten Umgebungssituation, verdeutlicht der Außenkreis: Da es kein situationsfreies und
kein personenunabhängiges Sprechen gibt, die Sprechenden immer entweder
weiblichen oder männlichen Geschlechts sind und als Individuen sowohl mit

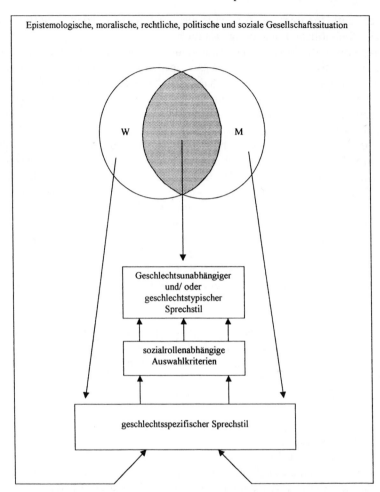

Abb. 1: Der Einfluß der inneren und äußeren Kommunikationssituation auf das Sprechverhalten

der aktuellen Sprechsituation als auch der latenten Gesellschaftssituation vielfältig vernetzt sind, scheint ein umfassendes Einschließen der Kommunikationsprozesse durch die jeweiligen epistemologischen, moralischen, rechtlichen, politischen und sozialen Bedingungen die Realität abzubilden. Die Entscheidung der einzelnen Sprechenden, bestimmte Formstufen, Stimmausdrucksqualitäten, Dynamikabstufungen und Sprechverhalten etc. auszuwählen, ist immer von der konkreten Sprech- und Hörsituation abhängig, von dem Rollenverständnis, das die Sprechenden in diese Situation einbringen, und sowohl

Sprech- und Hörsituation als auch Rollenverständnis wurden beeinflußt durch die gesellschaftliche Umgebungssituation.

Das erweiterte Modell will somit deutlich machen, daß einerseits der geschlechtsspezifische Sprechstil an die jeweilige Person gebunden, der geschlechtstypische dagegen stark sozialrollenabhängig ist, beide „Systeme" aber ihre Prägung über die Umgebungssituation mit ihren weitgefächerten Faktorenfeldern erhalten.

Bezogen auf das Merkmal „Stimme" bedeutet das z. B., daß Frauen geschlechtsspezifisch im Durchschnitt eine höhere Stimme haben als Männer. Aber im Rahmen ihres jeweiligen Stimmumfanges können Frauen und Männer im aktuellen Sprechakt die höheren oder tieferen Bereiche aktivieren, sich innerhalb der markierten Schnittmenge unterschiedlich verhalten. Diese Entscheidung ist rollenabhängig, modebestimmt, zeitstilgeprägt etc. Auf diese Weise wird deutlich, daß das geschlechtsgebundene (geschlechtsspezifische) Merkmal Stimme rollenabhängig (geschlechtstypisch) variierbar sein kann und die Auswahl der Varianten von der komplexen Umgebungssituation abhängig ist.

So zeigen neuere Untersuchungen, daß die starke Polarisierung der Männer- und Frauenstimmen nur z. T. biologisch erklärbar ist, sondern daß es sich eher um eine soziale Geschlechtsstereotype handelt (Linke 1994, 319). Slembek (1993) weist daraufhin, daß die heutige „Stimmenmode" der Medien tiefere Frauenstimmen bevorzugt als früher.

Der am Beispiel des Stimmumfangs exemplarisch dargestellte Gedankengang läßt sich auf alle weiteren Konstituenten der sprechsprachlichen Kommunikation übertragen: auf den dynamischen, den melodischen, den temporalen und den artikulatorischen Akzent, auf den Stimmklang, aber auch auf Fragen der Strukturierung und Darstellung von Äußerungen.

Entscheidend ist, daß im Bereich der Schnittmenge der sich überlappenden Kreise alle Elemente des Sprechens enthalten sind, die nicht fixiert an eines der beiden Geschlechter gebunden sind. Je nach Rollenverständnis, je nach Hierarchisierung der Sprechsituation, je nach vorherrschenden gesellschaftlichen Erwartungen können die Sprechenden beider Geschlechter als Idealannahme die Merkmale auswählen, die ihnen situationsadäquat erscheinen.

Situationsadäquatheit wiederum konstituiert sich über Kriterien, die das Gesamtsetting des jeweiligen sprechsprachlichen Kommunikationsprozesses bestimmen:

– symmetrisch x asymmetrisch
– gesprächsfördernd x gesprächshemmend
– sachmotiviert x kontaktmotiviert
– intendiert x zufällig
– situationskonform x situationskontrovers etc.

Hier soll nicht auf Umwegen der Idee einer Androgynität das Wort gegeben werden, sondern es soll die Konsequenz aufgezeigt werden, die sich aus den oben dargestellten instabilen Untersuchungsergebnissen ergibt. Die aufgezeig-

te Abhängigkeit der Wahlmöglichkeiten von den Sozialrollen und der Umgebungssituation schränkt die Freiheit der Wahl ohnehin stark ein. Und es wird
die Sinnhaftigkeit deutlich, die Grundelemente des Sprechens zu erlernen, um
Wahlfreiheit überhaupt erst möglich zu machen, um ethnorhetorische/ethno-
linguistische Identität „herstellen" zu können.

7. Zusammenfassung

Knüpfen wir erneut am Ausgangsthema an: Kommunikation von Geschlecht in
sprechsprachlichen Prozessen stellt sich nicht als Übermittlung konturierter
Eigenschaften dar, die linear zuzuordnen wären, sondern als komplexes, ver-
netztes Gefüge situations-, rollen- und gesellschaftsabhängiger Sprechverhaltensweisen.

Dic oben unterstellte Annahme, es könnte sich um interkulturelles Kommu-
nikationsverhalten, um unterschiedliche weibliche und männliche Gesprächskultur handeln, erweist sich somit in doppelter Hinsicht als Irrtum: Indem das
sprecherische Verhalten von Frauen und Männern sich einerseits auch über die
Situationshierarchie entwickelt und andererseits in Abhängigkeit von der
Soziostruktur der Hörenden entsteht, erscheint das Doing gender in der
sprechsprachlichen Kommunikation als ein von allen Beteiligten situativ miteinander konstituierter Prozeß.

Literatur

Brown, P.: Sind Frauen höflicher? Befunde aus einer Maya-Gemeinde. In Günthner, S.,
     Kotthoff, H. (Hrsg.): Von fremden Stimmen. 101-129. Frankfurt/M. 1991
Crosby, F., Nyquist, L.: The female register: An empirical study of Lakoffs hypotheses.
     Language in Society, 6, 313-322, 1976
Eakins, B. W., Eakins, G. R.: Sex Differences in Human Communication. Boston 1978
Ericsson, K.: Die Geschlechterfalle. Düsseldorf 1996
Geißner, H.: Sprechwissenschaft. Theorie der mündlichen Kommunikation. 1. Aufl. 1982
     Frankfurt/M., 2. Aufl. Frankfurt/M. 1988
Heilmann, C. M.: Zurückweisungen in Diskussionen. In: Sprechen, Hören, Sehen (Hrsg.
     Pawlowski, K.). Sprache und Sprechen. Bd. 26, 72-80. München-Basel 1993
Heilmann, C. M.: Das andere Sprechen – (k)ein Erfolgsrezept? In: Sprechen – Führen –
     Kooperieren (Hrsg. Bartsch, E.). Sprache und Sprechen. Bd. 29, 318-322. München-Basel
     1994
Holmes, J.: Die unterstützende Sprechweise und interaktionelle Reife von Frauen. In Trö-
     mel-Plötz, S. (Hrsg.): Frauengespräche: Sprache der Verständigung. 63-86 Frank-
     furt/M. 1996
Lakoff, R.T.: Language and Women's Place. New York 1975
Linke, A., Nussbaumer, M., Portmann, P. R.: Studienbuch Linguistik. Tübingen 1994
Maihofer, A.: Geschlecht als Existenzweise. Frankfurt/M. 1995
McConnell-Ginet, S.: Intonation in a Men's World. Signs, Vol. 3, No. 3, 541-559, 1978
Samel, I.: Einführung in die feministische Sprachwissenschaft. Berlin 1995

Scherer, K., Wallbott, H. G. (Hrsg.): Nonverbale Kommunikation: Forschungsbericht zum Interaktionsverhalten. Weinheim-Basel 1979

Schoenthal, G.: Geschlecht und Sprache. Jahrbuch der Deutschen Akademie für Sprache und Dichtung. 90-105. Göttingen 1992

Slembek, E.: Frauenstimmen am Mikrophon – Das Radio pflegt die alten Klischees. Gazette, No. 3, 24-26, 1993

Trömel-Plötz, S.: Frauengespräche: Sprache der Verständigung. Frankfurt/M. 1996

Wetterer, A.: Enthierarchisierung oder Dekonstruktion der Differenz. Kritische Überlegungen zur Struktur von Frauenförderung. In Kootz, J. et al. (Hrsg.): Studentinnen im Blick der Hochschulforschung. 195-213. Berlin 1992

URSULA HIRSCHFELD

Ausspracheabweichungen als elementares Problem interkultureller Kommunikation

Schwierigkeiten in der interkulturellen Kommunikation lassen sich nicht nur auf die unzureichende Kenntnis von kulturellen und sozialen Kontexten und von kultur- und situationsbedingten kommunikativen Handlungsstrategien und Verhaltensweisen zurückführen. Oft sind es schon elementare Probleme im (phonologischen bzw. phonetischen) Hören, in der Artikulation und Intonation oder in der Interpretation der Phonem-Graphem-Beziehungen, die die Kommunikation auf der untersten, einfachsten Ebene des Verstehens und Verstandenwerdens beeinträchtigen (Hirschfeld 1994; Slembek 1997). Solche Schwierigkeiten sind besonders oft bei Deutschlernenden der Anfangs- und Mittelstufe zu beobachten, sie werden verstärkt durch Abweichungen in der Grammatik und in der Lexik und evtl. durch ungewohntes paralinguistisches Verhalten. Im folgenden sollen Ursachen und Wirkungen von Ausspracheabweichungen kurz beschrieben werden. Anschließend werden Übungsschwerpunkte und einige Empfehlungen für die Arbeit an diesen Schwerpunkten dargestellt.

1. Ursachen für Ausspracheschwierigkeiten

Eine neue Aussprache zu erwerben, ist bekanntlich für viele Lernende schwieriger als die Aneignung neuer Wörter oder grammatischer Regeln. Die Interferenz der Muttersprache und früher gelernter Fremdsprachen ist im Bereich der Intonations- und Lautstrukturen außerordentlich stark und hartnäckig. Ein gutes Gedächtnis genügt hier nicht, in Abhängigkeit vom Lernalter und von individuellen Fertigkeiten und Fähigkeiten ist oft ein spezielles Hör- und Aussprachetraining erforderlich, um die physischen und psychischen Probleme der Lernenden zu bewältigen.

Für die Muttersprache entwickeln sich schon beim Kind bestimmte Perzeptionsstrategien und -gewohnheiten, die in der Fremdsprache wie ein Raster wirken. Von der Muttersprache abweichende Laute und intonatorische Formen werden durch dieses Raster wahrgenommen und bewertet und in der Regel durch bekannte, muttersprachliche Formen ersetzt. Im Französischen oder Finnischen z. B. spielen Betonungsunterschiede (wie *in* **u**mfahren – *um*fahren, **Au**gust – Au**gu**st) keine bedeutungsunterscheidende Rolle und werden von Lernenden im Deutschen deshalb nicht wahrgenommen. Oder es wird, wie in den slawischen Sprachen, nicht zwischen langen und kurzen Vokalen (wie in

Staat und *Stadt*) unterschieden, deshalb achten Lernende auch im Deutschen nicht auf dieses Merkmal. Nicht nur das Hören ist durch die Muttersprache geprägt, ebenso ist es beim Artikulieren und Intonieren. Die Sprechbewegungen laufen unbewußt und automatisiert ab, sie bewußt zu lenken ist außerordentlich schwierig.

Psychische Probleme zeigen sich in Hemmungen, (vor der Gruppe) die von der eigenen vertrauten Sprechweise völlig abweichenden Laut- und Intonationsformen hervorzubringen. Die Lernenden schämen sich, sie sträuben sich gegen die Veränderung ihrer Identität. Es kann aber auch eine unbewußte Abneigung gegen den Klang der zu erlernenden Sprache - insgesamt oder einzelne Laute oder intonatorische Merkmale betreffend - bestehen. Außerdem können Mißerfolge in der Kommunikation psychische Barrieren verursachen (vgl. unter 2.)

Eine weitere Ursache für Ausspracheschwierigkeiten ist in der Unterrichtsorganisation (große Gruppen, wenig Zeit) zu sehen, in der ungenügenden Ausbildung der Lehrenden hinsichtlich der fachlichen und didaktischen Grundlage sowie unter Umständen in deren eigenen Aussprachemängeln, und auch die trotz einiger Neuerscheinungen in den letzten Jahren noch immer unbefriedigende Lehrmaterialsituation ist ein Grund für die Vernachlässigung von Ausspracheübungen.

2. Wirkungen von Abweichungen

Ich habe zunächst Wirkungen von Aussprachefehlern im Sprachunterricht und in Seminaren beobachtet und dann begonnen, sie systematischer zu untersuchen, und zwar bei Lernenden verschiedener Muttersprachen und unterschiedlicher Sprachbeherrschungsgrade. Eine Reihe von Ergebnissen habe ich in meiner Habilitationsschrift (Hirschfeld 1994) veröffentlicht. Im folgenden sollen nur einige Aspekte aufgegriffen werden.

Wie auch in vergleichbaren Untersuchungen in anderen Bereichen festgestellt wurde - verwiesen sei auf die Hallesche Sprechwirkungsforschung (Krech 1987; Stock 1987) und diverse logopädische Untersuchungen – kommt es neben unmittelbaren, also den Informationsaustausch direkt behindernden Wirkungen zu anderen Störungen verschiedener Art. Abweichungen vom gewohnten Sprachklang verursachen zwar auch Mißverständnisse oder Irritationen beim Hörer, die durch Nachfragen ausgeräumt werden können. Andere Behinderungen aber werden nicht sofort und bewußt wahrgenommen, es erfolgt keine unmittelbare Reaktion. So gehen beim längeren Zuhören inhaltliche Informationen aufgrund anstrengender und die Sprachverarbeitung verzögernder Rekonstruktionsprozesse verloren, es kommt zu Konzentrationsstörungen und Ermüdungserscheinungen. Ausspracheabweichungen beeinträchtigen außerdem die soziale Akzeptanz des nichtmuttersprachigen Sprechers. Die Aussprache ist ein wichtiges, nach außen wirkendes Persönlichkeitsmerkmal; vom fremden Akzent schließen Muttersprachler auf den Bildungsstand, die Zugehörigkeit zu sozialen Schichten, den Intelligenzgrad und sogar auf bestimmte Charaktereigenschaften. Durch eine schlechte Aussprache wird die Persönlichkeit der Sprecher – sicher unbewußt, aber nachweisbar – abgewertet, er wird als Gesprächspartner und Mitmensch weniger akzeptiert. Sowohl beim Muttersprachler als auch beim Nichtmuttersprachler können bei einer solchen gestörten Kommunikation unerwünschte negative Emotionen entstehen, die ihr Verhältnis zueinander verschlechtern.

Ebenso können sich fehlende phonetische Grundlagen auf den Lernenden selbst negativ auswirken, wenn er z. B. etwas nicht oder falsch versteht, wie der ausländische Student, der statt einhundertfünfzig *einundfünfzig* Mark verstanden hat und für drei Nächte im Hotel unerwartet viel bezahlen mußte. Neben solchen Verstehensproblemen können, aufgrund der Reaktionen der Gesprächspartner, die vielleicht mehrmals nachfragen oder lachen, auch Unsicherheiten bis hin zu Sprechhemmungen – und Lernhemmungen – entstehen.

Nicht unerwähnt bleiben soll der Hinweis, daß fehlende phonetische Grundlagen sich negativ auf die Entwicklung des (verstehenden) Hörens, des (freien) Sprechens, des Lesens und des Schreibens auswirken.

3. Hauptschwierigkeiten in der deutschen Aussprache

Je nach Muttersprache und früher gelernten Fremdsprachen treten spezifische Interferenzfehler auf, die in den Übungen zu beachten sind. In sprachlich homogenen Gruppen ist das eher möglich als in heterogen zusammengesetzten. Einheitliche Ausbildungsziele und -inhalte, undifferenzierte Übungsmaterialien, wie sie in deutschen Verlagen ausschließlich zu finden sind (und im Ausland gibt es ebenfalls kaum kontrastiv ausgerichtete) müssen dann durch eine Individualisierung der Korrekturverfahren und spezielle Übungsaufgaben außerhalb der gemeinsamen Lehrveranstaltungen ausgeglichen werden.

Aber auch für heterogene Lerngruppen lassen sich wesentliche und für alle Beteiligten interessante Schwerpunkte finden, wie sich in meinen Seminaren mit Studenten des Faches Deutsch als Fremdsprache zeigte. Die Analyse von Tonaufnahmen, die ich seit Jahren jeweils zu Seminarbeginn vornehme, ergeben folgende Hauptschwierigkeiten:

– Akzentuierung und Rhythmus,
– Sprechmelodie,
– Vokallänge und -spannung (lang/gespannt – kurz/ungespannt),
– E-Laute (Schwa und Schwa-Elision eingeschlossen),
– Ö- und Ü-Laute,
– Vokalneueinsatz (gegebenenfalls in Kontrast zu [h]),
– Konsonantenspannung (fortis – lenis) und Stimmbeteiligung,
– Auslautverhärtung,

– Ich- und Ach-Laut,
– R-Laute (frikativ – vokalisiert),
– Konsonantenverbindungen,
– Assimilationen.

Ich möchte darauf hinweisen, daß Akzentuierung, Rhythmus und Melodie nicht nur aus Gründen der Systematik ganz oben stehen. Deutschlernende verschiedenster Ausgangssprachen haben nicht nur Probleme mit bestimmten Vokalen und Konsonanten, sondern oft auch oder gerade mit der Intonation im weiteren Sinne: Wörter werden nicht richtig betont, Melodie, Rhythmus und Gliederung von Äußerungen stimmen nicht. Es kommt gerade aufgrund solcher Abweichungen nicht selten zu Verständigungsschwierigkeiten, die gravierender sind als einzelne falsch ausgesprochene Laute.

4. Übungsempfehlungen

Die folgenden Empfehlungen sollen kurz die jeweilige Problematik umreißen, eine ausführliche Behandlung dieser Themen ist u. a. in der *Phonothek* (Stock und Hirschfeld 1996) zu finden:

Akzentuierung
Schwierigkeiten macht es nicht nur, die betonte Silbe zu erkennen, sondern auch sie auf die richtige Art und Weise hervorzuheben. Bewußtzumachen und zu üben sind deshalb

– die Stellung der betonten Silbe, Regeln und Ausnahmen;
– die Mittel der Hervorhebung (Spannung, Melodie, Lautstärke, aber nicht die Dehnung kurzer Vokale) sowie der starke Spannungskontrast zwischen betonten und unbetonten Silben im Deutschen.

Rhythmus
Im Mittelpunkt von Übungen sollten nicht – wie oft üblich – Einzelwörter stehen, sondern rhythmische (Wort-)Gruppen – also inhaltlich zusammengehörige Wörter mit einer Akzentsilbe und einer oder mehreren unbetonten Silben, einem Melodiebogen und ohne Zwischenpausen. Zu üben sind

– die starke Hervorhebung jeweils eines Wortes (genauer: einer Silbe) in einer solchen Gruppe inhaltlich zusammengehöriger Wörter, z. B. *nach dem* **Un***terricht, nach* **Hau***se gehen.*
– die Verbindung mehrerer rhythmischer Gruppen innerhalb einer zusammenhängenden Äußerung, also auch die Gliederung (Pausen) zwischen den rhythmischen Gruppen (Teilung eines Satzes in rhythmische Gruppen), z. B. *Nach dem* **Un***terricht / gehe ich nach* **Hau***se.*

Melodie
Schwierigkeiten bereiten der vor dem Fall der Melodie notwendige Anstieg bzw. der vor dem Anstieg notwendige Abfall der Melodie sowie die Deutlichkeit, mit der die finale Melodiebewegung erfolgt. Zu üben ist

– die Melodie zwischen rhythmischen Gruppen sowie am Äußerungsende, z. B. *Nach dem* **Un***terricht* ⇗*/ geh ich nach* **Hau***se.* ⇘ *– Und du?* ⇗

Vokale: lang-gespannt vs. kurz-ungespannt
Die Differenzierung der langen/gespannten und kurzen/ungespannten Vokale ist für deutsche Hörer sehr wichtig: *Herr Mühler – Herr Müller, Beet – Bett*. Diese Merkmale sollten – vor allem bei betonten Vokalen – beim Hören und Sprechen deutlich unterschieden werden. Auch wenn die Vokallänge im zusammenhängenden Sprechen oft reduziert werden muß, ist diesem Merkmal besondere Aufmerksamkeit zu schenken. Körperbewegungen können helfen, den Unterschied lang – kurz zu erarbeiten.

E-Laute (Schwa und Schwa-Elision eingeschlossen)
Das Schriftbild (gleiche Schreibweise für unterschiedliche Laute, unterschiedliche Schreibweise für gleiche Laute, keine orthografische Markierung des Schwa, orthografische Präsenz der zu elidierenden Schwa-Laute) sowie die auditive Nähe der E-Laute untereinander sowie zu den I-Lauten, auch die Nähe des Schwa und des vokalisierten R sorgen für einige Verwirrung und für Lernprobleme. Die Bewußtmachung der Phonem-Graphem-Beziehungen sollte durch ein differenziertes Hörtraining begleitet werden.

Ö- und Ü-Laute
Neben der allgemeinen Schwierigkeit, offene ungespannte und lange gespannte Vokale zu unterscheiden, steht hier die Verbindung der Lippenrundung mit der Hebung der Vorderzunge im Mittelpunkt. Durch Ableitung von den ungerundeten Vorderzungenvokalen, bei deren Artikulation die Lippen gerundet werden (Kontrolle mit Spiegel) ist die Lautanbahnung relativ gut zu erreichen.

Vokalneueinsatz vs. [h]
Das [h] im Silben- und Wortanlaut darf im Deutschen weder wegfallen noch durch ein zu starkes Reibegeräusch realisiert werden. Es steht in vielen Wörtern dem Vokalneueinsatz gegenüber, so daß es hier auch eine bedeutungsunterscheidende Funktion hat (*Haus – aus, veralten – verhalten*). Schon durch Hörübungen kann die Aufmerksamkeit der Lernenden auf dieses Problem gelenkt werden (sie sollen z. B. zwischen *Anne – Hanne, Elena – Helena, Frau Eckert* und *Frau Heckert* unterscheiden, die ja jeweils sehr unterschiedliche Personen sein können). Der Hauchlaut kann geübt werden, indem man vor Wörtern, die mit [h] beginnen, kurz auf die Hand haucht.

Fortis-Lenis-Konsonanten / Auslautverhärtung
Bewußtzumachen und zu üben ist der generelle Unterschied zwischen gespannten (stimmlosen) und ungespannten (stimmhaften oder stimmlosen) Konsonanten. Dabei muß auch auf die Auslautverhärtung eingegangen werden, wie z. B. *Tage – Tag* ([g – k]) , reisen – reist ([z – s]). Hier sind begleitende Gesten unbedingt zu empfehlen, da die Körperspannung (z. B. geballte Faust) auf die Sprechspannung übertragen wird.

Ich- und Ach-Laute
Bewußtzumachen und zu üben ist die unterschiedliche Aussprache der Buchstaben <ch>: nach <a, o, u, au> als hinterer Konsonant [x] (in *machen, kochen, suchen, rauchen)* bzw. nach allen andern Vokalen, in -chen und nach <l, n, r> als vorderer Konsonant [ç] (in *Milch, durch, manche,* in Mädchen, in *sprechen, Köche, Fächer, Licht, reich* usw.). Außerdem spielt bei einigen, z. B. französischen, Deutschlernenden die Unterscheidung des Ich-Lautes vom SCH [ʃ] eine große Rolle (z. B. *Kirche – Kirsche, Männchen – Menschen*).

R-Laute
Wenig relevant ist, welche R-Variante (Zungenspitzen-, Zäpfchen- oder Reibe-R) in der konsonantischen Realisation genutzt wird, wobei eine retroflexe Bildung, wie sie von amerikanischen Deutschlernenden oft zu hören ist, möglichst vermieden werden sollte. Bei asiatischen Lernenden ist ein Reibe- oder Zäpfchen-R zu empfehlen, da so die Differenzierung von L- und R-Lauten erleichtert wird. Es kommt aber vor allem darauf an, die Vokalisation des R zu üben, also nach (langen, oft auch nach kurzen) Vokalen und in der unbetonten Kombination -er/er- (wie in *erklären, verkaufen, Vater*) kein R zu sprechen, sondern einen schwachen, A-ähnlichen Vokal.

Konsonantenverbindungen
Deutsche Wörter mit ihren teilweise umfangreichen Konsonantenverbindungen (**Stru*m*pf**) sind oft wahre Zungenbrecher. Auch durch Wortbildung (*Gebu*r*tstagsgäste*) oder grammatische Veränderungen (*leben – le*bst*) entstehen solche Häufungen. Es ist wichtig, alle Konsonanten zu sprechen, also keinen wegzulassen (*Text – Test*) und in der Übung solche Verbindungen schrittweise aufzubauen (*schimpfe – schimpft – schimpfst*).

Assimilation
Es muß bewußtgemacht und geübt werden, daß im Deutschen stimmlose, gespannte Konsonanten nicht wie in den slawischen Sprachen von den nachfolgenden Lauten beeinflußt, sondern umgekehrt nachfolgende Konsonanten ihre Stimmhaftigkeit reduzieren. Man sollte nicht davor zurückschrecken, dieses Problem durch eine übertrieben falsche Aussprache überhaupt erst einmal

ins Bewußtsein der Lernenden zu rücken, also zwei stimmhafte Konsonanten zu sprechen, wie z. B. in *das Buch* [zb].

Die Arbeit an diesen phonetischen Schwerpunkten läßt sich sehr gut mit Übungen zu Grammatik und Wortbildung verbinden, sie sollte ergänzt und fortgesetzt werden durch sprecherzieherische und rhethorische Aufgaben, z. B. durch gestaltendes Lesen, Vortragen, Vorspielen, Dialogisieren, freies Sprechen usw.

Literatur

Hirschfeld, U.: Untersuchungen zur phonetischen Verständlichkeit Deutschlernender. Frankfurt/M. 1994 (Forum Phoneticum 57)

Krech, E.-M. (Hrsg.): Ergebnisse der Sprechwirkungsforschung. Univ. Halle 1987

Slembek, E.: Mündliche Kommunikation – interkulturell. St. Ingbert 1997

Stock, E.: Probleme und Ergebnisse der Wirkungsuntersuchungen zu Intonation und Artikulation. In: Ergebnisse der Sprechwirkungsforschung. (Hrsg.: E.-M. Krech) Wiss. Beitr. der Univ. Halle 19 (F 67), 50-124, 1987

Stock, E., Hirschfeld, U. (Hrsg.): Phonothek Deutsch als Fremdsprache. München 1996

SIEGRUN LEMKE

Phonostilistische Untersuchungen zur deutschen Standardaussprache

Zur Realisation der Endungen -en, -em, -el

1. Zielstellung

Interkulturelle Kommunikation, also die Verständigung zwischen den Kulturen, basiert wesentlich auf sprachlicher Verständigung. Eine Voraussetzung dafür ist, die Sprache des anderen verstehen und angemessen gebrauchen zu können. Für alle, die Deutsch als Fremdsprache unterrichten, ist es daher von Bedeutung, zu verfolgen, wie sich unsere Sprache und ihr Normsystem entwickelt und verändert, um nicht Formen zu vermitteln, die sich überlebt haben.

Unter anderem aus diesem Grund beschäftigt sich die sprechwissenschaftliche Forschung mit der Frage, unter welchen Bedingungen, mit welcher Häufigkeit und in welchem Grad in öffentlichen Kommunikationsereignissen Differenzen zwischen der kodifizierten Norm der deutschen Standardaussprache und den tatsächlich realisierten Varianten auftreten, und ob sich eine Veränderung der Kodifikation als nötig erweist.

Wer Phonetik im Bereich Deutsch als Fremdsprache unterrichtet, weiß, daß die Arbeit am reduzierten E einen Schwerpunkt darstellt. Wird dafür kurzes offenes E gesprochen, und das geschieht sehr oft, so ist nicht nur ein Laut schlechthin fehlerhaft. Häufig wird gleichzeitig der Wortakzent verschoben und der gesamte Sprechrhythmus im Ausspruch verändert. Da die genannten Endsilben in der Mehrzahl der deutschen Sätze auftreten, kann es zu rhythmischen Verstümmelungen kommen, die die Verständlichkeit deutlich einschränken bzw. u. U. gänzlich verhindern.

Das Ziel dieser phonostilistischen Untersuchungen bestand darin, zu ermitteln, ob der Schwa-Laut im Gespräch als der am häufigsten auftretenden Form mündlicher Kommunikation der kodifizierten Norm entsprechend realisiert wird, oder ob bzw. unter welchen Bedingungen er nach Vokal, Nasal, L und R ausfällt. Beobachtungen der Sprechwirklichkeit führten zu der Annahme, daß das reduzierte E in Gesprächssituationen auch in diesen lautlichen Positionen überwiegend elidiert wird (Lemke u. Lüssing 1996, 221). Über die Positionen nach Explosiv und Frikativ sind die Aussagen seit langem einheitlich (Duden 1990; GWdA 1982; König 1989; Meinhold 1962 u. 1964).

In einem zweiten Schritt sollte ermittelt werden, welchen Einfluß die Akzentuierung auf die Aussprache der genannten Endungen ausübt (Lemke u. Lüssing 1996, 220).

2. Beschreibung der Untersuchung

Das Untersuchungsmaterial bildeten frei gesprochene Texte aus Talkshows mit einer Länge von je fünf Minuten. Sie lagen als Rundfunk- bzw. Fernsehmitschnitte und in verschrifteter Form vor (Lemke u. Lüssing 1996, 218f). In das Untersuchungskorpus wurden ausschließlich solche Aufnahmen aufgenommen, die durch eine soziophonetische Untersuchung in Gesamtdeutschland als Standard eingeschätzt worden waren (Hollmach 1996, 215ff).

Die Analyse erfolgte mit Wave for Windows. Neben der Lautumgebung, Tempo- und Lautheitsabstufungen, der Stellung zum Akzent und zur Pause wurde das Ergebnis der auditiven Beurteilung der Endsilbe in speziell entwickelte phonetische Dateien eingetragen. Vier mögliche Kategorien standen für die Klassifizierung der Endung zur Verfügung (Lemke 1998, im Druck):

(1) kurzes offenes E,
(2) reduziertes E,
(3) völlige Elision des Schwa,
(4) Elision des Schwa bei gelängtem Endkonsonanten. Die Längung konnte mit oder ohne prosodische Veränderung erfolgen.

Hinsichtlich der Stellung zum Akzent wurde in fünf Kategorien unterschieden: das die Endsilbe enthaltende Wort ist

(1) nicht akzentuiert,
(2) deutlich akzentuiert,
(3) stark akzentuiert,
(4) die Endsilbe folgt der Akzentsilbe unmittelbar,
(5) geht ihr unmittelbar voraus.

3. Ergebnisse

3.1. Beziehung zur Lautumgebung – Gesamtergebnisse

Das Untersuchungsmaterial umfaßte insgesamt 4842 Endsilbenrealisationen von 40 Sprechern. Lediglich 10,3 % wurden voll realisiert, 89,7 % als vokallose Formen. In 1669 Fällen folgte die Endung einem Vokal, Nasal, L oder R (Lemke 1998, im Druck). Die Endsilbe -en trat 4524 mal, -em 166 mal und -el 152 mal auf.

Für die Endsilben -em und -el können keine Vorschläge für die Neukodifizierung unterbreitet werden. Die Zahl der Belegstellen im Gesamtkorpus genügt einer wissenschaftlichen Verallgemeinerung nicht. Die folgenden Aussagen sind lediglich als Hinweis auf mögliche Tendenzen zu werten:

Die Endung -em wurde zu 70 % ohne Schwa-Laut realisiert. Nach Nasal überwogen ebenfalls die Realisationen ohne Schwa (60 %). In der Endung -el wurde das Schwa zu 94 % völlig elidiert. Nach G fiel das reduzierte E in der Mehrzahl der Fälle aus.

Für die Aussprache der Endsilbe -en in Gesprächen konnten dagegen folgende
Regelhaftigkeiten ermittelt werden:

(1) Nach Vokal wurde das Schwa völlig elidiert (95 %). Es trat keine Dehnung des N auf.
(2) Nach Nasal fiel das reduzierte E in 76 % der Fälle aus. Die bevorzugte Realisierungsvariante war mit über 50 % der gedehnte Endnasal.
(3) Nach L wurde das reduzierte E ebenfalls ohne Dehnung des N elidiert (97 %).
(4) Auch in der Position nach R trat die vokallose Form ohne Dehnung des N am häufigsten auf (61 %), wenn auch die Vollform hier als stabiler angesehen werden muß.

3.2. Beziehung zum Akzent

3.2.1. Überblick

Es bestand Grund zu der Annahme, daß neben der Lautumgebung die Stellung
zum Akzent, die Stellung zur Pause, die Sprechspannung und das Sprechtempo
die Realisation des reduzierten E in den Endungen beeinflussen. Für die Stellung zum Akzent wurde das zunächst an einem Teilkorpus von 20 Aufnahmen
überprüft.

Der Vergleich der Verteilungen im Gesamtkorpus mit denen im Teilkorpus
zeigte keine nennenswerten Unterschiede hinsichtlich

– der Häufigkeit der drei untersuchten Endsilben,
– der Häufigkeit des vorangehenden Lautes
– und der Häufigkeit der auftretenden Realisierungsvarianten des Schwa-Lautes.

Differenzen lagen unter 2 %. Somit können die Ergebnisse für das Gesamtkorpus verallgemeinert werden.

Die Analyse erstreckte sich in diesem Schritt auf insgesamt 1030 Endsilben.
Da die Realisierungsvariante mit kurzem offenem E und die Kategorie „star-
ker Akzent" nur gering besetzt waren, werden sie im folgenden nicht gesondert
aufgeführt. Sie gehen in die Kategorien „volle Realisation" bzw. „Wort deutlich
akzentuiert" ein.

47,96 % aller Wörter, die eine der Endsilben -en, -em, -el enthielten, waren nicht akzentuiert, 52,04 % trugen einen deutlichen Akzent. 50,1 % aller Endsilben gingen der
Akzentsilbe unmittelbar voran bzw. folgten ihr unmittelbar. 20,97 % wurden voll,
79,03 % ohne Schwa realisiert. In nicht akzentuierten Wörtern trat die Vollform zu ca.
12 % seltener auf als in akzentuierten Wörtern, wogegen die Realisierungsvariante mit
völliger Elision des reduzierten E im gleichen Verhältnis häufiger auftrat. Die Form ohne
reduziertes E, aber mit gedehntem Endkonsonanten war in beiden Gruppen gleich.

3.2.2. Zur Endung -el

Die Endung -el trat zu 26,6 % in nicht akzentuierten und zu 73,4 % in akzentuierten
Wörtern auf. In 60,8 % aller Fälle stand sie unmittelbar vor bzw. nach der Akzentsilbe.

Sie wurde zu 98,8 % mit völliger Elision des Schwa-Lautes realisiert. Da kaum volle Realisationen der Endsilbe vorkamen, wird auf eine weitere Differenzierung verzichtet. Es können keine Vergleiche zwischen der Aussprache in akzentuierten bzw. nicht akzentuierten Wörtern gezogen werden.

3.2.3. Zur Endung -em

Die Endung -em wurde zu 27,9 % voll, zu 65,1 % bei völliger Elision des Schwa und zu 7 % ohne Schwa mit langem M realisiert. In 58,1 % aller Fälle stand sie unmittelbar vor bzw. nach der Akzentsilbe. Die Endsilbe trat zu 72 % in nicht akzentuierten und zu 28 % in akzentuierten Wörtern auf. Das Phänomen, daß die Vollform in Wörtern ohne Akzent zu etwa 10 % häufiger auftrat als in akzentuierten Wörtern, die vokallose Realisierungsvariante hingegen in nicht akzentuierten Wörtern seltener als in akzentuierten, scheint ein zufälliges und der geringen Zahl an Belegstellen geschuldet zu sein.

3.2.4. Zur Endung -en

In den 20 Aufnahmen fanden sich 865 Belegstellen für die Endung -en nach Vokal, Nasal, L oder R: 47,5 % in nicht akzentuierten Wörtern, 52,5 % in akzentuierten Wörtern, 48,3 % unmittelbar vor oder nach der Akzentsilbe. Die Häufigkeit der aufgetretenen Realisierungsvarianten sowie die Häufigkeit des Vorgängerlautes wurden ermittelt und in Beziehung zur Akzentuierung gesetzt. Aus dem umfangreichen Material werden im folgenden lediglich die Daten dargestellt und diskutiert, die den Einfluß des Akzents auf die Aussprache der Endung -en zeigen.

Volle Realisationen traten in akzentuierten Wörtern deutlich häufiger auf als in nicht akzentuierten Wörtern. Der Anteil der völlig elidierten Formen war dagegen in akzentuierten Wörtern ebenso deutlich geringer als in nicht akzentuierten Wörtern.

	Wort nicht akzentuiert	Wort akzentuiert	nach/vor Akzentsilbe
Vollform	13,14 %	30,18 %	20,24 %
völlige Elision	60,10 %	42,07 %	47,37 %
gedehnter Endnasal	26,76 %	27,75 %	26,79 %

Unmittelbar vor bzw. nach der Akzentsilbe war die Vollform häufiger zu hören als in Wörtern ohne Akzent, jedoch weniger häufig als in Wörtern, die einen Akzent trugen. Das reduzierte E wurde seltener völlig elidiert als in nicht akzentuierten Wörtern. Der Anteil der Aussprachevarianten mit langem Endnasal war in allen Kategorien gleich.

Es stellte sich nun die Frage, ob diese Unterschiede gleichmäßig verteilt sind oder von bestimmten Vorgängerlauten abhängen. Nach Vokal unterschied sich die Aussprache der Endung -en in akzentuierten und nicht akzentuierten Wörtern bzw. in unmittelbarer Nachbarschaft zur Akzentsilbe nicht wesentlich. Auftretende Abweichungen lagen unter 10%. Ebenso verhielt es sich in der Position *nach L*. Hier lagen die Differenzen bei 5 %.

Zur Position der Endsilbe -en *nach Nasal*: In akzentuierten Wörtern lag der Anteil der voll realisierten Formen um ca. 20 % höher als in nicht akzentuierten Wörtern. Die Formen mit völliger Elision des reduzierten E traten dagegen deutlich weniger häufig auf als in Wörtern ohne Akzent, während die Varianten mit gedehntem Endnasal etwa gleich verteilt waren. Stand die Endsilbe unmittelbar nach der Akzentsilbe, konnte man deutlich häufiger Realisationen mit langem Endnasal hören als völlige Elision des reduzierten E. Vor der Akzentsilbe hingegen traten die völlig elidierten Varianten häufiger auf als nach der Akzentsilbe.

	Wort nicht akzentuiert	Wort akzentuiert	nach/vor Akzentsilbe
Vollform	13,74 %	32,92 %	28,85 / 24 %
völlige Elision	34,60 %	16,05 %	13,46 / 32 %
gedehnter Endnasal	51,66 %	51,03 %	57,69 / 44 %

Zur Position der Endsilbe -en *nach R*: In dieser Position wurden lediglich volle Realisationen und völlig elidierte Formen ermittelt, langes N war nicht zu hören. Es zeigte sich eine klare Beziehung der Endsilbenrealisation zur Akzentuierung. In akzentuierten Wörtern trat die Realisierungsvariante mit Schwa deutlich häufiger auf als in Wörtern ohne Akzent. Sie überwog gegenüber den vokallosen Formen mit einem Anteil von 55,8 %, während in nicht akzentuierten Wörtern der Anteil der Varianten mit völlig elidiertem Schwa-Laut 75,3 % betrug.

	Wort nicht akzentuiert	Wort akzentuiert
Vollform	24,71 %	55,81 %
völlige Elision	75,29 %	44,19 %

Hinsichtlich der Stellung der Endung unmittelbar vor oder nach der Akzentsilbe konnten keine deutlichen Unterschiede festgestellt werden. Sie lagen unter 5 %.

4. Zusammenfassung

Wie im Gesamtkorpus konnte hier bestätigt werden, daß in der Kommunikationssituation Gespräch das reduzierte E der Endsilben -en, -em, -el auch in akzentuierten Wörtern bzw. unmittelbar vor oder nach der Akzentsilbe vorwiegend nicht gesprochen wird. Die Annahme, die volle Form werde in akzentuierten Wörtern bzw. in unmittelbarer Nachbarschaft zur Akzentsilbe überwiegend realisiert, konnte in dieser Allgemeingültigkeit nicht bestätigt werden. Für die Aussprache der Endsilben -em und -el werden keine Empfehlungen formuliert, da das Untersuchungskorpus für die einzelnen Merkmale nicht genügend Belegstellen enthielt. Mögliche Tendenzen sind an umfangreicherem Material zu prüfen.

Die Aussprache der Endsilbe -en wird nur bei bestimmten Vorgängerlauten vom Akzent beeinflußt: *Folgt die Endung einem Vokal oder einem L*, fällt der Schwa-Laut ohne Dehnung des N aus, unabhängig davon, ob die Endsilbe zu einem akzentuierten oder nicht akzentuierten Wort gehört bzw., ob sie von einer Akzentsilbe berührt wird oder nicht.

Nach Nasal ist unabhängig von der Stellung zum Akzent der gedehnte Endnasal ohne Schwa mit über 50 % die bevorzugte Realisierungsvariante. In etwa einem Drittel (33 %) aller akzentuierten Wörter wird die Endung mit Schwa-Laut realisiert, während der Anteil der vollen Realisationen in nicht akzentuierten Wörtern nur bei etwas über einem Zehntel liegt. Genau umgekehrt verhält es sich bei den völlig elidierten Formen.

Steht die Endsilbe unmittelbar nach einer Akzentsilbe, wird der Schwa-Laut selten (13,5 %) völlig elidiert, vor einer Akzentsilbe häufiger (32 %).

In der Position nach R ist die Endsilbenrealisierung eindeutig von der Akzentuierung abhängig. Auch hier ist die vokallose Form ohne Dehnung des N die häufigste (61 % aller Fälle im Gesamtkorpus). Die Endung -en wird in nicht akzentuierten Wörtern nach R ohne Schwa-Laut und ohne Dehnung des Endnasals gesprochen (75 %), in akzentuierten Wörtern hingegen überwiegt die Variante mit Schwa-Laut (56 %). Ob die Endsilbe unmittelbar vor oder nach einer Akzentsilbe steht, beeinflußt die Aussprache nicht.

Die Ergebnisse dieser Untersuchung zeigen, daß in Gesprächssituationen – auch öffentlichen Charakters – die Realisierungsvariante ohne Schwa für die deutschen Endsilben die gebräuchliche ist. Daraus ergibt sich u. a. für den Phonetikunterricht im Bereich Deutsch als Fremdsprache, daß diese Form bevorzugt zu vermitteln und zu trainieren ist.

Literatur

Duden-Aussprachewörterbuch. 3. Aufl. Mannheim-Wien-Zürich 1990
Großes Wörterbuch der deutschen Aussprache (GWdA). (Hrsg. Stötzer, U. u. a.) Leipzig 1982
Hollmach, U.: Eine soziophonetische Untersuchung als Grundlage zur Neukodifizierung der deutschen Standardaussprache. In: Sprechen – Reden – Mitteilen. (Hrsg. Lemke, S. u. Thiel, S.) München-Basel 1996, 211-217
König, W.: Atlas zur Aussprache des Schriftdeutschen in der Bundesrepublik Deutschland. 2 Bde. Ismaning 1989

Lemke, S., Lüssing, Ph.: Computergestützte phonostilistische Untersuchungen zu Vokaleinsätzen und Endungen. In: Sprechen – Reden – Mitteilen (Hrsg. Lemke, S. u. Thiel, S.) München-Basel 1996

Lemke, S.: Untersuchungen zur Realisierung des Schwa-Lautes in öffentlichen Gesprächen. In: Festschrift für Eberhard Stock (Hrsg. Biege, A., Bose, I. u. Keßler, Chr.) Hanau-Halle 1998

Meinhold, G.: Die Realisation der Silben [-ən], [-əm], [-əl] in der deutschen hochgelauteten Sprache. Zeitschrift für Phonetik, Sprachwissenschaft und Kommunikationsforschung, Bd. 15. 1-13, 1962

Meinhold, G.: Zur Realisation des Endsilben-[ə] in der allgemeinen deutschen Hochlautung. Diss. Berlin 1964

ANDREAS THIMM

Warum Deutschlerner Probleme mit dem kurzen [ɪ] haben: Eine phonetische Studie

1. Ausgangspunkte der Untersuchung

Soziale Aspekte der Kommunikation, auch zwischen den Kulturen, rücken immer mehr in den Mittelpunkt des Interesses. Solange die Begegnung mit „dem Fremden" in unseren Gedanken und Gefühlen auch immer noch „das Befremden" hervorruft, erschwert der „fremde Akzent" die Kommunikation. Dabei liegen die Probleme nicht nur im gestörten Informationsfluß. Vielmehr erzeugt die Kundgabe des „fremden" sprachlichen (und damit auch kulturellen) Hintergrunds nicht selten einen Mangel an sozialer Akzeptanz, ob im Beruf, auf Arbeitsuche oder bei Behörden.

Vokalklänge liegen mit ihren Frequenzen von etwa 200 bis 4.000 Hz im mittleren Bereich der Sprachsignale und des Hörvermögens. Hier besitzt das menschliche Ohr ein maximales Auflösungsvermögen, schon eine Differenz von drei Hertz (0,3 %) wird wahrgenommen (Strauß 1980, 8). Unter anderem „verrät" also die Klangfarbe der Vokale einen Sprecher als Fremdsprachler. Im Deutschen und Englischen stellt z. B. das [ɪ] viele Lerner vor Probleme. Die Lautklasse weist einen großen klanglichen Streubereich auf, dessen Varianten in anderen Sprachen als differenten Lautklassen zugehörig wahrgenommen werden könnten. Man vergleiche [ɪ] in „sit" und „sitzen" mit [ɪ] in „sick" und „sickern".

Aussprachewörterbücher und phonetische Standardwerke geben das „kurze offene [ɪ]" als einheitliche Lautqualität vor. Dabei kommt es nicht selten zu Widersprüchen zwischen Beispielwörtern und phonetischer Beschreibung, etwa wenn [ɪ] mit „artikulatorisch nur geringfügige Veränderungen gegenüber dem langgeschlossenen [e:]" und 325 / 2200 Hz für die ersten beiden Formanten (wie [ɪ] in ich) beschrieben und dann mit „bitte, immer, ist" und „vierzig" illustriert wird (Wängler 1976, 22ff). Die Zusammenfassung sämtlicher Allophone des Phonems /ɪ/ hat phonetisch noch zu keinem zufriedenstellenden Ergebnis geführt. Werte für die maßgeblich klangrelevanten ersten beiden Formanten werden zwischen 319 und 456 Hz für F1 bzw. 1970 und 2200 Hz für F2 angegeben.

Eine qualitative Analyse deutscher Vokale ermittelte für [ɪ] eine mit Abstand höchste Standardabweichung von etwa 200 Hz für den zweiten Formanten. „Es scheint so, als ob es zwei Arten für [ɪ] gäbe" (Narahara u. Shimoda 1977, 12). Die Studie diente dazu, ein phonetisches System der allophonischen Varianten des Phonems /ɪ/ zu erstellen, wie sie derzeit realisiert werden. Sie schließt sich damit der deskriptiven Tendenz der neueren phonetischen Forschung an.

2. Untersuchungsmaterial und Versuchspersonen

Untersucht wurden insgesamt etwa 1500 silbische Realisationen von [ɪ] und [i]. Das Material bestand aus spontanen Äußerungen, die durch Fragen und vorgelegtes Bildmaterial provoziert wurden (Benennen von Tieren, Gegenständen und Tätigkeiten) und aus drei gelesenen kurzen Sätzen. Ein signifikanter Unterschied zwischen den akustischen Strukturen der Spontansprache und des Gelesenen wurde nicht festgestellt.

Die Versuchspersonen stammten aus allen Regionen Deutschlands und aus verschiedenen sozialen Gruppen. Sie waren angehalten, die deutsche Standardsprache zu verwenden, sie produzierten also aus ihrer Sicht Hochlautung. Etwa 50 % waren angehende Sprecherzieher und Sprecherzieherinnen (DGSS) bzw. Diplom-Sprechwissenschaftlerinnen. Die Versuchspersonen waren zwischen elf und fünfzig Jahre alt, das Durchschnittsalter betrug 23 Jahre. Ungefähr die Hälfte der Versuchspersonen war männlichen Geschlechts.

Die Spektralanalyse (Breitband) erfolgte mit dem Programm „Signalize 3.0" der Firma InfoSignal aus Lausanne für den Macintosh Computer. Es wurden Durchschnittsspektren charakteristischer Passagen aus dem Sonagramm mit einer durchschnittlichen Dauer von 50 ms für die kurzen Vokale und 85 ms für die langen Vokale ermittelt.

3. Ergebnisse der Untersuchung

Schnell ergab sich für [ɪ] ein Zusammenhang zwischen Klang und lautlichem Kontext, der sich in unterschiedlichen Sonagrammen und Formantenwerten niederschlug. Dabei erwiesen sich Varianten in Nachbarschaft von [ç], [k] und [ŋ] als besonders auffällig. Hier kam es zu assimilatorischen Vorgängen, die sich auf den Klang der Segmente auswirkten. Die Laute wurden also unterteilt in:

1. gespannt [i] / [i]- Laute in allen Kontexten
2. erhöht [ɪ*] / [ɪ]-Laute in [ç]-, [k]- und [ŋ]-Nachbarschaft
3. zentralisiert [ɪ] / [ɪ]-Laute ohne [ç]-, [k]- und [ŋ]-Einfluß

Die sich in der Formantenkarte (Abb. 1) abzeichnenden Realisationsfelder der so geordneten Einzellaute bestätigen den Eindruck: der Kurzvokal [ɪ] wird im palatalen Umfeld (die Artikulationsstellen von [k] und [ŋ] sind in Nachbarschaft des [ɪ] nach palatal verschoben) klanglich stark verändert. Der nachfolgende Konsonant übt dabei in der Regel den stärkeren Einfluß aus.

Interessant ist die Tatsache, daß die bisher phonetisch beschriebene Qualität

Hauptbereiche der I-Realisation

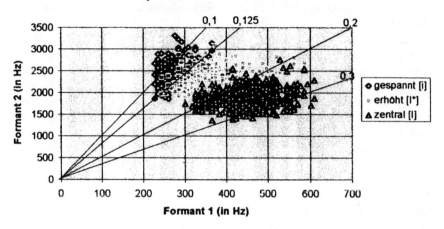

Abb. 1: Linien gleichen Verhältnisses F1/F2 über den Realisationsfeldern

offensichtlich nur in drei artikulatorischen Kontexten auftritt. Der Widerspruch zwischen den phonetischen Parametern und Beispielwörtern ist damit lösbar geworden. Durch eine Differenzierung z. B. von [ɪ] in „immer" und [ɪ*] in „ich" kann die Lautklasse genauer dargestellt werden.

Die verschiedene Klangfärbung der Varianten des [ɪ] läßt sich sehr gut durch den Quotienten aus F1 und F2 beschreiben. Bremer (1893, 171) erwähnt das „... Verhältnis der verschiedenen Eigentöne der Vokale zueinander, das in ihrer Klangfarbe zum Ausdruck kommt ..." In die Formantenkarte der Einzellaute wurden Linien gleichen Verhältnisses von F1 zu F2 eingezeichnet. So wird deutlich, wie sich die Klangqualitäten voneinander unterscheiden. (Abb. 1) Ein prüfstatistisches Verfahren bestätigte den signifikanten Unterschied der Stichproben von [ɪ] und [ɪ*]. Ein perzeptiver Test bestätigte die Ergebnisse.

Es ergeben sich drei markante Klangqualitäten für die silbische I-Realisation im Deutschen. Alle drei kommen im Wort „distinktiv" vor. Die ersten bei-

Lautklasse	geschlossen [i]	erhöht [ɪ*]	zentralisiert [ɪ]
Frequenz für F1	274,75 Hz	380,8 Hz	442,8 Hz
Standardabw.	6,8 Hz = 2,5 %	22,8 Hz = 6 %	15,8 Hz = 3,8 %
Frequenz für F2	2472,1 Hz	2194,8 Hz	1877 Hz
Standardabw.	83 Hz = 3,3 %	90 Hz = 4 %	98 Hz = 5 %

Abb. 2: Lautklasse und Frequenz

den Formanten von [ɪ] weisen nach der Differenzierung geringere Streuungen auf, als in vorangegangenen Tests zur Vokalrealisation in der deutschen Sprache (Abb. 2).

Zur Klangqualität, die als Grundvariante (in nichtpalatalen Kontexten) anzusehen ist, gehören die artikulatorischen Merkmale mittel/mid, vorgezogen zentralisiert/centerized, ungespannt/lax und offen/wide. Der höchste Punkt des Zungenrückens liegt tiefer und zentraler als beim [e] (Wängler 1976, Tafel 18/20 und Sendlmaier 1985, 170). Dieser Klang wird z. B. in Bitte, binden, Brille, Birke, Dill, finden, finster, Fisch, immer, in, ist, Linde, Lippe, Liste, Mitte, Pfiff, Pille, Schiff, Schilf, Stift, tippen, Ziffer, Zimmer ... realisiert.

Assimilatorisch bedingt existiert eine weitere Klangqualität in der lautlichen Nachbarschaft von [k], [ŋ] und [ç]. Diese Lautvariante [ɪ*] ist artikulatorisch durch obermittelhoch/close-mid, vorn/front, ungespannt/lax und offen/wide zu beschreiben. Die Klangfarbe ist [e] ähnlich und wird z. B. in folgenden Wörtern realisiert: blinken, Blick, Dichte, Dicke, Ding, Fichte, Finger, Gicht, ging, ich, Inge, hing, kichern, Licht, links, mich, nicht, nicken, picken, Richter, Ring, Sicht, singen, sinken, Tick, Wicht, wickeln ...

Im akustischen Vokalviereck der deutschen Vokale stellt sich der differenzierte Klang dar wie in Abb. 3.

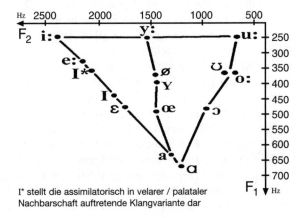

I* stellt die assimilatorisch in velarer / palataler
Nachbarschaft auftretende Klangvariante dar

Abb. 3: Akustisches Vokalviereck nach Rausch (1972) mit eingearbeiteter differenter [I]-Qualität

4. Die Lautqualität im interlingualen Vergleich

4.1. Chinesisches i / [ɿ] und deutsches i / [ɪ]

Zwei dem [ɪ] ähnliche Vokale kommen im Chinesischen vor, jedoch im Gegensatz zum Deutschen phonetisch voneinander abgegrenzt. Während in den konsonantisch auslautenden Silben „ting" „ming" oder „qing" eine dem deutschen [ɪ*] in „Ding" ähnliche Lautqualität realisiert wird, erscheint sowohl im Pinyin als auch in der phonetischen Transkription ein [i]. Dagegen wird eine dem deutschen [ɪ] in „Zimmer" einigermaßen ähnliche Klangfarbe als gesonderte phonetische Qualität [ɿ] gekennzeichnet. Ausschließlich in offenen Silben auftretend, erfährt dieser Vokal eine stärkere Ausprägung. Er wird deshalb von Kaden (1980, 4) artikulatorisch als „vermindert hoch, vorgezogen zentral, gespreizt, gespannt" bezeichnet. Ein wichtiger Unterschied zum deutschen [ɪ] ist demnach der Spannungsgrad.

Chinesisches [ɿ] wird wegen seines Spannungsgrades und seiner längeren Dauer nicht assimiliert, wie das deutsche [ɪ], ist aber in seiner akustischen Struktur ähnlich. Der klangliche Vergleich sollte diesen Eindruck bestätigen oder widerlegen. Eine Sprecherin aus Shanghai lieferte dafür das Material. Es ergaben sich 493 Hz für F1 und 1801 Hz für F2. Anstatt dieser [ɿ]-Qualität wurde bei unserer Versuchsperson bei dem Wort „wippen" eine Konfiguration von 560 Hz und 2200 Hz für F1 und F2 gemessen. Bei „Augenblick" wurden sogar 365 Hz und 2600 Hz registriert. Fremdsprachler scheinen demnach zur Überspannung zu neigen, was in zwei weiteren Fällen untersucht wurde.

4.2. Polnisches y / [ɨ] und deutsches i / [ɪ]

Eben diese zu große Spannung bei der Artikulation der I-Laute war auch bei der zweiten Versuchsperson, einer Sprecherin aus Polanica Zdrój in Mittelpolen zu bemerken. Einem relativ normgerechten [i] standen völlig inadäquat realisierte kurze Vokale gegenüber.

Infolge der veränderlichen [ɪ]-Qualitäten in Sprachen wie dem Deutschen und Englischen, haben Polen bei der Perzeption immer wieder Probleme. Interessante Beispiele für die Übernahme der Lautqualität aus dem Englischen finden sich bei Bogusławska (1994, 3ff). Offenbar können sich polnische Hörer nicht zwischen [ɨ] und [i] entscheiden. Aus „disc-jockey" wird „dysk-dżokej" (gesprochen wird [ɨ]), während sich „single" häufig mit [i] als „singiel / singel / singl" im Polnischen wiederfindet, nur selten als „syngiel".

Interferenzerscheinungen als potentielle Fehler beim Erlernen der jeweiligen Fremdsprache sieht Prędota (1979, 77) voraus: „Mit dem deutschen /ɪ/-Phonem korrespondiert im Polnischen das /ɨ/-Phonem." Nach den Ergebnissen dieser Studie sollten wir davon Abstand nehmen, Substitutionen wie etwa [mɪʃɛn] durch [mɨʃɛn] als Fehler zu betrachten.

Das polnische Vokalsystem kennt den Kardinalvokal [i] und den zentralen Laut [ɨ]. Der Laut [ɨ] wird ähnlich wie im Chinesischen mit einem höheren Spannungsgrad als [ɪ] im Deutschen artikuliert und den polnischen distinktiven Merkmalen entsprechend mit hoch, medial und nicht nasal beschrieben. Während phonetische Standardwerke Frequenzen von 300 bzw. 1200 Hz für die ersten beiden Formanten ausweisen, lagen die gemessenen Werte in gesprochenen Wörtern erheblich höher und dem deutschen [ɪ] näher als bisher angenommen.

Mit 426 Hz für F1 und 1815 Hz für F2 erwiesen sich die durchschnittlichen Frequenzen für [ɨ] als vergleichbar mit der Grundvariante des deutschen [ɪ]. Bei Hentschel (1987) finden wir dies bestätigt, indem er den [ɨ]-Laut in seiner Vokalfigur an der Stelle positioniert, wo sich im überarbeiteten deutschen Vokalviereck das [ɪ] befindet.

Die hohe Spannung erschwert Assimilation, etwa beim [ɨ] im Wort „bykowy". Trotz des folgenden velaren [k] bleibt die ursprüngliche Klangqualität erhalten. Dagegen wird der Klang in stark nebenbetonten Silben (z. B. in „językowy") etwas zugunsten einer helleren Variante verändert.

4.3. Russisches ы / [ɨ] und deutsches i / [ɪ]

Bleibt als dritter Testfall noch die russische Sprache. Nach den Erfahrungen mit der polnischen Sprache liegt die Vermutung nahe, daß auch das russische ы [ɨ] dem [ɪ] phonetisch zumindest ähnlich ist.

Die akustische Qualität lag nahe dem [ɪ], es wurden Werte um 439 Hz für F1 und 1790 für F2 gemessen. Praktischer Hinweis bei Netschajewa (1981, 20): „Das Deutsche kennt den Vokal ы nicht. Ihm ähnlich klingt das i im Wort Tisch." Auch distributiv lassen sich gewisse Berührungspunkte feststellen. Nach den Konsonanten г, к, und х / [g], [k] und [ç] tritt im Russischen niemals [ɨ] auf, sondern stets [i].

5. Schlußfolgerungen

Wenn insbesondere polnische und russische Deutschlerner phonetisch auffallen, dann häufig durch graphemisch-phonische Interferenz, wie bei dem Wort „super", das als [zu:pɛʀ] ausgesprochen wird. Einem polnischen Lerner ist mit dem vergleichenden Verweis auf die Qualität des a in polnisch „zupa" [zu:pɐ] schnell und wirksam geholfen. Mit einer ähnlichen Hilfestellung bei [ɪ] steht man bis heute im Widerspruch zu den Lautbeschreibungen, wenn man, um die Aussprache [bi:s] zu verhindern, die Lautqualität im Wort „Biß" über den Bezug zum russischen „бык" [bɨk] vermitteln möchte.

Interlingualer Vergleich

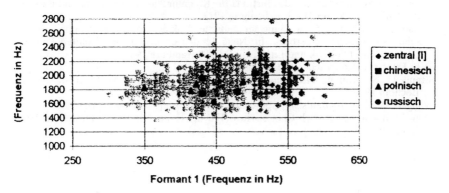

Abb. 4 : Fremdsprachige Vokale über deutschem [ɪ]

Der lautliche Vergleich im Überblick (Abb. 4): Ein Ausschnitt der Formantenkarte zeigt das deutsche, zentralisierte [ɪ] und die Probewörter aus den
Fremdsprachen. Die wenigen Probewörter sind Zufallsproben, die nicht etwa
selektiert wurden, sondern auf Anhieb die Höreindrücke bestätigten. Sie
bedürfen selbstverständlich der empirischen Analyse und sollen hier nur dazu
dienen, auf die Möglichkeiten der Anbildung des [ɪ] aufmerksam zu machen.
   Tatsächlich weisen die so verschiedenen Vokalphoneme in der chinesischen,
deutschen, polnischen und russischen Sprache eine gewisse Anzahl gleichklin-
gender Allophone auf. Lehrende der Phonetik in Deutsch als Fremdsprache
sollten sich also nicht scheuen, das [ɪ], welches eigentlich ein [ï] ist, über den
Vergleich mit der Muttersprache des Lerners, z. B. russisch oder polnisch [ɨ],
anzubilden.

Literatur

Bogusławska, E.: Adaptacja fonetyczna i graficzna pożyczek angielskich w języku polsk-
   im i czeskim. In: Poradnik językowy Bd. 8/94 Warszawa 1994
Bremer, O.: Deutsche Phonetik. Leipzig 1893
Duden Aussprachewörterbuch (Duden Bd. 6) Mannheim-Wien-Zürich 1990
Großes Wörterbuch der deutschen Aussprache. Leipzig 1982
Hentschel, G.: Zu einigen Grundfragen der kontrastiven Phonologie. Manuskript, Uni-
   versität Göttingen 1987
Kaden, K.: Die chinesischen Laute. Berlin 1980
Narahara, Y., Shimoda, H.: Akustisch-phonetische Studie über die deutschen Vokale. In:
   Beiträge zur Phonetik des Deutschen (Forum Phoneticum Bd. 14) Hamburg 1977
Netschajewa, W. M.: Einige Schwierigkeiten der russischen Sprache. Moskau 1981
Prędota, S.: Die polnisch-deutsche Interferenz im Bereich der Aussprache. Wrocław 1979

Rausch, A.: Untersuchungen zur Vokalartikulation im Deutschen. In: Beiträge zur Phonetik (Forschungsberichte des Instituts für Kommunikationsforschung und Phonetik der Universität Bonn; Bd. 30) Hamburg 1972

Sendlmeier, W. F.: Die Beschreibung der deutschen Vokale in betonter Stellung – Ein forschungshistorischer Überblick. In: Neue Tendenzen in der angewandten Phonetik (Beiträge zur Phonetik und Linguistik Bd. 49) Hamburg 1985

Siebs Deutsche Aussprache. Berlin 1969

Strauß, U.: Struktur und Leistung der Vokalsysteme. (Quantitative Linguistics Vol. 4) Bochum 1980

Wängler, H.-H.: Atlas deutscher Sprachlaute. 6. berichtigte Auflage. Berlin 1976

Yang Deyan u. a.: Deutsch-Chinesisches (Pinyin) Handwörterbuch. Düsseldorf-Hong Kong 1987

HORST ULBRICH

R-Aussprache 1966 und 1996 –
stabile und instabile Realisationsmodi

Vorbemerkungen

Im Zusammenhang mit der Erarbeitung des „Wörterbuchs der deutschen Aussprache" (WDA 1. Aufl. 1964, 4. Aufl. 1974) und des „Großen Wörterbuchs der deutschen Aussprache" (GWDA 1982) wurden von Ulbrich (1961, 1966, 1970, 1972, 1973) Untersuchungsergebnisse zur r-Realisation im Deutschen veröffentlicht. – Seit 1990 arbeiten Wissenschaftler des Instituts für Phonetik der Universität Köln und des Instituts für Sprechwissenschaft und Phonetik der Universität Halle/Saale gemeinsam am Forschungsprojekt „Neubearbeitung des ‚Wörterbuchs der deutschen Aussprache'" (E.-M. Krech 1996, 33). Im Rahmen dieses Projektes erfolgten neue Untersuchungen zur r-Realisation, deren erste Ergebnisse Graf et al. (1993, 30ff) und Graf und Meißner (1996, 68ff) publizierten. Bei einem Vergleich der Untersuchungsergebnisse von Graf und Meißner (1996) mit denen von Ulbrich (1966, 1972) lassen sich innerhalb eines Zeitraumes von 30 Jahren stabile wie auch deutlich gewandelte und sich offensichtlich weiter wandelnde Realisationsmodalitäten feststellen, die im vorliegenden Beitrag zusammengefaßt und diskutiert werden.

1. Zur Untersuchungsmethode

Die instrumentalphonetisch-auditive Methode bildet in den genannten Arbeiten von Ulbrich und von Graf und Meißner den Schwerpunkt eines subjektiv-objektiven Abhörverfahrens gesprochener Sprache, bei dem zur Erlangung weitgehender Eindeutigkeit, auditiv gewonnener Ergebnisse apparatetechnische Hilfsmittel eingesetzt und stichprobenartig durch sonagraphische und oszillographische Analysen gestützt wurden.

2. Zum Untersuchungsmaterial

Für den vorliegenden Beitrag wurden aus dem Material von Ulbrich (1966, 1972) die Abhörergebnisse zu 7052 r-Realisationen von 25 Nachrichtensprechern ausgewählt, um sie mit den Abhörergebnissen zu den 2283 r-Realisationen der 17 Nachrichtensprecher aus dem Material von Graf und Meißner (1996) vergleichen zu können. Es handelt sich also um den Vergleich von 2 homogenen Sprechergruppen.

Die Transkription der zu kennzeichnenden Allophone des Phonems /r/ erfolgt mit den Zeichen des Internationalen Phonetischen Alphabets der API. Für die Transkription der Vokalisierung des r nach Langvokalen wurde seinerzeit (1966) ein hoch gesetztes [ᵄ] eingeführt und für die der vokalisch assimilierten monophthongischen Realisation der Phonemfolge /er/ in Präfixen und Endungen das normal gesetzte [ɐ] des IPA verwendet (Ulbrich 1966, 1972, 56f). Um die beiden positionsbedingten Varianten unterscheiden zu können, erscheint es notwendig, sie auch unterscheidbar zu transkribieren und sie somit beispielsweise für Zwecke der Kodifizierung und des Ausspracheunterrichts praktikabel zu machen, wie das im GWDA (1982) geschah und auch im Rahmen des Projektes „Neubearbeitung des ‚Wörterbuchs der deutschen Aussprache'" erfolgen sollte. Dabei erscheint es geraten, für das verbalisierte r das inzwischen häufiger verwendete Zeichen [ʁ̞] zu bevorzugen.

3. Stabile und instabile r-Aussprache – ein Vergleich der Untersuchungsergebnisse von 1966 und 1996

3.1. Stabile Realisationsmodalitäten bestehen in folgenden r-Lautpositionen

(1) In prävokalischer Position im Wortlaut, im Silbenlaut (intervokalisch) und in Konsonantenverbindungen als 2. oder 3. Konsonant,

(2) In den unbetonten Prafixen er-, ver-, her-, zer-,

(3) In unbetonten Endungen nach [ə] im offenen und gedeckten Auslaut.

3.1.1. R-Realisation in prävokalischer Position

Beispiele: Ring, reden; Beruf, sparen; Brust, sprechen

In allen prävokalischen Stellungen hat sich der Gebrauch der frikativen r-Realisationsformen (Reibe-r [ʁ]) bei den Nachrichtensprechern deutlich stabilisiert und verbreitet: 1966 (Ulbrich 1972; 68, 72, 88) 88 % – 1996 (Graf u. Meißner 1996, 70f) 95 %. Entsprechend zurückgegangen sind die Anteile der Vibranten (vorwiegend Zäpfchen-r [R]) von 12 % (1966) auf 5 % (1996).

Der Gebrauch individueller, dialektaler und regionaler Realisierungsvarianten, wie z. B. das mehr- und einschlägige Zungenspitzen-r [r,ɾ] (in Bayern dominant, auch in Schleswig-Holstein und Mecklenburg-Vorpommern häufig zu hören) und das Zäpfchen-r [R], scheint allgemein weiter zurückzugehen. – Vokalisierungen des r in dieser Position sind im allgemeinen nicht nur nicht gebräuchlich, sondern faktisch auch nicht sprechbar. Eine Ausnahme bildet die Vokalisierung des r in intervokalischer Position im Anlaut der unbetonten Silbe -ren, wie z. B. in hören, Sporen, fuhren, wo die Phonemfolge /-re/ häufig vokalisch assimiliert und monophthongisch als [ɐ] gesprochen wird (hören → [hø:ɐn]).

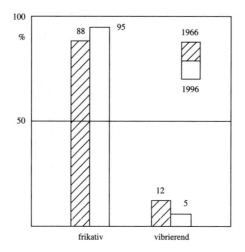

Abb. 1: R-Realisation in prävokalischer Position
im Wort- und Silbenlaut sowie als 2. oder 3. Konsonant

3.1.2. R-Realisation in den unbetonten Präfixen er-, ver-, her-, zer- sowie nach [ə] in unbetonten Endungen und Endsilbenketten

Beispiele:

a) erhalten, verzeichnen, zerbeißen; bzw. in den Adverbien herbei, hernach, hervor (aber nicht in den präfigierten Verben mit betontem Präfix, wie z. B. nach Langvokal e in her-kommen, hersehen, und nicht in Lokaladverbien, wie z. B. intervokalisch in herauf, her-ein, herüber, herum usw.);

b) Mutter; ändern, anders, lauert; witternd, stotternde

In beiden Positionen hat sich die schon 1966 (Ulbrich 1972, 98) vorherrschende Vokalisierung des r weiter stabilisiert, d. h., aufgrund der vokalischen Assimilation der Phonemfolge /er/ in allen genannten Präfixen und in den Endungen wurde diese in rund 90 % aller abgehörten Fälle monophthongisch als [ɐ] gesprochen.

Dieser Realisationsmodus hat sich in der Standardaussprache weitgehend durchgesetzt. Martens und Martens (1987, 53) akzeptieren zwar die monoph-thongische Realisation der Phonemfolge /er/ in den Endungen, die faktisch gleiche auch in der Standardaussprache usuelle Realisation in den unbetonten Präfixen aber geht ihnen zu weit.

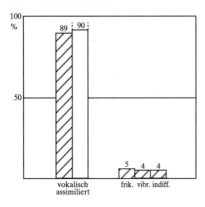

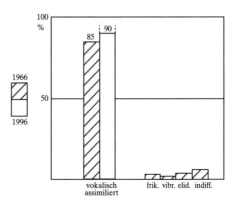

Abb. 2: R-Realisation in den unbetonten Präfixen, er-, ver-, her-, zer-

Abb. 3: R-Realisation in unbetonten Endungen im offenen und gedeckten Auslaut

Während im Material von Graf und Meißner (1996) ausschließlich vokalische Assimilationen mit „mehr als 90 %" aller Fälle registriert wurden, konnten 1966 (Ulbrich 1972, 99ff) in beiden Positionen noch einige – allerdings kaum ins Gewicht fallende – Frikative, Vibranten und Elisionen sowie auch indifferente r-Lautformen ermittel werden.

Die sogenannte Pseudo-Diphthongierung (/er/ → [ɛɐ̯]) – wie sie in den o. g. Präfixen und Endungen umgangssprachlich und regiolektal zu hören ist und im DUDEN-Aussprachewörterbuch (1990) normativ postuliert wird – wurde im Material von 1966 (Ulbrich 1972, 101) in seltenen Einzelfällen (unter 1 %) gehört und auch beschrieben, jedoch in den Untersuchungen von Graf und Meißner (1996) nicht erwähnt.

(Zur Pseudo-Diphthongierung sowie zu weiteren Aussprachevarietäten des r siehe bei Krämer 1979; Martens und Martens 1987; Meinhold 1973 und 1989; Pawlowski 1989).

3.2. Instabile Realisationsmadalitäten bestehen in folgenden postvokalischen R-Lautpositionen

(1) Nach Kurzvokalen (außer in Affixen),
(2) Nach Langvokalen in ein- und mehrsilbigen Wörtern (außer nach [ɑ:]),
(3) Nach Langvokal [ɑ:]

3.2.1. R-Realisation nach Kurzvokalen (außer in Affixen)

Beispiele: Barnim, erblich, wirken, Orden, Sturm

In dieser Poisition scheinen sich nach den Ermittlungen von Graf und Meißner (1996, 71f) deutliche Veränderungen der Realisationsmodalitäten nicht nur abzuzeichnen, sondern bereits durchzusetzen.

Die r-Aussprache ist nicht nur in dieser Stellung schon 1966, sondern auch 1996 zunehmend uneinheitlich. Während 1966 (Ulbrich 1972, 91ff) über 75 % aller abgehörten r-Realisationen in dieser Position noch als Frikativ- oder Vibrationslaute registriert werden konnten, ist der Gebrauch dieser r-Lautformen auf lediglich 25 % zurückgegangen. 1996 bevorzugen die Nachrichtensprecher mit 54 % die völlige Auslassung des r (Elidierung). Neben diesen Elisionen des r nach Kurzvokalen wird darüber hinaus 1996 mit 21 % ein dreimal höherer Anteil des r als 1966 vokalisiert, wodurch sich für den Hörer Schwierigkeiten bei der semantischen Zuordnung ergeben können (z. B. stürzen – stützen; wird – Witt (Name); Wart – Watt).

Graf und Meißner (1996, 71f) erklären, daß zwischen dem hohen Anteil der Elidierungen des r und den von ihnen registrierten Veränderungen der Kurzvokale hinsichtlich Qualität und Quantität signifikante Zusammenhänge bestehen. So längen beispielsweise 50,5 % aller Nachrichtensprecher (und Talk-Show-Sprecher) den dem r vorangehenden Kurzvokal, in 25,5 % der Fälle sogar extrem. In akzentuierten Silben erhöhe sich der Anteil der Längungen auf 52,5 %, zusätzlich zur Längung würden 11,9 % aller Vokale auch noch geschlossen realisiert. – Einen entscheidenden Einfluß auf die Realisationsmodalitäten messen Graf und Meißner der Textsorte zu. Der noch höhere Anteil der bei den ebenfalls untersuchten 19 Talk-Show-Sprechern registrierten Elidierungen (69 %) des r deute auf eine geringere, der Anteil der Frikative und Vibranten bei den Nachrichtensprechern (54 %) dagegen auf eine höhere Sprechspannung hin.

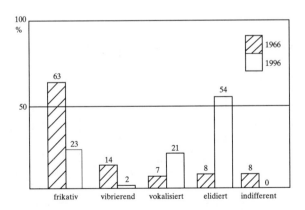

Abb. 4: R-Realisation nach Kurzvokalen, außer in Affixen

Die Unterschiede zwischen den r-Untersuchungsergebnissen von 1966 und 1996 in dieser Position sind darauf zurückzuführen, daß sich die Vokalisierung des r in einem Zeitraum von rund 30 Jahren auch bei den Berufssprechern weiter verbreitet hat. Meinhold (1973, 32) wertet schon seinerzeit das Eindringen der r-Vokalisierung nach Kurzvokal im Silben-auslaut selbst in gehobener Formstufe keinesfalls als Kennzeichnung besonderer Schwächung, sondern als einen Realisationsmodus, der sich auch auf gehobener Form-stufe schon vor 25 Jahren dem usuellen anglich.

3.2.2. R-Realisation nach Langvokalen (außer nach [ɑː]) in einsilbigen Wörtern

Beispiele: Speer, Bier, Tor, stur, wärt, führt

In dieser Position ist im wesentlichen die Vokalisierung des r nach wie vor gebräuchlich. Der Anteil dieses Realisationsmodus beträgt 1966 62 % und 1996 mehrheitlich noch 59 %. Dennoch scheint sich auch hier ein Wandel der r-Aus-sprache anzudeuten, denn die Elidierung des r hat 1996 gegenüber 1966 bei den Nachrichtensprechern um 10 % von 31 % auf 41 % zugenommen. Die lediglich 1966 ermittelten weiteren r-Allophone (Vibranten 4 %, Frakative 1 % neben 2 % indifferenten r-Realisationen) können hier unberücksichtigt bleiben.

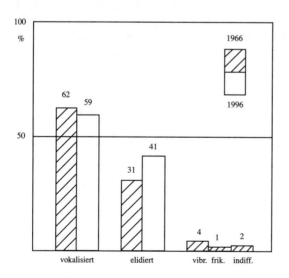

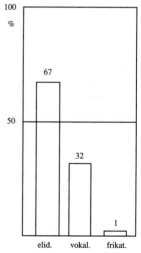

Abb. 5: R-Realisation nach
Langvokalen (außer [a:]) in
einsilbigen Wörtern

Abb. 6: R-Realisation
in einsilbigen
Synsemantika

Bei den Synsemantika (Beispiele: der, er, wer), die im Material von 1996 gesondert registriert wurden, ist eine Umkehrung der Realisationsmodalitäten gegenüber denen in einsilbigen Wörtern festzustellen, wodurch sich die Instabilität bzw. die sich wandelnde r-Realisation auch in dieser Lautposition zeigt. In Synsemantika wurden 1996 67 % Elidierungen und 32 % Vokalisierungen des r ermittelt. 1966 wurden Synsemantika nicht gesondert registriert, sondern den r-Realisationen nach Langvokalen in einsilbigen Wörtern zugeordnet.

3.2.3. R-Realisation nach Langvokalen (außer nach [ɑː]) in mehrsilbigen Wörtern

Beispiele: Rohrdommel, beurlauben, gefährlich

1966 (Ulbrich 1972, 113) dominierten bei den Nachrichtensprechern in dieser Position die Vokalisierungen des r mit 90 %. Daneben wurden 4 % frikative r und 3 % Vibranten ermittelt sowie 3 % indifferente r-Realisation verzeichnet. Von Graf und Meißner (1996, 74) wurden dagegen nur 55 % r-Vokalisierungen neben 9 % Reibe-r, aber 36 % Elidierungen des r registriert.

Als besonders bemerkenswert wird von den Autoren (1996) hervorgehoben, daß Vokalqualität und -quantität durch die nachfolgenden vokalischen r-Realisationsvarianten stark beeinträchtigt werden: 42,5 % aller Vokale wurden gekürzt, davon 17,9 % extrem gekürzt gebildet, 17,7 % aller Vokale wurden geöffnet.

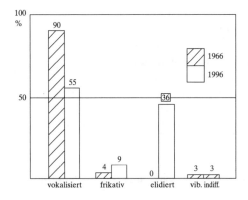

Abb 7: R-Realisation nach Langvokalen (außer [ɑː]) in
mehrsilbigen Wörtern

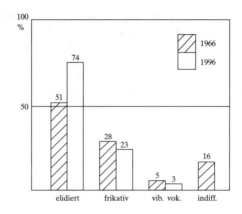

Abb. 8: R-Realisation nach Langvokal [ɑ:]

3.2.4. R-Realisation nach Langvokal [ɑ:]

Beispiele: klar, Gefahr, Bart, dargelegt

In dieser Position wird r 1996 in 74 % der untersuchten Realisationen der 17 Nachrichtensprecher ausgelassen (von den ebenfalls untersuchten 19 Talk-Show-Sprechern sogar in 86 %), womit sich diese Artikulationsform gegenüber 1966 (Ulbrich 1972, 123) mit 51 % weiter deutlich verbreitet hat.

Im Material von 1996 war in dieser Position der Anteil frikativer r-Realisationen mit 23 % gegenüber dem von 1966 mit 28 % auffallend stabil. Darüber hinaus wurden 1966 5 % Vibranten und 1996 3 % Vokalisierungen des r festgestellt.

Wenn nach Langvokal a das r auffallend selten vokalisiert worden ist (dieser Realisationsmodus wurde nur im Material von 1966 ermittelt), so ist dies nur damit zu erklären, daß es von einem langen a aus schwierig ist, durch Anschluß von [ɐ] einen fallenden Diphong zu bilden. Also kann r in der Regel nur konsonantisch realisiert, elidiert oder der Vokal a mit Überlänge gesprochen werden, wovon vom sprechpädagogischen Aspekt gesehen – die erstgenannte Variante als die akzeptabelste und für Berufssprecher als die anstrebenswerteste gelten sollte.

4. Zusammenfassung mit sprechpädagogischer Anmerkung

Der Prozeß der positionsbedingten „vokalischen Erweichung" wie auch Elidierung des r, der nach den Ergebnissen von Graf und Meißner (1996) in den letzten 30-40 Jahren weiter fortgeschritten ist, ist nach wie vor in Bewegung und scheint nicht nur zu ungunsten der „vollen", der gerollten, sondern auch der reduzierten, der frikativen, r-Allophone zu verlaufen. Inwieweit derartige Wandlungsvorgänge als Erscheinungen des sogenannten Sprachverfalls oder als sprachliche Entwicklung zu werten sind, die zweifellos mit Verstößen gegen kodifizierte Normen beginnen können, kann in diesem Beitrag weder diskutiert noch entschieden werden. Der Prozeß von Lautveränderungen – z. B. über den Gebrauch unterschiedlicher allophonischer r-Varianten oder deren partielle oder totale Entstimmlichung oder auch Elidierung – ist ein komplexer Vorgang, der von mehreren unterschiedlichen Faktoren bestimmt wird. Einer dieser Faktoren, der als sprachliches Wirkungsgesetz bei der Reduzierung des r eine wesentliche Rolle spielt, ist das Gesetz der bequemen Artikulation; es beruht auf dem Prinzip der Ökonomie, mit dem geringsten Kraftaufwand einen optimalen Verständigungseffekt zu erzielen. Schließlich ist /r/ ein so „stabiles" Phonem, das dem Sprecher erhebliche artikulatorische Abweichungen (Variationsmöglichkeiten) im Kontext „gestattet", ohne durch sie den Verstehensprozeß zu beeinträchtigen.

Die r-Untersuchungsergebnisse von Ulbrich (1991, 1966, 1972) und von Graf und Meißner (1996) belegen, daß die gesprochene Sprache ständig Veränderungen ausgesetzt ist, die kontinuierlicher Beobachtung und Erforschung bedürfen und die mit jedem Generationswechsel die Überprüfung der jeweiligen Aussprachenormen notwendig machen. Für sprechwissenschaftliche, phonetische und andere Normierungsgremien bleibt dabei jedoch zu berücksichtigen, wieweit der Sprechrealität unter Beachtung der sprechpädagogischen, sprechkulturellen und nicht zuletzt auch der sprachpflegerischen Aufgabenstellung und Verantwortung „nachgegeben" werden sollte.

Literatur

DUDEN-Aussprachewörterbuch. 3. Aufl. Mannheim-Wien-Zürich 1990

Graf, J., Hollmach, U., Krech, E.-M., Meißner, B., Stock, E.: Ergebnisse der Untersuchungen zur Neukodifikation der deutschen Standardaussprache. GAL-Bulletin 19, 25-32, 1993

Graf, J. ,Meißner, B.: Neue Untersuchungen zur r- Realisation. Beiträge zur deutschen Standardaussprache. Hallesche Schriften zur Sprechwissenschaft und Phonetik, Bd. 1, 68-75. (Hrsg. E.-M. Krech u. E. Stock). Hanau-Halle 1996

GWDA – Großes Wörterbuch der deutschen Aussprache. Leipzig 1982

Krämer, W.: Akustisch-phonetische Untersuchungen zum vokalischen /R/-Allophon des Deutschen. Hamburg 1979

Krech, E.-M.: Die hallesche Forschung zur deutschen Standardaussprache. Beiträge zur deutschen Standardaussprache. Hallesche Schriften zur Sprechwissenschaft und Phonetik, Bd. 1, 27-40. (Hrsg. E.-M. Krech und E. Stock). Hanau-Halle 1996

Martens, P., Martens, H.: Zur Aussprache von auslautendem /r/. Medienkommunikation: Vom Telephon zum Computer. Sprache und Sprechen, Bd. 18, 51-72. (Hrsg. H. Geißner und R. Rösener). Frankfurt/M. 1987

Meinhold, G.: Deutsche Standardaussprache – Lautschwächung und Formstufen. Wiss. Beiträge der Universität Jena 1973

Meinhold, G.: Das problematische [ɐ]. Von Lauten und Leuten. Sprache und Sprechen, Bd. 21, 119-125. (Hrsg. E. Slembek). Frankfurt/M. 1989

Pawlowski, K.: Über das vokalisierte R. Von Lauten und Leuten. Sprache und Sprechen, Bd. 21, 143-151. (Hrsg. E. Slembek). Frankfurt/M. 1989

Ulbrich, H.: Einige Bemerkungen über die Realisation der /r/-Allophone (r-Laute und ihre Varianten) im Deutschen. Beiträge zur deutschen Ausspracheregelung, 112-117. (Hrsg. H. Krech). Berlin 1961

Ulbrich, H.: Zur r-Realisation im Deutschen, untersucht an der Aussprache von Rundfunksprechern und Schauspielern. Phil. Diss. Humboldt-Universität zu Berlin 1966

Ulbrich, H.: Zur auditiven Interpretation von deutschen /r/ -Allophonen. Proc. IVth Int. Cong. Phon. Sc. Prague 1967, 955-958. Praha 1970

Ulbrich, H.: Instrumentalphonetisch-auditive R-Untersuchungen im Deutschen. Berlin 1972

Ulbrich, H.: Zur Kodifizierung der R-Aussprache im SIEBS (19. Aufl. 1969). Zs. f. Phonetik, Sprachwissenschaft und Kommunikationsforschung, Bd. 26, 120-133. Berlin 1973

Ulbrich, H., Ulbrich, C.: Zur R-Aussprache. Zu Sprach-, Sprech- und Stimmstörungen. 134-139. (Hrsg. G. Falgowski, L. Greifenhahn-Kell, A. Leutloff). Hander und Halle/ S. 1998

WDA-Wörterbuch der deutschen Aussprache. (Hrsg. E.-M. Krech et al., hauptverantwortl. U. Stötzer). Leipzig 1. Aufl. 1964, 4. Aufl. 1974

WALTER TRENSCHEL

Stellung der Nasenräume in der Kommunikation

Die mit Schleimhaut ausgekleideten Nasenräume bestehen aus zwei zusammenhängenden Nasenhöhlen, die von der Nasenscheidewand getrennt werden. In jede Nasenhöhle ragen drei Nasenmuscheln, die zur Scheidewand einen gemeinsamen, wenn auch knappen Hohlraum lassen. Jeweils ein Gang zwischen der unteren und der mittleren Nasenmuschel führt zum hinteren Nasenausgang, den Choanen, die in den Nasenrachenraum münden. Bei aller individuellen Unterschiedlichkeit des Nasentraktes haben wir es mit einem für die Lautbildung relativ konstanten System zu tun. Die besonders bei Infekten anschwellungsfähigen Nasenmuscheln sind für eine große resonatorische Schallentfaltung nicht günstig. Schon in der Intensitätsskala von Jespersen (1913, 191) rangieren die Nasalkonsonanten nach absteigender Intensität hinter den Vokalen sowie r und l an 6. Stelle.

Die Nasenhöhlen wurden in der Gesangspädagogik und dann auch in der Sprecherziehung zu einem wichtigen Faktor, vor allem weil eine Reihe von Wissenschaftlern der Nase die Stellung eines Schallverstärkers zusprachen. Dem oralen Ton sollten durch Nasalität eine bestimmte Rundung und Fülle gegeben werden – Ansichten, die bis in die Gegenwart fortwirken (z. B. bei Agricola 1757, 21; Schmitt 1854, 13; Forchhammer 1928, 277f; Drach 1926, 57; Husler/Rodd- Marling 1978, 82). Der weltbekannte Sänger und Gesangspädagoge Jean de Reszke (Stern 1928, 933) soll geäußert haben: "... Der Gesang ist eine Sache der Nase". Die Darstellung der Vokale mit Öffnung zum cavum nasi übten – verbunden mit der Lehre von der „gesunden Nasalität" (Trenschel 1994a, 90) – einen großen Einfluß auf weite Teile der Sprechkunde, Sprecherziehung, Phonetik, Phoniatrie und Logopädie aus (s. hierzu Aderhold 1963, 155, 165; Fiukowski 1984, 87f u. 100; Gundermann 1991, 91; Martens 1961, 28; Trenschel 1959, 195 u. 1960, 682; Wendler 1996, 78) und wirkten auch nachhaltig auf Stimmbildung und -behandlung ein (Pahn 1964, 249ff; 1968; 1991, 72; 1994, 63 ff). Natürlich haben die dargestellten Nasalierungstendenzen nicht das gesamte Feld der phonetischen Wissenschaften erfaßt. Am wenigsten hat sich die stärker linguistisch ausgerichtete Phonetik beeinflussen lassen, wie die Aussprachewörterbücher (Duden – Aussprachewörterbuch 1962, Großes Wörterbuch der deutschen Aussprache 1982) und z. B. die phonetischen Lehrwerke von Kohler (1977), Pétursson/Neppert (1991), Roß (1994), Hakkarainen (1995), Pompino-Marschall (1995).

Neben einer Darstellung der Geschichte der Nasalitätsforschung (Trenschel 1977) hat der Verfasser unter Zugrundelegung der Standardaussprache umfangreiche experimentelle Untersuchungen zur Frage angestellt, ob die

Vokale der Standardaussprache oral sind oder mit einem nasalen Anteil gebildet werden, wie verschiedentlich behauptet wurde. Im Ergebnis stellte sich heraus, daß die Nasenhöhlen an der Bildung der deutschen Vokale keinen Anteil haben, d. h. die Vokale der Standardaussprache sind reine Oralvokale (Trenschel 1994b). Ferner ergaben Cutter-Experimente, daß auch in der Umgebung von Nasalkonsonanten keine hörbare Assimilation eintrat (Trenschel 1994, 127f). Auch die Beteiligung der Nasenhöhlen im Sinne eines Resonanzkastens, wie früher Kudelka (1858, 26) meinte, konnte nirgends festgestellt werden. Für Öffnung und Verschluß der Nasenhöhlen sorgt bekanntlich das Velum palatinum, das zu den wesentlichen Artikulationsorganen gerechnet werden muß. Die Konsonanten lassen sich nur bilden, wenn der notwendige orale Innendruck durch den luftdicht abgeschlossenen Epipharynx ermöglicht wird. Einen lebendigen Beweis für die Notwendigkeit eines velopharyngalen Verschlusses liefern Gaumenspaltenträger, die ohne Operation, kompensatorischen Lautausgleich und Sprecherziehung keine normale Aussprache erwerben können. Ungeachtet solcher unwiderleglichen Aussagen über den Nasenabschluß im Hinblick auf Konsonanten war sich die Forschung über das Verhalten des Velums bei der Bildung der Vokale nicht so sicher, insbesondere auch deshalb, weil der zwingende Zusammenhang zwischen Zunge und Velum bei der Kommunikation nicht deutlich genug herausgestellt wurde, der zugleich auch eine Erklärung für die Oralität der deutschen Vokale ist.

Der weiche Gaumen besteht aus zwei Muskelpaaren, die von der Schädelbasis herkommen, den Hebern und Spannern des Gaumensegels mit dem Zäpfchen. Für die Funktion des weichen Gaumens sind vor allem die beiden paarigen Muskeln der Gaumenbögen wichtig, die ihn mit der Zunge und auch der Rachenwand zu einem einheitlichen nervlich-muskulären System verbinden. Die Muskeln des vorderen Gaumenbogens (m. palatoglossi), die Gaumenzungenmuskeln, kommen beiderseits vom Zungengrund, steigen zum Gaumensegel auf, verteilen sich dort und bilden insgesamt einen Ring, der im Bereich des Mesopharynx als Rachenenge, Isthmus faucium, den Mundraum vom Rachenraum trennt. Die Muskeln des hinteren Gaumenbogens, die Gaumenrachenmuskeln, steigen vom Kehlkopf und der unteren Rachenwand zum Gaumensegel empor und durchsetzen es. Sie können zusammen- und auseinandergezogen werden. Das Gaumensegel selbst kann als eine mit Schleimhaut überzogene Muskelplatte bezeichnet werden. Es hat einen vorderen vertikalen sichtbaren Teil und einen hinteren horizontalen, mit dem bloßen Auge nicht sichtbaren Teil. Sind die zum Velum gehörigen Muskeln entspannt, erschlafft es und senkt sich allein durch seine Schwere. Die Spannung des weichen Gaumens wird entweder direkt und bewußt oder – wie in der Kommunikation üblich – indirekt und unbewußt hervorgerufen.

Durch die vielgestaltigen Bewegungen der Zunge wird der Resonanzraum für die Vokale geschaffen. Da die Muskelkontraktion der Zunge bei [i:] und [u:]

sehr kräftig ist und die Zunge jeweils buckelartig ansteigt, ist auf Grund des physiologischen Zusammenhangs die Reaktion des weichen Gaumens auch so groß, daß bei diesen Vokalen das Velum hochschnellt, den höchsten Stand erreicht und den Nasenrachenraum luftdicht abschließt. Bereits der Wille zur Lautgebung hat die gleiche Reaktion zur Folge (Müller 1955, 472f; 1956, 495ff). Wenn die Zunge durch Artikulation der Vokale Spannung in sich hat, dann hat sie auch der weiche Gaumen und der obere Schlundschnürer der Rachenwand mit den Verbindungen zum Zungengrund (Clasen/Geršic o. J., 68, 85; s. auch die Darstellung bei Voss/Herrlinger 1963, 30). Wird die Zunge artikuliert, so wird der gesamte velo-pharyngale Komplex erfaßt. Die enge Kooperation zwischen Zunge, weichem Gaumen und hinterer Rachenwand, die nicht genügend herausgestellt wurde, ist phonetisch von größter Bedeutung, weil innerhalb dieses Muskelsynergismus die Vorentscheidung über die Art der Lautung in oral, nasal und oral-nasal oder nasaliert getroffen wird.

Nasalieren nennt man jenen phonatorischen Vorgang, bei dem durch die Senkung des Gaumensegels ein Teil des Phonationsschalles in die Nasenhöhlen gelangen kann. Nasalierung, die die deutsche Standardaussprache nicht kennt, hat erweisliche Nachteile. Die durch die allgemeine Entspannung noch stärker als gewöhnlich eingeengten Rachenwände mit Krümmung zum cavum oris beeinflussen die Luftströmungsverhältnisse ungünstig. Es wird mehr Strömungsenergie verbraucht. Die geöffnete Leitung durch die Nase hat zudem Engen und Richtungsänderungen zur Folge und schaltet zusätzlich die nach unten gerichteten vorderen Nasenöffnungen als Ausgänge ein, die der Luftströmung oder dem Schall Widerstand leisten. Die Phonationsluft wird von der Nase geteilt und damit abgeschwächt, aber nicht konzentriert. Das erfordert einen größeren Lautheitsaufwand als der reine Klang. Schon Rabotnow (1925, 546f) sagte deshalb: „Der Einschluß der Nase als Resonator beeinflußt sehr ungünstig die Sonorität, Stärke und Klangfarbe der Stimme, begünstigt Forcieren und Ermüden derselben". Ein nasaler Beiklang bildet die Vokale daher nicht klar, sondern schwächt ihre Intensität.

Aus den Untersuchungen von House und Stevens (1956, 218) sowie Hattori u. a. (1958), die beim Vorgang der Nasalierung auf die Schwächung verschiedener Intensitäten hinweisen, geht die Bedeutung hervor, die die Dämpfung bei der Beurteilung der akustischen Vorgänge in den Nasenräumen hat („damped channel"). Akustisch entsteht vom Standpunkt der Dämpfung Nasalität nicht durch Frequenzen, die in den Nasenräumen hervorgehoben werden, sondern dadurch, daß aus dem Gesamtspektrum bestimmte Frequenzen ausgefiltert werden. Nicht das Vorhandensein von Schallstärkegipfeln, sondern das Abschneiden von Obertönen würde auf Grund dieser Auffassung die Klangerscheinung Nasalität verursachen. Die Nase ist demnach als ein dämpfender Faktor innerhalb des gesamten Sprechmechanismus zu bewerten. Aus theoretischen Überlegungen und den experimentellen Untersuchungen geht hervor, daß man bei Nasalkonsonanten und nasalierten Vokalen mit der Abschwächung der Formanten und einer Verbreiterung der Resonanzen rechnen muß, wobei die individuelle Gestaltung der Nasenräume und ihre Schleimhautauskleidung von Einfluß sein dürfte. Jede Form von Nasalierung beeinträchtigt die Stimmkraft und vermindert daher die Tragfähigkeit der Stimme.

Man kann im Deutschen Nasalierung physiologisch als eine Folge der Schwächung der Spannung von Zunge, Rachenwand und weichem Gaumen charakterisieren. Linguistisch gesehen besitzt die deutsche Sprache keine Nasalität, abgesehen von Nasalkonsonanten, die in allen Sprachen auftreten. Allerdings kann beim Sprechen eine leichte, kaum bemerkbare Form von Nasalität immer wieder vorkommen. Das Auftreten einer über die Nasalkonsonanten hinausgehenden Nasalität in der Kommunikation muß im richtigen Verhältnis gesehen und beurteilt werden. Ein geringer Prozentsatz von Phonationsluft in der Nase bei der Kommunikation – theoretisch wohl feststellbar – fällt beim Sprechen praktisch nicht ins Gewicht und ist gegenüber der großen oralen Schallmasse völlig irrelevant. Ursache für eine derartige, nur gelegentlich auftretende Beteiligung der Nasenräume ist meistens eine spezielle Einstellung zur Artikulation, die in Angewohnheiten bzw. Nachlässigkeiten wurzelt und sich besonders auf den labilen velo-pharyngalen Schließmechanismus auswirkt, aber darüber hinaus auch die gesamte Lautausformung mit berühren kann. Eine solche Form von gelegentlicher nasaler parasitärer Beeinflussung in der Alltagssprache führt – anders als die stellungsbedingte Nasalierung wie im Französischen – zu schlechter Aussprache. Aufgabe der Sprecherziehung ist es, diesen unerheblichen Nasalierungseffekt abzuüben, nicht etwa hervorzuheben. Soll die Stimme mit der geringsten Anstrengung die größte Leistung erbringen, muß im Kehl- und Rachenraum die größtmögliche topographische und resonatorische Weite geschaffen werden, die topographische für die Luft, die resonatorische für die Schallschwingungen.

Ungeachtet dieser Erörterungen und der Ergebnisse experimenteller Untersuchungen (Trenschel 1994b) kann nicht übersehen werden, daß es in der Praxis eine Anwendung nasalierter Klänge beim Aufbau der Stimme und der Behandlung von Stimmstörungen gibt. Es ist zu konzedieren, daß der Erfolg einer Stimmbehandlung bei normaler und pathologischer Phonation von verschiedenen Faktoren beeinflußt werden kann, nicht zuletzt von Einwirkungen psychologischer Natur, vor allem durch Eigenschaften der Persönlichkeit des Therapeuten. Es soll daher nicht grundsätzlich bestritten werden, daß mit Nasalierungsübungen „als therapeutischer Schiene" nach mehreren Berichten gute Ergebnisse erzielt wurden(Pahn, J. 1964, 249ff; 1968; Pahn, E. 1976; Pahn, E. u. J. Pahn 1986, 126ff; 1994, 63ff und allgemein bei Suttner, J. 1982, 108ff).Es ist dann m. E. aber eher der Kontrastwirkung gegenüber der Oralität zuzuschreiben, wenn sich aus der Nasalierung positive Folgen für die Standardaussprache ergeben. Man muß sich auch ernsthaft fragen, ob man den Umweg über eine

Nasalierung nach Belieben zurücknehmen kann. Als „Nasalierungsmethode" haben Nasalierungsübungen auch Eingang in das Handbuch der Sprachtherapie, Bd. 7, Stimmstörungen, hrsg. von M. Grohnfeldt (1994, 214ff), gefunden. Für die Stellung der Nasenräume in der Kommunikation und der Praxis der Sprecherziehung ergeben sich zusammenfassend nachstehende Schlußfolgerungen:

(1) Die Nasenräume werden von dem in hoher Geschwindigkeit sich bewegenden Velum palatinum fest verschlossen – in der Regel auch bei [a:].
(2) Die Nasenräume sind keine Schallverstärker des oralen Schalles.
(3) Die Nasenräume beeinträchtigen die Tragfähigkeit der Stimme.
(4) Die Nasenräume haben für den wirkungsvollen Klang der Nasalkonsonanten – insbesondere auch in ihrer silbischen Eigenschaft – eine große Bedeutung.

Die Betrachtungen des Verfassers beziehen sich in erster Linie auf die Kommunikation in der Standardaussprache, die durch Wörterbücher und Einzeluntersuchungen gut beschrieben ist. Darüber hinaus gibt es allgemein die Meinung, daß in Dialekten eine größere Nasalität anzutreffen sei – Aussagen subjektiver Natur. Experimentelle Untersuchungen fehlen. Auch die Umgangssprachen sind im Hinblick auf Oralität und Nasalität schwer faßbar, zumal die Grenzen zum Dialekt einerseits und zur Standardaussprache andererseits fließend sind. Hier wird die Kommunikationssituation (Gespräch oder öffentliche Rede) eine erhebliche Rolle spielen. Man beachte, daß auch bei großer Lockerheit im persönlichen Gespräch die Konsonanten – auch der feste Vokaleinsatz ist konsonantisch – nur bei Velumverschluß ausgeprägt realisiert werden können. Auch unter den Bedingungen einer interkulturellen Kommunikation ist die Standardaussprache, die die amtlichen Sprecher der Medien repräsentieren, wesentlich, selbst wenn hier die Ziele der Sprecherziehung nach den Kenntnissen und Fertigkeiten der Ausländer oder auch der Dialektsprecher zu relativieren sind.

Zur auditiven Beurteilung von Oralität und Nasalität gibt es mehrere phonetisch-logopädische Prüfungen. Hier soll nur eine weniger bekannte Flüsterprobe angeführt werden:

Man flüstere die Vokale und versuche dabei den Nasenraum einzuschalten. Es ist unmöglich. Flüsterlaute sind reine Laute, geflüsterte Vokale reine Vokale, wie es eben auch die stimmhaften Vokale sind. Der Versuch, den Nasenrachenraum einzuschalten, führt zu einer Art postdorsal-velaren ng-Laut.

Literatur

Aderhold, E.: Sprecherziehung des Schauspielers. Berlin 1963. 4. Aufl. 1993
Agricola, J. F.: Anleitung zur Singkunst. Aus dem Italienischen des Herrn Peter Franz Tosi, mit Erläuterungen und Zusätzen von Johann Friedrich Agricola. Berlin 1757
Clasen, B., Geršic, S.: Anatomie und Physiologie der Sprech- und Hörorgane. Hamburg o. J.

Drach, E.: Sprecherziehung. 2. Aufl. Frankfurt/M. 1926

Duden–Aussprachewörterbuch (Hrsg. Mangold, M., Grebe, P.). Mannheim 1962

Fiukowski, H.: Sprecherzieherisches Elementarbuch. 3. Aufl. Leipzig 1978; 4. Aufl. 1984

Forchhammer, J.: Kurze Einführung in die deutsche und allgemeine Sprachlautlehre (Phonetik). Heidelberg 1928

Grohnfeldt, M. (Hrsg.): Handbuch der Sprachtherapie. Bd. 7. Stimmstörungen. Wien 1994

Großes Wörterbuch der deutschen Aussprache (Hrsg. Autorenkollektiv, Leitung Stötzer, U.). Leipzig 1982

Gundermann, H.: Heiserkeit und Stimmschwäche. 3. Aufl. Stuttgart-Jena–New York 1991

Hakkarainen, H. J.: Phonetik des Deutschen. München 1995

Hattori, S., Yamamoto, K., Fujimura, O.: Nasalization of Vowels in Relation to Nasals. The Journal of the Acoustical Society of America, Jg. 30, 1958

House, A. S., Stevens, K. N.: Analog Studies of the Nasalization of Vowels. The Journal of Speech and Hearing Disorders, Jg. 21, 1956

Husler, F., Rodd-Marling, Y.: Singen. Die physische Natur des Stimmorgans. Mainz 1965; 2. Aufl. 1978

Jespersen, O.: Lehrbuch der Phonetik. 2. Aufl. Leipzig-Berlin 1913

Kohler, K. J.: Einführung in die Phonetik des Deutschen. Berlin 1977

Kudelka, J.: Über Herrn Dr. Brückes Lautsystem. Sitzungsberichte der Akademie der Wissenschaften Wien, Mathematisch-Naturwissenschaftliche Klasse, Bd. 28, 1858

Martens, C. u. P.: Phonetik der deutschen Sprache. München 1961

Müller, E.: Zur Physiologie der Gaumensegelbewegungen beim Schlucken und Sprechen. Archiv für Ohren-Nasen- und Kehlkopfheilkunde, Bd. 167, 1955.

Müller, E.: Die Bewegungen des Gaumensegels beim Schlucken und Sprechen (Stummfilmdemonstration). Archiv für Ohren-Nasen- und Kehlkopfheilkunde, Bd. 169, 1956

Pahn, E.: Auswirkung der funktionell bedingten Heiserkeit im Kommunikationsprozeß unter besonderer Berücksichtigung der therapeutischen und stimmbildnerischen Einflußnahme der Nasalierungsübungen. Pädagogische Diss. Rostock 1976

Pahn, J.: Der therapeutische Wert nasalierter Vokalklänge in der Behandlung funktioneller Stimmerkrankungen. Folia phoniatrica 16, 1964

Pahn, J.: Stimmübungen für Sprechen und Singen. Berlin 1968

Pahn, J.: Die Entwicklung der Phoniatrie in der Otto-Körner-Klinik Rostock. In Beiträge zur Geschichte der Universität Rostock, Heft 16, 69-72, 1991

Pahn, E. u. J.: Die Nasalierungsmethode. Logopedie en Foniatrie 58, 1986

Pahn, E. u. J.: Die Nasalierungsmethode. Verfahren der Therapie, Übung und Bildung der Stimme. Die Sprachheilarbeit, Bd. 39, 1994

Pétursson, M., Neppert, J.: Elementarbuch der Phonetik. Hamburg 1991; 2. Aufl. 1996

Pompino-Marschall, B.: Einführung in die Phonetik. Berlin-New York 1995

Rabotnow, L. D.: Über die Funktion des weichen Gaumens beim Singen. Zeitschrift für Hals-Nasen-Ohrenheilkunde, Jg. 11, 1925

Roß, K.: Sprecherziehung statt Rhetorik. Opladen 1994

Schmitt, F.: Große Gesangsschule für Deutschland. München 1854

Stern, H.: Die Notwendigkeit einer einheitlichen Nomenklatur für die Physiologie, Pathologie und Pädagogik der Stimme. Monatsschrift für Ohrenheilkunde und Laryngo-Rhinologie, Bd. 62, 1928

Suttner, J.: Übungsverfahren. In: Die Behandlung der gestörten Sprechstimme – Stimmfunktionstherapie (Hrsg. Pfau, E.-M., Streubel, H.-G.). Leipzig 1982

Tosi, P. F.: Opinioni de' Cantori antichie moderni, o sieno Osservazioni sopra il canto figurato. 1732. s. Agricola

Trenschel, W.: Sprechkundliche Beobachtungen und Erfahrungen bei der postoperativen Sprecherziehung von Gaumenspaltträgern. Folia phoniatrica, J. 11, 1959

Trenschel, W.: Wege und Schwierigkeiten bei der sprachlichen Rehabilitation von Spalt-
trägern. Deutsches Gesundheitswesen, Bd. 15, 1960
Trenschel, W.: Das Phänomen der Nasalität. Berlin 1977
Trenschel, W.: Der Begriff „gesunde Nasalität". Sprache – Stimme – Gehör, Jg. 18, 1994a
Trenschel, W.: Oralität und Nasalität in der deutschen Standardaussprache. Trier 1994b
Trenschel, W.: Die linguo-velare Kooperation und ihre Auswirkung auf die Stimmbildung.
Die Sprachheilarbeit, Bd 41, 1996
Trenschel, W.: Die orale Lautung der Standardaussprache. Hallesche Schriften zur
Sprechwissenschaft und Phonetik. Bd. 2. Hanau-Halle 1997
Voss, H., Herrlinger, R.: Taschenbuch der Anatomie. Bd. 2, 12. Aufl., Jena 1963
Wendler, J., Seidner, W., Kittel, G., Eysholdt, U.: Lehrbuch der Phoniatrie und Pädaudio-
logie. 3. neubearb. Aufl. Stuttgart-New York 1996

EVA-MARIA KRECH

Österreichisches Deutsch – deutsches Deutsch
Zu Fragen der Plurizentrizität der deutschen Sprache

Es war Anfang der 80er Jahre, als der österreichische Sprachwissenschaftler Ingo Reiffenstein (1983) sowie der Australier Michael Clyne (1984) anregten, das Deutsche den plurizentrischen Sprachen zuzuordnen. Sie lösten damit unter den Linguisten eine intensive Diskussion aus, die bis heute fortdauert und teilweise kontrovers geführt wird. Auch die Sprechwissenschaft ist von der Frage der Plurizentrizität der deutschen Sprache berührt; dies sei im folgenden am Beispiel von österreichischem und deutschem Deutsch aufgezeigt.

Das Verständnis von Sprache als Bestandteil und als ein Ausdruck spezifischer Kultur schließt ein, die sprechsprachliche Kommunikation zwischen Österreichern und Deutschen als Prozeß interkultureller Kommunikation aufzufassen. Bei der Analyse und Gestaltung dieses Prozesses gibt es selbstverständlich für die Sprechwissenschaft unterschiedlichste Ansatzmöglichkeiten. Im vorliegenden Beitrag geht es jedoch ausschließlich um den Bereich der *Phonetik* und speziell der Normphonetik. Mit diesem Teilaspekt, der die Frage nach einer gültigen Aussprache im österreichischen Deutsch betrifft, wird allerdings ein sehr umfangreicher Problemkomplex angesprochen. Seiner Bearbeitung kann sich die Orthoepieforschung in Österreich und Deutschland so auch nur nach und nach stellen. Außerdem sind in die Bearbeitung des Problemkreises gleicherweise andere Wissenschaftsgebiete eingebunden, so z. B. Geschichte, historische Sprachwissenschaft, Dialektologie, Soziolinguistik, Phonologie, sowie eine Reihe weiterer Disziplinen, die in diesem Zusammenhang die Funktion von Hilfswissenschaften wahrnehmen (z. B. Informatik, Soziologie, Statistik).

1. Zum Prinzip und zu Erscheinungsformen der Plurizentrizität

Als plurizentrisch oder auch plurinational bezeichnet man Sprachen, die über mehrere nationale Standardvarietäten verfügen. Ihre Gültigkeit erstreckt sich auf jeweils unterschiedliche Staaten, in denen sich eigene Zentren der Sprache entwickelt haben (Ammon 1991, 17f).

Plurizentrizität von Sprachen ist selbstverständlich kein unbekanntes Phänomen. Es trifft so z. B. auf das Englische, das Spanische, das Französische und weitere Sprachen zu – Clyne (1993, 1) verweist auf 17 Sprachen – und jedermann weiß, daß es z. B. ein britisches, ein amerikanisches, ein australisches Englisch gibt oder lateinamerikanische Nationalvarietäten des Spanischen oder ein brasilianisches Portugiesisch usw.

Die Eigenschaft der Plurizentrizität auch für die deutsche Sprache geltend zu machen, war jedoch neu. Diese veränderte Sichtweise gründet sich auf die Auswertung jeweiliger nationaler Bemühungen um die Ermittlung und Kodifizierung von Normen des Sprach- bzw. Sprechgebrauchs. Sie gründet sich jedoch außerdem auf eine *Neubewertung* des unterschiedlichen Sprach- und Sprechgebrauchs in verschiedenen deutschsprachigen Ländern, wobei sprachliche und sprachexterne Gegebenheiten und Vorgänge, z. B. politischer oder ökonomischer Art, eine Rolle spielen.

Zu den Voraussetzungen für die Entstehung von nationalen Standardvarietäten gehört, daß die jeweilige Sprache in unterschiedlichen Staaten den Rang einer nationalen Amtssprache besitzt. Eine Sprache ist nationale Amtssprache, wenn sie im Parlament sowie in sonstigen staatlichen Institutionen, wie z. B. Verwaltung, Schulen usw., offiziell verwendet wird (Ammon 1991, 15; 1995, 11ff; 1996, 194ff). Die deutsche Sprache dient bekanntlich nicht nur in der Bundesrepublik Deutschland als nationale Amtssprache, sondern auch in Österreich, in Liechtenstein, in der Schweiz und in Luxemburg. (Als alleinige nationale Amtssprache wird sie in Deutschland, Österreich und Liechtenstein verwendet). Nach allgemeiner Auffassung haben sich bisher jedoch nur in Deutschland, Österreich und der deutschsprachigen Schweiz eigene Zentren der deutschen Sprache herausgebildet. Der Ausprägungsgrad der genannten Zentren differiert jedoch in diesen Ländern erheblich. Dies wird deutlich, wenn man als Indiz für das Vorhandensein einer eigenen nationalen Standardvarietät das Vorliegen verbindlicher Regelungen für den schriftlichen und mündlichen Sprach- bzw. Sprechgebrauch wertet. Im folgenden wird zu der Problematik, entsprechend dem Thema, ausschließlich bezogen auf Österreich und Deutschland Stellung genommen.

Systematisch angelegte, umfangreiche Kodifikationen, die sich auf verschiedene Bereiche der Standardvarietät erstrecken, liegen bisher nur für Deutschland vor. (Ein Beispiel hierfür bildet die DUDEN-Reihe). Das hat verschiedene Gründe, die u. a. mit der geschichtlichen und nicht zuletzt mit der sprachgeschichtlichen Entwicklung zusammenhängen. Hier sei lediglich darauf verwiesen, daß dieser Zustand auch folgerichtiges Ergebnis einer monozentrischen Sprachauffassung ist, die gleichermaßen von Österreich wie von Deutschland akzeptiert worden war, und die eine Beschäftigung mit der (gesprochenen) Sprache in Österreich unter dem Gesichtspunkt einer Kodifizierung (ohne Anlehnung an Kodifizierungen in Deutschland) weitgehend verhinderte. Dem in Österreich verwendeten Deutsch wurde vielmehr der Rang eines regionaltypischen Sprach- und Sprechgebrauchs zugeschrieben, wie ihn z. B. Umgangssprachen oder Dialekte *innerhalb* Deutschlands besitzen. Das mag historisch gesehen und ausschließlich vom dialektologischen Standpunkt aus betrachtet in gewisser Weise nachvollziehbar sein, doch wurde bei solcher Auffassung der Wirkung der Eigenstaatlichkeit Österreichs (und damit der von politischen Strukturen und Einheiten) wenig Beachtung geschenkt. Denn abgesehen davon, daß sich infolge der staatlichen Souveränität Spezifika im österreichischen Gebrauch der deutschen Sprache viel deutlicher ausprägten als in verschiedenen Sprachlandschaften innerhalb Deutschlands (Ebner 1980, 5), gibt es Eigenheiten im Sprachgebrauch, die auf Österreich begrenzt sind.

Inzwischen sind jedoch auch in und für Österreich verschiedene Regelungen zum Gebrauch der deutschen Sprache ausgearbeitet worden. Sie können zusammengenommen als linguistischer Kodex aufgefaßt werden (Ammon 1991). Seine Existenz wird als Beleg für eine nunmehr vorhandene eigene nationale Standardvarietät gewertet.

Diesem Kodex gehören als zentrale Bestandteile 2 Wörterbücher zu, und zwar zum einen seit 1951 das „Österreichische Wörterbuch" (1992). Es wird im Auftrag des Bundesministeriums für Unterricht, Kunst und Sport herausgegeben und besitzt einen offiziellen Status. Zu nennen ist zum anderen das im DUDEN-Verlag erschienene Wörterbuch von Jakob Ebner „Wie sagt man in Österreich", das zuletzt 1980 erschienen ist. In beiden Wörterbüchern dominieren Fragen der Lexik, solche der Aussprache spielen demgegenüber nur eine untergeordnete Rolle. Ein *gesondertes Aussprachewörterbuch* gibt es für das österreichische Deutsch bislang ebenfalls nicht.

Auch wenn der linguistische Kodex für Österreich damit insgesamt weniger detailliert ausgearbeitet ist als für Deutschland, wird doch unter den Linguisten, Soziolinguisten, Sprachlehrern usw. im wesentlichen davon ausgegangen, daß Österreich über eine eigene Standardvarietät verfügt. Dieser Auffassung sind offensichtlich auch vielfach Angehörige höherer sozialer Schichten (Laien) – wie eine Befragung von Moosmüller (1991, 16ff; 1996, 206f) ergeben hat.

Die *Standard*varietät wird hier u. a. mit Wiesinger (1994, 47) als „österreichisches Deutsch" bezeichnet. Österreichisches Deutsch umfaßt danach nicht den gesamten Sprach- und Sprechgebrauch in Österreich, der natürlich äußerst vielschichtig ist und z. B. über ausgeprägte sprachgeographische und sprachsoziologische Differenzierungen verfügt und sich zudem bereits hinsichtlich der dialektalen Grundlage unterscheidet. Österreichisches Deutsch meint lediglich einen Teil hiervon – die Standardsprache.

Der Sprachgebrauch in Österreich hat sich natürlicherweise in einem jahrhundertelangen Prozeß herausgebildet und dabei stets eingebettet in politische, kulturelle, wirtschaftliche und soziale Strömungen und Gegebenheiten. Dabei spielten auch die sich aus der Randlage ergebenden Beeinflussungen aus dem benachbarten Süd- und Osteuropa eine Rolle sowie im Verlauf der Geschichte prinzipiell die ständige Berührung und das Zusammenleben mit anderen Völkern, wie mit den Deutschen, Tschechen, Slowaken, Kroaten, Italienern, Ungarn, Slowenen und anderen mehr.

Diese engen Beziehungen führten zur Herausbildung einer spezifischen Kultur und damit eines spezifischen Sprachgebrauchs, der insbesondere in Zeiten, in denen Österreich politisch und kulturell einen bedeutsamen Einfluß in Europa ausübte, gefestigt wurde.

In diesem Prozeß differenzierte sich zunehmend auch die soziale Schichtung, die ihrerseits die kommunikativen Anforderungen direkt mitbestimmt. Wiesinger beschreibt für die Gegenwart Basisdialekt, Verkehrsdialekt, Umgangssprache und Standardsprache. Die Standardsprache ist für ihn die „ranghöchste Schicht der gesprochenen Sprache" (1988a, 20) und zugleich die „allgemein verbindliche Sprache der Öffentlichkeit". („Standardsprache" wird im Sinne von „Standardaussprache" verwendet).

Im 20. Jahrhundert wirkten sich als besondere Ereignisse, die auch die Sprache beeinflußten, der sogenannte Anschluß an Deutschland von 1938 bis 1945 sowie die Wiederherstellung des souveränen Staates Österreich nach 1945 aus. In Reaktion auf den vorangegangenen Zeitabschnitt, in dem z. B. Austriazismen verdrängt wurden, entwickelte sich nach 1945 in Verbindung mit der Ausbildung eines nationalen Selbstbewußtseins in Österreich zunächst vielfach eine antideutsche Haltung. Diese spiegelte sich nicht zuletzt in der Auffassung zur Sprache. Das gravierendste Beispiel hierfür dürfte sein, daß von 1945 bis 1952 das Schulfach im Muttersprachenunterricht ganz offiziell nicht mehr „Deutsch" hieß, sondern „Unterrichtssprache".

Doch es gibt in dieser Hinsicht weitere Beispiele: So ging das bereits genannte „Österreichische Wörterbuch" in seiner 35. Auflage von 1979 (!) eindeutig gegenüber Wörtern bundesdeutscher Herkunft auf Distanz. Dagegen öffnete es sich umgangssprachlichem und dialektalem Wortgut. Diese Grundhaltung ließ sich allerdings im „Österreichischen Wörterbuch" nicht durchhalten. Sie wurde bereits mit der 36. Auflage (1985) wieder korrigiert.

Die Vielfalt der Meinungen besteht jedoch weiter, was hier noch mit einem letzten Beispiel verdeutlicht sei: Nationale Standardvarieäten unterscheiden sich bekanntlich in verschiedenen Punkten voneinander, aber letztlich nicht so stark, daß sie eigenständige Sprachen konstituieren würden. Damit dürfte auch der Terminus „Österreichisch" verfehlt sein. Er wird z. B. von Muhr (1982; 1989; 1993) favorisiert, der damit bewußt die Betonung einer großen Selbständigkeit und Eigenständigkeit des in Österreich verwendeten Sprach- und Sprechgebrauchs herausstellt.

Es erhebt sich die Frage: Wo ist bei dieser Sicht die gemeinsame Grundlage „deutsche Sprache" abgeblieben? Ebner (1980, 210) formuliert eindeutig: „Es gibt keine ‚österreichische Sprache‘, sondern nur eine deutsche". Terminologisch ist also streng zwischen der (deutschen) Sprache und den ihr zugehörenden Varietäten (hier: den nationalen Varietäten) zu unterscheiden. Letztere aber werden trotz kontroverser Diskussionen zunehmend beachtet und akzeptiert. Das „Österreichische Wörterbuch" (1992, 9) versteht sich so als „Wörterbuch der deutschen Standardsprache in ihrer österreichischen Ausprägung" und Wiesinger (1994, 47) spricht von der „in Österreich gebräuchliche(n) Varietät der deutschen Schrift- und Standardsprache" – um einige Beispiele zu nennen. Es geht folglich um *„österreichisches Deutsch"*, nicht um *„Österreichisch"*.

Bleibt somit festzuhalten, daß die österreichischen Fachwissenschaftler in recht unterschiedlicher Weise mit dem Problem der Plurizentrizität der deutschen Sprache umgehen. Das muß nicht verwundern, wenn man berücksichtigt, daß sich die Herausbildung spezifischer nationaler Standardvarietäten in einem *Prozeß* vollzieht, dessen jeweiliger Entwicklungsstand durchaus zu unterschiedlichen Bewertungen führen kann.

Die Zuordnung der deutschen Sprache zu den plurizentrischen ist jedoch keine Formsache. Sie verändert vielmehr im Grundsätzlichen die Sichtweise auf die deutsche Sprache und läßt den Gültigkeitsanspruch kodifizierter Normen in einem neuen Licht erscheinen (Krech 1997a). Denn: Die Akzeptanz unterchiedlicher nationaler Standardvarietäten schließt ein, diese als gleichwertig und als vom Prinzip her gleichberechtigt anzusehen. Dies erfordert einen Umdenkungsprozeß bei allen Beteiligten. Und das heißt so auch: ganz besonders auf deutscher Seite. Es gibt so nicht *die* deutsche Standardaussprache, die in allen deutschsprachigen Ländern (situationsspezifisch) als verbindlich angesetzt werden kann. Es gibt auch nicht die in der Bundesrepublik Deutschland gültige Standardaussprache, der gegenüber die in Österreich verwendeten Ausspracheformen *Abweichungen* darstellen, oder einen Nichtstandard oder ganz einfach zu charakterisieren wären als „herzig" oder „charmant" (Clyne 1993, 3). Auch lassen sich diese Sprachformen nicht als regionale Varianten einordnen, würde dies doch nach Clyne (1993, 3) bedeuten, „die Funktion, den Status, den symbolischen Charakter der Nationalvarietäten" zu mißachten. Daß umgekehrt ein Staatsgefüge die Ausprägung einer spezifischen Kultur und damit auch eines spezifischen standardsprachlichen Sprechgebrauchs fördert, wurde bereits erwähnt. Es ist also nicht das deutsche Deutsch, das allein „richtig" und „gut" wäre.

Plurizentrizität schließt jedoch keineswegs Dominanzen aus, wie sie z. B. gerade auch zwischen Deutschland und Österreich zu beobachten sind. So wären die vielfältigen, insbesondere durch Handel, Tourismus, Medien usw. bedingten Einflüsse zu nennen, die von der Bundesrepublik Deutschland ausgehen (Wiesinger 1988b). Sie werden aber im allgemeinen weder als Überfremdung noch als Bevormundung aufgefaßt, sondern sie ergeben sich natürlicherweise aus den engen wirtschaftlichen und kulturellen Beziehungen zwischen beiden Ländern, die zudem geographisch aneinander grenzen. Clyne (1993, 2) faßt dies begrifflich, wenn er zwichen einem symmetrischen und einem asymmetrischen Plurizentrismus unterscheidet. Einstellungsgrundlage in der konkreten Kommunikation und Basis theoretischer Analysen dürfte jedoch künftig nur die Anerkennung der Gleichwertigkeit der einzelnen nationalen Standardvarietäten sein. Das erfordert nicht einfach nur Toleranz, sondern es erfordert das bereits genannte Umdenken. Es ist die Achtung eines spezifischen Ausdrucks einer spezifischen Kultur. Auch dieses Umdenken entwickelt sich in einem Prozeß, an dem nicht zuletzt die Sprechwissenschaftler aufgerufen sind, mitzuwirken.

2. Zu Schlußfolgerungen und zu Aufgaben für die Sprechwissenschaft

Als Beispiel dafür, wie seitens der Sprechwissenschaft mit Fragen der Plurizentrizität der deutschen Sprache umgegangen und das genannte Umdenken gefördert werden kann, soll hier die neue Ermittlung und Neukodifizierung der Standardaussprache dienen, an der bekanntlich Wissenschaftler des Instituts für Phonetik der Universität Köln und des Instituts für Sprechwissenschaft und Phonetik der Universität Halle gemeinsam arbeiten.

Im Rahmen dieser Orthoepieforschung muß z. B. von vornherein klar sein, daß es sich zunächst und ausschließlich nur um die Standardaussprache handeln kann, die in der Bundesrepublik Deutschland (situationsbezogen) verwendet, akzeptiert und erwartet wird. Diesen Grundsatz berücksichtigen auch die bisherigen Untersuchungen. Daneben besteht jedoch die Aufgabe, bei einer Neukodifikation ebenso die Sprechweise in Österreich und in der deutschsprachigen Schweiz zu berücksichtigen (Krech 1997a).

Nach allem bisher Gesagten kann dies aber nicht mehr in der bislang üblichen Art geschehen, indem einige Besonderheiten (gemessen also an dem „eigentlichen", „richtigen" Deutsch) z. B. für Österreich notiert werden, so wie es beispielsweise im „Österreichischen Beiblatt zu Siebs ‚Deutsche Hochsprache – Bühnenaussprache'" geschehen ist. Aber auch mit dem grundsätzlichen Verweis auf die sogenannte „gemäßigte Hochlautung" in der 19. Auflage des „Siebs" (1969) ist nichts gewonnen, denn diese Regelung besitzt keinerlei empirische Fundierung (Krech u. Stock 1973). Erforderlich ist vielmehr, sowohl das österreichische als auch das schweizerische Deutsch (letzteres wurde hier ausgeklammert), gesondert darzustellen, und zwar im Sinne von gleichwertig zu betrachtenden, weiteren Standardvarietäten.

Über das hallesche Forschungsprojekt ist mehrfach und detailliert berichtet worden (vgl. u. a. Krech 1997b; Stock u. Hollmach 1997). Daher sei hier nur an etwas Grundsätzliches erinnert: Wenn eine Neukodifikation der Standardaussprache ihre Funktion erfüllen soll, überall dort als Orientierungsgrundlage dienen zu können, wo man sich – warum auch immer – der Standardaussprache bedienen will, dann muß diese Kodifizierung wirklichkeitsnah sein. Das bedeutet, sie muß auf der Sprechrealität beruhen. Untersuchungen des Sprechgebrauchs haben einer Kodifizierung damit notwendig vorauszugehen.

Die Standardaussprache ist selbstverständlich kein völlig einheitliches Gebilde. Sie ist vielmehr insbesondere stilistisch differenziert, und zwar je nach ihrem Anwendungsbereich. Gegenstand der in Halle durchgeführten phonetischen Analysen für die Neukodifikation der Standardaussprache in der Bundesrepublik Deutschland sind so reale, zusammenhängende Äußerungen, wie sie in zunächst 2 ausgewählten Anwendungsbereichen in öffentlichen Situationen tagtäglich Sprechwirklichkeit sind, durch die elektronischen Medien verbreitet werden, und jedermann zugänglich sind. Gemeint sind vorgelesene Nachrichten und frei gesprochene Äußerungen in der Talk-Show (Krech 1996).

Soll diese Neukodifikation um Angaben zum österreichischen Deutsch erweitert werden, sind diese ebenfalls durch empirische Untersuchungen zu fundieren. Um eine Vergleichbarkeit der Ergebnisse zu ermöglichen, müssen sich dabei die phonetischen Analysen allerdings auch auf ein vergleichbares Korpus und vergleichbare Anwendungsbereiche beziehen. Außerdem ist eine übereinstimmende Untersuchungsmethodik anzuwenden. Mit der Arbeit an diesem Projekt wurde inzwischen begonnen. Dabei ist klarzustellen:

(1) Es kann sich im Rahmen der zu erarbeitenden Neukodifikation, die sich auf die Standardaussprache in Deutschland bezieht, nur um eine zusätzliche Zusammenstellung ermittelter Daten handeln, die für das österreichische Deutsch typisch sind. Die Erarbeitung eines österreichischen Aussprachewörterbuches wird damit nicht angestrebt; denn diese Aufgabe muß österreichischerseits gelöst werden.

(2) Die empirischen Untersuchungen zur mündlichen Realisation von österreichischem Deutsch können selbstverständlich nur in engster Kooperation mit österreichischen Fachkollegen erfolgen. Eine Zusammenarbeit besteht daher mit dem Institut für Germanistik der Universität Wien (Wiesinger). Dabei sind in einer genauen Festlegung der einzelnen Arbeitsschritte die jeweils in Wien bzw. in Halle zu leistenden Aufgaben ausgewiesen.

Inzwischen konnten von einem Mitarbeiter des halleschen Institutes rd. 90 ausgewählte Rundfunksendungen im Programmarchiv der Österreichischen Akademie der Wissenschaften sowie – nach Genehmigung durch den ORF – in der Österreichischen Phonothek mitgeschnitten bzw. kopiert werden. 63 hiervon ausgewählte Sprechtexte wurden sodann in Halle geschnitten und anschließend in Wien hinsichtlich ihrer Zugehörigkeit zum Aussprachestandard beurteilt. An diesen somit bestätigten und klassifizierten Materialien haben in Halle die auditiven, computergestützten phonetischen Untersuchungen ausgewählter Merkmale begonnen. Die ermittelten Daten werden zur Registrierung und zur Vorbereitung ihrer rechnergestützten Auswertung in codierter Form in ein entsprechendes Datenbanksystem eingegeben. Dabei geht es auch darum, den jeweiligen satzphonetischen Kontext der zu untersuchenden Lautrealisation zu berücksichtigen.

3. Resümee

Es wurde am Beispiel der Aussprachekodifizierung verdeutlicht, in welcher Weise die Sprechwissenschaft der Entwicklung der deutschen Sprache zu einer plurizentrischen gerecht werden und wie sie dazu beitragen kann, jenen Umdenkungsprozeß zu fördern, der zur Anerkennung mehrerer Standardvarietäten führt. Zugrunde liegt die Auffassung, daß die wechselseitige Akzeptanz der Andersartigkeit Voraussetzung für ein erfolgreiches Bemühen um gegenseitiges Verständnis ist.

Darüber hinaus stellt die kulturelle Differenziertheit der deutschen Sprache, wie sie sich in unterschiedlichen nationalen Standardvarietäten spiegelt, eine Bereicherung dar. Diese Differenziertheit bedarf der Achtung und der Pflege, damit sie auch in einer europäischen Kultur angemessen aufgehoben sein wird.

Literatur

Ammon, U.: Die Plurizentrizität der deutschen Sprache. In: Deutsch – Eine Sprache? Wie viele Kulturen? (Hrsg. Bohnen, K., Ekmann, B.), 14 -34. Text und Kontext, Sonderreihe Bd. 30, Kopenhagen-München 1991

Ammon, U.: Die deutsche Sprache in Deutschland, Österreich und der Schweiz. Das Problem der nationalen Varietäten. Berlin-New York 1995

Ammon, U.: Deutsch als plurinationale Sprache: Unterschiedliche Aussprachestandards für Deutschland, Österreich und die deutschsprachige Schweiz. In: Beiträge zur deutschen Standardaussprache (Hrsg. Krech, E.-M., Stock, E.), 194-203. Hallesche Schriften zur Sprechwissenschaft und Phonetik, Bd. 1. Hanau-Halle 1996

Clyne, M.: Language and Society in the German-Speaking Countries. Cambridge University Press, Cambridge 1984

Clyne, M.: Die österreichische Nationalvarietät des Deutschen im wandelnden internationalen Kontext. In: Internationale Arbeiten zum österreichischen Deutsch und seinen nachbarsprachlichen Bezügen (Hrsg. Muhr, R.), 1-6. Wien 1993

Ebner, J.: Wie sagt man in Österreich? Wörterbuch der österreichischen Besonderheiten. 2. Aufl. Mannheim-Wien-Zürich 1980

Krech, E.-M., Stock, E.: Notwendige Bemerkungen zur 19. Auflage des „Siebs". In: Sprechwissenschaftliche Arbeit in der DDR. Aktuelle Probleme (Hrsg. Müller, H., Stock, E.), 145-163. Wissenschaftliche Beiträge der Martin-Luther-Universität Halle-Wittenberg 3 (F 6). Halle 1973

Krech, E.-M.: Aussprachekodifizierung und Korpus-Problematik. In: lógon didónai – Gespräch und Verantwortung (Hrsg. Barthel, H.), 84-92. Sprache und Sprechen, Bd. 31. München-Basel 1996

Krech, E.-M.: Probleme der Erforschung und Kodifizierung des Aussprachestandards – aufgezeigt am Beispiel von Deutschland und Österreich. In: Sprechen als soziales Handeln (Hrsg. Krech, E.-M., Stock, E.), 118-142. Hallesche Schriften zur Sprechwissenschaft und Phonetik, Bd. 2. Hanau-Halle 1997a

Krech, E.-M.: Untersuchungen der Sprechrealität – Grundlage für die Kodifizierung von Aussprachenormen. In: Norm und Variation (Hrsg. Mattheier, K. J.), 93-104. Forum Angewandte Linguistik, Bd. 32. Frankfurt/M. 1997b

Moosmüller, S.: Hochsprache und Dialekt in Österreich. Soziophonologische Untersuchungen zu ihrer Abgrenzung in Wien, Graz, Salzburg und Innsbruck. Wien-Köln-Weimar 1991

Moosmüller, S.: Die österreichische Variante der Standardsprache. In: Beiträge zur deutschen Standardaussprache (Hrsg. Krech, E.-M., Stock, E.), 204-213. Hallesche Schriften zur Sprechwissenschaft und Phonetik, Bd. 1. Hanau-Halle 1996

Muhr, R.: Österreichisch. Anmerkungen zur Schizophrenie einer Nation. In: Klagenfurter Beiträge zur Sprachwissenschaft, Bd. 8, 306-319, 1982

Muhr, R.: Deutsch und Österreich(isch): Gespaltene Sprache – Gespaltenes Bewußtsein – Gespaltene Identität. In: IDE. Information zur Deutschdidaktik, Bd. 13, Heft 2, 74-87, 1989

Muhr, R.: Östereichisch – Bundesdeutsch – Schweizerisch. Zur Didaktik des Deutschen als plurizentrische Sprache. In: Internationale Arbeiten zum österreichischen Deutsch und seinen nachbarsprachlichen Bezügen (Hrsg. Muhr, R.), 108-123, 1993

Österreichisches Beiblatt zu Siebs „Deutsche Hochsprache –Bühnenaussprache“, o. O. o. J.

Österreichisches Wörterbuch. (Nachdruck der 37. Aufl.) Wien 1992

Reiffenstein, I.: Deutsch in Österreich. In: Tendenzen, Formen und Strukturen der deutschen Standardsprache nach 1945 (Hrsg. Brandt, W. , Freudenberg, R.), 15-27. Marburger Studien zur Germanistik, Bd. 3. Marburg 1983

Siebs. Deutsche Aussprache. Reine und gemäßigte Hochlautung mit Aussprachewörterbuch (Hrsg. de Boor, H., Moser, H., Winkler, C.), 19. Aufl. Berlin 1969

Stock, E., Hollmach, U.: Soziophonetische Untersuchungen zur Neukodifikation der deutschen Standardaussprache. In: Norm und Variation (Hrsg. Mattheier, K. J.), 105-115. Forum Angewandte Linguistik, Bd. 32. Frankfurt/M. 1997

Wiesinger, P.: Die deutsche Sprache in Österreich. Eine Einführung. In: Das österreichische Deutsch (Hrsg. Wiesinger, P.), 9-30. Schriften zur deutschen Sprache in Österreich, Bd. 12, 1988a

Wiesinger, P.: Zur Frage aktueller bundesdeutscher Spracheinflüsse in Österreich. In: Das österreichische Deutsch (Hrsg. Wiesinger, P.), 225-245. Schriften zur deutschen Sprache in Österreich, Bd. 12, 1988b

Wiesinger, P.: Das österreichische Deutsch. Eine Varietät der deutschen Sprache. In: Terminologie et Traduction 1, 41-62. Luxembourg 1994

BERND POMPINO-MARSCHALL

Verschwundene Wörter?!

1. Kodierte Aussprachenorm und Aussprache in fließender Rede

Daß Wörter im Äußerungszusammenhang sehr viel anders ausgesprochen werden als dies Aussprachewörterbücher suggerieren, ist eine noch nicht hinreichend untersuchte Tatsache, die erst in jüngster Zeit wieder zu einem aktuellen Thema der Forschung geworden ist. Die Tatsache, daß die z. T. extremen Unterschiede, die zwischen den phonetischen Formen eines Wortes bestehen (je nachdem, ob es isoliert oder aber im Äußerungszusammenhang fließender Rede produziert wird), so lange völlig vernachlässigt werden konnten, dürfte darauf zurückzuführen sein, daß die im Kontext produzierten Wörter im mentalen Lexikon offenbar mit ihrer alphabetisch expliziten Form identifiziert werden. Bittet man nämlich einen Hörer, er möge die einzelnen Wörter einer in seiner Sprache regulär produzierten Äußerung der Reihe nach wiederholen, so wird er diese phonetisch – mit einer Prosodie des listenmäßigen Aufzählens – in ihrer alphabetisch expliziten Form produzieren (und nicht in der faktisch präsentierten modifizierten Form *re*produzieren).

Das eben gebrachte Beispiel verdeutlicht auch eine weitere Tatsache, die für das alltägliche Verständnis vom Funktionieren lautsprachlicher Kommunikation keineswegs selbstverständlich ist: Sprechsprachliche Äußerungen sind keineswegs eine Abfolge von voneinander klar geschiedenen Wortäußerungen, wie dies deren Wiedergabe in alphabetisch-orthographischer Form mit Leerzeichen zwischen den Wortformen – an die wir heute aber gewöhnt sind (s. Anmerkung 1) – nahelegt. Nicht einmal wahrzunehmende Pausen innerhalb lautsprachlicher Äußerungen müssen durch eine echte Pause des akustischen Sprachsignals gekennzeichnet sein, sondern werden vom Sprecher oft nur als lokale Tempoänderungen, als vorausgehende Lautdehnung realisiert. Worte sind das Ergebnis einer Analyse der realen Äußerung (s. Anmerkung 2) durch den Muttersprachler, nicht deren Bausteine, wie ebenso die Lautsegmentfolge bzw. Phonemfolge eines phonetischen Ereignisses lediglich das Ergebnis von dessen symbolphonetischer bzw. der hierauf aufbauenden phonologischen Analyse durch den linguistischen Wissenschaftler ist und nicht eine Beschreibung der diesem Ereignis zugrundeliegenden Vorgänge (Tillmann 1980).

Wie zwischen den einzelnen Lauten im Wortinneren treten auch über die Wortgrenzen hinweg koartikulatorisch-assimilatorische Prozesse auf, und abhängig von der Betonung im Äußerungszusammenhang – und natürlich vom Sprechstil sowie der Sprechgeschwindigkeit – kommt es zu Lautreduktionen und -elisionen sowie zeitlichen wie artikulatorisch-räumlichen Reorganisationen der Sprachproduktion. Diese „spontansprachlichen" Prozesse können bis zum anscheinenden „Verschwinden" einzelner Wörter führen. Solche Reduktionsformen, die für Sprecher des Deutschen als Fremdsprache eine große Schwierigkeit darstellen, treten dabei keineswegs regellos auf, sind aber bezüglich ihrer Auftretensbedingungen bislang noch wenig untersucht. Die Aufdeckung dieser Regularitäten ist Ziel eines speziellen Forschungsprojekts im Rahmen des DFG-Schwerpunktprogramms „Sprachproduktion" am „Zentrum für Allgemeine Sprachwissenschaft" der „Geisteswissenschaftliche Zentren Berlin e. V.", mit dessen Bearbeitung vor einem knappen halben Jahr begonnen wurde. Die Ergebnisse dieses Projekts dürften auch für das Thema „interkulturelle Kommunikation" insbesondere in bezug auf die Vermittlung des Deutschen als Medium lautsprachlicher Kommunikation von entscheidender Bedeutung sein.

Im folgenden sollen auf der Folie der standarddeutschen Aussprache von Einzelwörtern, wie sie in Aussprachewörterbüchern festgehalten ist, Formen der Veränderung der Aussprache in fließender Rede an konkreten Beispielen erläutert und im Sinne einer prosodisch orientierten artikulatorischen Analyse interpretiert werden. Als Hintergrund hierfür soll aber vorab die historische Entwicklung der deutschen Standardsprache – bezüglich ihrer Bedeutung für unsere Fragestellung – sowie deren Aussprachekodifizierung – unter dem Gesichtspunkt ihrer grundsätzlichen Grenzen in eben diesem Zusammenhang – dargestellt werden.

2. Die deutsche Standardaussprache

2.1. Zur Entwicklung des Standarddeutschen

Zur Begriffsbestimmung von standarddeutscher Aussprache erscheint es mir sinnvoll, hier auch knapp die historische Entwicklung des Standarddeutschen ganz allgemein zu skizzieren. Mit Werner Besch (1983) können wir die Herausbildung des Standarddeutschen als Entwicklungslinie vom reinen, nur gesprochenen *Dialekt* über den *Schriftdialekt* hin zur allgemeinen *Schriftsprache*, die schließlich die Grundlage auch für die gesprochene *Standardsprache* bildet, nachzeichnen: Vor dem 8. Jahrhundert war „Deutsch" – unverschriftet – einzig der regional jeweils unterschiedliche gesprochene Dialekt. Mit der Verschriftung entwickelten sich vom 8. bis 15. Jahrhundert die sogenannten Schreibdialekte, die die Fixierung des mündlichen Sprachusus zum Ausgangspunkt haben (s. Anmerkung 3), bei denen aber im Laufe der Zeit auch schon die engeren Dialektgrenzen sprengende ausgleichende Tendenzen der Schreibung wirksam wurden. Die fortschreitende Überregionalisierung des wirtschaftlichen wie kulturellen Austauschs (s. Anmerkung 4) – ausgelöst auch durch Ereignisse wie die

Reformation, die Erfindung der Druckerpresse und das Entstehen des Verlagswesens – führte in der Zeit vom 16. bis 18. Jahrhundert schließlich zur Ausbildung der allgemeinen Schriftsprache, die – nicht zuletzt durch die flächendeckende allgemeine Schulpflicht – im 19. Jahrhundert schließlich zur Grundlage auch der allgemeinen gesprochenen Verkehrssprache, der Standardsprache wird. Man kann somit von drei Phasen der Ausbildung der Standardsprache sprechen: Phase eins – beginnend mit der Einführung der Druckerpresse – als Phase der Schriftsprachstandardisierung, Phase zwei ab Beginn des 19. Jahrhunderts – mit der allgemeinen Schulpflicht – als Phase der Ausbildung der mündlichen Standardsprache und Phase drei – mit dem Beginn des Rundfunks (Hörfunk 1925, TV 1952) – als Phase der alltäglichen Gegenwart der gesprochenen deutschen Standardsprache.

Dieser knappe Abriß sollte allerdings nicht zu dem Mißverständnis führen, als solle damit gesagt werden, wir hätten es heute in der alltäglichen, lebendigen lautsprachlichen Wirklichkeit mit einer homogenen Standardaussprache zu tun, im Gegenteil: Was (noch) als standardsprachlich erachtet wird, unterscheidet sich (mit einer Nord-Süd-Differenz) regional durchaus, und selbst die sprechsprachliche Praxis der Rundfunkanstalten, deren Nachrichtensprecher durchweg als normgebend angesehen werden (vgl. unten), zeigt – durchaus gewollte(!) – regional differenzierte Färbungen und – nicht zuletzt wohl durch das Hinzukommen der privaten Sender – verstärkt auch umgangssprachliche Einflüsse.

2.2. Kodifizierung der Aussprache des Deutschen

Auf dem Hintergrund des oben zur Entwicklung der deutschen Standardsprache Ausgeführten wird klar, daß sich auch die Entwicklung einer Standardaussprache des Deutschen an der Schrift orientieren mußte, nämlich insofern, als sie eine Verlautbarung der geschriebenen hochdeutschen Standardsprache darstellt. Als erste Norm für die Aussprache der Laute galt daher – nicht nur aufgrund politischer und kultureller Zentrenbildung – die Lautung der Region, in der die hochdeutsche Standardsprache – als die gängige Verkehrssprache – nachgerade die erste „Fremdsprache" darstellte. Das heißt, die Aussprache des hochdeutschen Lautstandes im niederdeutschen Lautwert, das Deutsche auf ostmitteldeutscher Grundlage, speziell das Meißnische, bildete die generelle Grundlage für die Aussprachenorm im 18. Jahrhundert.

Neben diese regional begründete Norm gesellt sich – ebenfalls bereits im 18. Jahrhundert – die Gebrauchsnorm, wie sie in der Aussprache auf der Bühne zu finden ist. So bezeichnet Klopstock 1780 in den „Fragmenten über Sprache und Dichtkunst" die Bühnenlautung als die deutsche Hochlautung (nicht mehr zu verwechseln mit dem dialektalen Begriff des Hochdeutschen). Es geht bei der Bühnenaussprache, wie wir dem berühmten Goethe-Ausspruch aus den

„Regeln für Schauspieler" (1803) entnehmen können, dabei vor allem um die Vermeidung des Dialektalen: „Kein Provinzialismus taugt auf die Bühne. Dort herrsche nur die reine deutsche Mundart, wie sie durch Geschmack, Kunst und Wissenschaft ausgebildet und verfeinert worden." Hierin war über das ganze 19. Jahrhundert hinweg Normierungsbedarf: So erscheint z. B. 1887 des Generalintendanten der Königlichen Schauspiele in Berlin, Graf Bolko von Hochbergs „Verordnung zur Erzielung einer einheitlichen richtigen Aussprache des Konsonanten g auf den königlichen Bühnen" (Anmerkung 5).

In dieser Tradition steht schließlich auch Theodor Siebs „Deutsche Bühnenaussprache. Ergebnisse der Beratungen der ausgleichenden Regelung der deutschen Bühnenaussprache, die vom 14. bis 16. April 1898 im Apollosaal des Königlichen Schauspielhauses zu Berlin stattgefunden haben", die 1909 in vierter Auflage erstmals mit einem Aussprachewörterbuch veröffentlicht wird. Der „Siebs", zur Vereinheitlichung der Bühnenaussprache gedacht, wird zu dem Wörterbuch der deutschen Aussprache (s. Anmerkung 6). Der Wandel – ohne die zugrundegelegten sprechsprachlichen Daten der Bühnenaussprache zu hinterfragen – wird in der Veränderung des Untertitels des „Siebs" im Laufe der Jahre deutlich: 1922 (13. Auflage) „Deutsche Bühnenaussprache – Hochsprache" – 1957 (16. Auflage) „Deutsche Hochsprache – Bühnenaussprache" – 1969 (bisher letzte, 19. Auflage) „Deutsche Aussprache. Reine und gemäßigte Hochlautung".

Ein kurzer Blick auf die Definitionen der 19. Auflage des „Siebs" soll hier genügen: Sowohl die reine Hochlautung (als „Höchstnorm" [S. 7]), die für die „Bühnenaussprache im hohen Stil" [S. 8] gilt, als auch die gemäßigte Hochlautung (als „verwirklichte Ideallautung" [S. 7]), als „gebildete Umgangssprache" [S. 154] werden als „Rechtlautung" [S. 6] bei ruhiger, verstandesgemäßer Rede angesehen, wobei die gemäßigte Hochlautung eine größere Variationsbreite aufweist und für Randgebiete landschaftliche Varianten zuläßt (wie z. B. süddt. <-ig> [ik] statt [iç]). Als nicht normgerecht und landschaftlich wird dagegen die Alltagslautung gekennzeichnet, die z. B. bei der Behandlung der Aussprache des <r> zusätzlich als „zu vermeiden" (S. 144; d. h. die frikative R-Aussprache) gebrandmarkt wird.

Neben den „Siebs" tritt erstmals 1962 das von Max Mangold bearbeitete „Aussprachewörterbuch" des Duden (2. Auflage 1974, 3. Auflage 1990) und 1964 in erster Auflage das von einem Autorenkollektiv unter der Leitung von Hans Krech herausgegebene „Wörterbuch der deutschen Aussprache" (WdA; 1982 als „Großes Wörterbuch der deutschen Aussprache"), wobei sich das WdA erstmals einer gesicherten Datengrundlage, nämlich der Aussprache in den Nachrichtensendungen des Rundfunks, bedient.

Seit Beginn der neunziger Jahre arbeiten Arbeitsgruppen mehrerer wissenschaftlicher Institutionen in Halle, Leipzig und Köln an der Aufarbeitung von im gesamten deutschen Sprachraum erhobenen Daten, die die Grundlage für eine Neubearbeitung des WdA bilden sollen.

So unterschiedlich die Ausrichtung der heute vorliegenden Werke zur Aussprache des Deutschen auch ist – der „Siebs" mit seinem Festhalten an der Höchstnorm des klassischen deutschen Dramas, der „Duden" im Wörterbuchteil mit dem Schwergewicht auf Hilfestellung bei der Aussprache von Fremdwörtern, das WdA in seinem Bestreben um die Feststellung einer Gebrauchsnorm, wie wir sie beim Rundfunk vorfinden – und so unterschiedlich daher ihr orthoepisches Normstreben, von dem aber auch das WdA nicht frei ist, ausgeprägt ist – so ist ihnen doch – als Wörterbüchern – eine generelle Beschränkung gemeinsam: Sie geben die Aussprache der Wörter wieder, wie sie der Muttersprachler in Einzelwortäußerungen produzieren würde; die angegebene Aussprache entspricht somit der kanonischen Zitierform, Varianten der Aussprache im Äußerungszusammenhang bleiben notgedrungen außer Betracht.

3. Aussprachevariation in fließender Rede

3.1. Das Hyper-Hypo-Kontinuum der Aussprachevariation

Man kann die Variation der Aussprache mit Lindblom (1990) als unterschiedliche Ausprägung der Artikulation entlang eines Kontinuums zwischen *Hypo- und Hyperartikulation* (H&H-Kontinuum) betrachten, wobei in der realen Kommunikationssituation stets zwei entgegengesetzte „Prozesse" den Ausprägungsgrad bestimmen: Sprecherseitig die Tendenz, die Artikulation so ökonomisch wie möglich zu halten und hörerbezogen das Bemühen, die Artikulation so deutlich wie nötig zu gestalten. Hierbei wird schon klar, daß die einzelnen Wörter einer Äußerung durchaus unterschiedliche Ausprägungsgrade aufweisen werden, je nachdem, ob sie dem Fokus bzw. dem Hintergrund der Äußerung zuzuordnen sind: So sind z. B. auch Funktionswörter (s. Anmerkung 7) wesentlich stärker den bekannten segmentalen Reduktionserscheinungen wie Vokalreduktion und Schwa-Tilgung unterworfen.

Diese Ausspracheveränderungen beim Übergang zur Hypoartikulation sind z. T. als segmentale Veränderungen gegenüber der kanonischen Aussprache der Zitierform darstellbar (z. B. Kohler 1990), entziehen sich aber – als genuin artikulatorische Vereinfachungen – zu einem Großteil einer Erklärung rein auf der Ebene der segmentalen phonetischen Beschreibung: Es handelt sich oft um Modifikationen des artikulatorischen Ablaufs, die nur am phonetischen Signal dingfest zu machen sind, wie z. B. die zeitliche Reorganisation von Gesten oder die Exekution lediglich von Teilgesten eines kanonischen Segments.

Wichtig erscheint mir hier aber auch darauf hinzuweisen, daß die Vorstellung von einem einheitlichen H&H-Kontinuum wiederum wohl zu kurz greift: Unterschiedliche Sprecher werden durchaus unterschiedliche artikulatorische Vereinfachungen – und diese wiederum in unterschiedlicher Art und Weise (z. B. in anderer Rangfolge bezüglich der Stufen des H&H-Kontinuums) – „vornehmen".

3.2. Reduktionsformen im gesprochenen Deutsch

Realsprachliche Daten mit den ihnen eigenen Reduktionsformen sind kaum untersucht. Dies liegt nicht zuletzt daran, daß sich die phonetische Forschung v. a. wegen der bis vor kurzem fehlenden technischen Möglichkeiten zur Speicherung und Bearbeitung der hierfür notwendigen Datenmengen meist mit vergleichsweise kleinen Mengen sog. „Laborsprache" begnügte bzw. begnügen mußte. Sowohl durch die allgemeine technische Entwicklung im Bereich der Speicherkapazitäten von Microrechnern sowie der Speichermedien als auch durch das wachsende Interesse gerade der „sprachverarbeitenden" Industrie an realsprachlichen Daten hat sich dies – zumindest im Bereich der Verfügbarkeit von lohnend zu bearbeitenden bzw. z. T. sogar bereits vorverarbeiteten Daten zur gesprochenen deutschen Standardsprache – grundsätzlich geändert:

So wurde im Rahmen BMFT/BMBF-geförderter Verbundprojekte im Unterprojekt PhonDat seit 1990 an verschiedenen universitären Standorten – über ganz Deutschland verteilt und somit auch regionale Varianten abdeckend – akustisches Sprachsignalmaterial von einer Vielzahl standarddeutscher Sprecher erhoben: 1990 bis 1992 gelesenes Satz- und Textmaterial (von 200 Sprechern auf 5 CDs), das zu einem umfangreichen Teil zusätzlich unter audiovisueller Kontrolle computergestützt nach Lauten handsegmentiert und unter Vorgabe der kanonischen Aussprache der Einzelworte etikettiert wurde (Pompino-Marschall 1992). Seit 1992 wurde im BMFT/BMBF-Verbundprojekt VERB-MOBIL schließlich sehr umfangreiches spontansprachliches standarddeutsches Sprachmaterial aus dem Szenario-Bereich der Terminabsprachen erhoben, welches orthographisch transkribiert auf 16 vom BAS vertriebenen CDs für wissenschaftliche Auswertungen allgemein zugänglich ist (nähere aktuelle Informationen hierzu unter http://www.phonetik.uni-muenchen.de).

Trotz dieser seit kurzer Zeit veränderten Datenlage sind die Reduktionsprozesse im fließend gesprochenen Standarddeutschen im Detail relativ wenig untersucht. Eine Ausnahme bilden hier einige neuere Arbeiten von Kohler (1994a, b, 1995, 1996), die auf den im PhonDat-Projekt erhobenen Kieler Daten basieren sowie einzelne Studien der Münchener PhonDat-Gruppe (Kipp et al. 1996; Wesenick 1996). Modellvorstellungen zu den beobachteten Variationen wurden von Kohler (1990) und Wesenick (1996) – hauptsächlich bezogen auf die segmentale Komposition – entwickelt, stärker artikulatorisch orientierte Modelle bieten Kohler (1992) und Kröger (1993).

Hier nun ein Beispiel eines anscheinend verschwundenen Wortes, das jedoch einen prosodischen Reflex im Äußerungszusammenhang hinterläßt, so daß es für den Muttersprachler dennoch erschließbar bleibt: Wie in Tillmann (1995) beschrieben, wird bei einer im PhonDat-Material enthaltenen spontansprachlichen Äußerung des Satzes „*Ich will nach Hamburg und möchte ...*" das Wort „*und*" zwar vollständig in den initialen [m]-Nasal des Folgewortes assimiliert,

Verschwunden Wörter?! 175

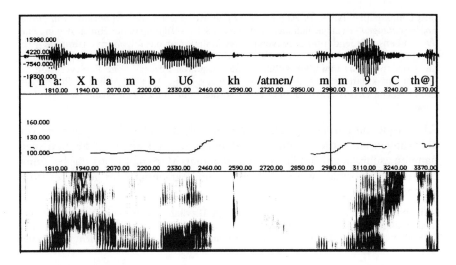

Abb. 1: Oszillogramm (oben; mit synchronisierter SAMPA-Transkription [8], Grundfrequenzverlauf (Mitte) und Breitbandsonagramm (unten) des Äußerungsteils „... nach Hamburg (Atempause) und möchte ..."; der senkrechte Strich markiert den Tonsprung im [m]-Segment des Äußerungsteils „möchte"

doch wird dieses Nasalsegment glottal in seiner prosodischen Minimalkontur mit einem (nur bei isolierter Darbietung hörbaren) Tonsprung im Grundfrequenzverlauf realisiert. Werden im initialen [m]-Segment die ersten drei Stimmtonperioden (und damit der Tonsprung) entfernt, so wird der ungrammatische Satz * „Ich will nach Hamburg möchte ..." wahrgenommen. Wie in Tillmann (1995) argumentiert, wird bei der vorliegenden Sprachproduktion das Wort „und" zunächst auf seinen finalen [t]-Plosiv reduziert, und von diesem bleibt dann nur noch ein glottaler Reflex erhalten. Die Stimmlippen führen nur noch eine extrem reduzierte [t]-Entstimmungsgeste durch.

Praktisch überhaupt nicht systematisch untersucht sind die kontextuellen Bedingungen für das Auftreten von segmentalen Veränderungen in fließender Sprache und zwar in zweifacher Hinsicht. Dies betrifft zum einen rein produktionsmäßig den weiteren – über den engeren Kontext z. B. für assimilatorische Prozesse hinausreichenden – Kontext, andererseits aber auch den hörerseitig notwendigen Kontext, um eine Teiläußerung als reduzierte Form eines bestimmten Wortes erkennen zu können. Dies sei hier an zwei herausgegriffenen Beispielen erläutert. Als erstes sei ein Beispiel extremer artikulatorischer Verschleifung nach Kohler (1992) zitiert:

[mIpUmpmpapi:6SlaNN] (s. Anmerkung 8) als Realisierung der Äußerung „*mit bunten Papierschlangen*" ist sicherlich nicht einfach als Schwa-Tilgung in der Endsilbe von „*bunten*" und anschließender progressiven Ortsassimilation an das folgende wortinitiale [p] zu interpretieren; es bedarf hier vielmehr der vorausgehenden Ortsassimilation [... mIpU ...], die – bei sprechrhythmischer Kohärenz der gesamten Phrase – eine Perseveration der labialen Artikulationsbewegung erlaubt. Man vergleiche die wohl nicht parallel zur obigen mögliche Ortsassimilation bei der Äußerung „*mit runden Papierknödeln*": *[rUmbmpapi:6].

Als Beispiel für hörerseitig gegebene Kontextbedingungen für segmentale Veränderungen mag abschließend eine Beobachtung aus einer Studie zum sogenannten „silbischen n" im Deutschen (Pompino-Marschall 1996), das bei Funktionswörtern normalerweise als nicht weiter segmentierbares gelängtes [n] in Erscheinung tritt, stehen (vgl. Abb.2):

Der von einem Einzelsprecher verändert mit Bisyllabizität im vokalischen Teil (und nichtgelängtem finalen [n]) produzierte unbestimmte deutsche Artikel (Akk. mask.) „*einen*" war in Isolation für die Hörer nicht eindeutig als „*ein*" bzw. „*einen*" klassifizier-

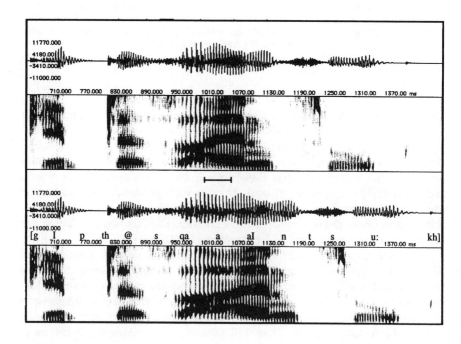

Abb. 2: Oszillogramm und Sonagramm des manipulierten (oben) und des originalen (unten) Äußerungsteils „*Gibt es einen Zug ...?*" (mit synchronisierter SAMPA-Transkription): Beim manipulierten Signal fehlt der markierte [a]-Abschnitt von 49 ms

bar, während die gesamte Phrase „*Gibt es einen Zug*" als unauffällig perzipiert wurde. Wurde hingegen das oben angesprochene zusätzliche silbische Vokalsegment (von 49 ms Dauer) künstlich entfernt, so wurde die resultierende Äußerung als ungrammatisch (*"*Gibt es ein Zug*") zurückgewiesen.

Die unterschiedlichen Prozesse der Reduktion unter den Bedingungen der fließenden Rede, die zum (schrittweisen) „Verschwinden" von einzelnen Lauten, Silben oder gar ganzen Wörtern führen können, seien zusammenfassend an einem abschließenden Beispiel, der Äußerung „*Ich hätte gern einen Kaffee*" erläutert:

In kanonischer, lexikalisch expliziter Aussprache würde dieser Wunsch wohl mit [QIC hEt@ gE6n QaIn@n k'afe:] wiederzugeben sein, wobei aber durchaus auch andere Aussprachevarianten wie [... gERn ...] oder auch [... kaf'e:] (s. Anmerkung 9) möglich sind. Die durchaus gängige, die Erfüllung dieses Wunsches keineswegs ausschließende spontansprachliche Realisation aber müßte wohl folgendermaßen notiert werden: [C EQ gE6N: k'at@], wobei die hier gesetzten „Wortzwischenräume" lediglich der besseren Lesbarkeit dienen sollen. Was ist geschehen? Das initiale „*ich*" ist – bei Wegfall des initialen [h] des Folgewortes – auf den palatalen Frikativ [C] zusammengeschmolzen und vom Wörtchen „*einen*" ist nichts übriggeblieben außer einer Längung des velaren Nasals vor „*Kaffe*". Natürlich könnte man die hier aufgetretenen Reduktionsprozesse mit segmentalen Ersetzungs- und Tilgungsregeln beschreiben, würde damit aber nicht die diesen Reduktionen zugrundeliegenden Prozesse der artikulatorischen Vereinfachung treffen. Letztere ließen sich wie folgt beschreiben: Die initiale Adduktion der Stimmlippen für den initialen Vokal wird gar nicht erst ausgeführt, da für den folgenden stimmlosen Frikativ die Glottis ohnehin wieder geöffnet werden müßte. Die Glottis verhält sich hier wie bei silbeninitialen [S]-Plosiv-Verbindungen, was parallel zu der dort nicht auftretenden Aspiration zum Wegfall des wortinitialen [h] von „*hätte*" führt. Der finale Schwalaut dieses Wortes unterliegt als artikulatorisch unspezifizierter, unbetonter Vokal extremen Kürzungstendenzen, die häufig zum totalen Verschwinden desselben führen. Über die gesamte Äußerung hinweg werden zudem die – motorisch aufwendigen – Zungenspitzenartikulationen vermieden und durch andere Gesten ersetzt: Der alveolare Verschluß wird – durch den darauf folgenden velaren Plosiv begünstigt – durch einen Glottisverschluß ersetzt und die folgenden drei kanonisch alveolaren Nasale werden – in Angleichung an den folgenden Plosiv – velar realisiert. Die unbetonten vokalischen Abschnitte des (klitisierten) „*einen*", die auch bei deutlicher Aussprache eher durchgängig mit gesenktem Velum – und dadurch auditiv wenig prominent – produziert würden, verschwinden gänzlich und lassen lediglich einen prosodischen (evtl. rhythmischen bzw. auch nur dauermäßigen) Reflex im assimilierten Nasal zurück. Wird die letzte Silbe des gewünschten Getränks nicht betont, so kann es hier zusätzlich zu einer Reduktion zum Schwa kommen.

Anmerkungen

(1) Daß auch dies in alphabetischen Schriftdokumenten nicht immer der Fall sein muß, zeigen uns die griechischen Keramikinschriften der vorklassischen Epoche in scriptio continua (d. h. ohne Wortzwischenräume und Satztrennung), die zusätzlich noch in sog. Boustrophedon-Art (d. h. wie die Furchen des Ochsenpfluges) in Zeilen abwechselnd unterschiedlicher Schreibrichtung und z. T. auf dem Kopf stehenden bzw. zumindest in ihrer Ausrichtung umgedrehten Buchstaben auftreten.

(2) Wobei natürlich auch Einzelwortäußerungen als Sonderfall vorkommen.

(3) Hervorragendes Anschauungsmaterial hierzu bietet Otfried v. Weißenburgs lateinisch verfaßter Widmungsbrief seines fränkischen Evangelienbuches (865) an Erzbischof Luitbert von Mainz, in dem er auf die Schwierigkeiten eingeht, die er damit hatte, die Laute des Fränkischen mit den Mitteln des lateinischen Alphabets wiederzugeben.

(4) Vgl. hierzu auch die Sondererscheinungen in der Überregionalisierungen des Deutschen, wie die Sprache der Hanse (auf niederdeutscher Grundlage) und die mittelhochdeutsche Dichtersprache.

(5) Der an der Geschichte der Phonetik interessierte Leser kann gerade über die Artikulation dieses Lautes in den Schriften der deutschsprachigen Lautphysiologen Ernst Brücke (Wien) und Carl Merkel (Leipzig) einen heftigen Disput verfolgen, der nur durch den unterschiedlichen dialektalen Hintergrund der beiden zu erklären ist.

(6) Wobei er keineswegs das erste deutsche Aussprachewörterbuch ist, denn schon 1885 veröffentlicht Wilhelm Viëtor „Die Aussprache der in dem Wörterverzeichnis für die deutsche Rechtschreibung enthaltenen Wörter", das in seinen späteren Ausgaben den Titel „Die Aussprache des Schriftdeutschen" trägt.

(7) Im Gegensatz zu Inhaltswörtern im Normalfall – in schwacher Form – unakzentuiert (und klitisiert): Pronomina, die Artikel, Formverben, Präpositionen, Konjunktionen und Adverbien (nach Kohler 1995, 212).

(8) Die Transkription ist hier und im folgenden in SAMPA (vgl. Wells et al. 1992) wiedergegeben: Hierbei bezeichnen die großen Vokalbuchstaben die kurzen, ungespannten Vokale des Deutschen, y das gespannte, Y das ungespannte ü, 2 das gespannte ö (von franz. „deux"), 9 das ungespannte ö (von franz. „neuf"), @ den Schwalaut und 6 den tiefen (oder sog. Lehrer-)Schwa. Groß N steht für den velaren Nasal, R für das Zäpfchen-r, C für den Ich-Laut (palatal), x/X für den Ach-Laut (velar/uvular). (Im hier verwendeten modifizierten PhonDat-SAMPA (vgl. Pompino-Marschall 1992) steht weiterhin Q für den glottalen Plosiv und q für Glottalisierung.)

(9) Bei letzterer Aussprache dann aber nicht in der unten angegebenen Reduktionsform.

Literatur

Besch, W.: Dialekt, Schreibdialekt, Schriftsprache, Standardsprache. Exemplarische Skizze ihrer historischen Ausprägung im Deutschen. In Besch, W., U. Knoop, W. Putschke, Wiegand, H. E. (Hrsg.): Dialektologie. Ein Handbuch zur deutschen und allgemeinen Dialektforschung. 961-990. Berlin-New York 1983

Duden Aussprachewörterbuch [= Der große Duden, Bd. 6], Mannheim 1. Aufl. 1962, 2. Aufl. 1974, 3. Aufl. 1990

Kipp, A., Wesenick, M.-B., Schiel, F.: Automatic detection and aegmentation of pronunciation variants in German speech corpora. Proceedings of the International Conference on Spoken Language Processing. 106-109. Philadelphia 1996

Kohler, K. J.: Segmental reduction in connected speech in German: phonological facts and phonetic explanations. In Hardcastle, W. J., Marchal, A. (Eds.): Speech Production and Speech Modelling. 69-92. Dordrecht 1990

Kohler, K. J.: Gestural reorganization in connected speech: a functional viewpoint on 'articulatory phonology'. Phonetica 49, 205-211, 1992

Kohler, K. J.: Glottal stops and glottalization in German. Phonetica 51, 38-51, 1994a

Kohler, K. J.: Lexica of the Kiel PHONDAT Corpus Read Speech, Kiel [= Arbeitsberichte Institut für Phonetik und digitale Sprachverarbeitung Universität Kiel (AIPUK) 27 & 28]. Kiel 1994b

Kohler, K. J.: Einführung in die Phonetik des Deutschen. 2. Aufl. Berlin 1995

Kohler, K. J.: Articulatory reduction in German spontaneous speech. Proceedings of the 1st ESCA Tutorial and Research Workshop on Speech Production Modelling and 4th Speech Production Seminar, 1-4. Autrans 1996

Kröger, B. J.: A gestural production model and its application to reduction in German. Phonetica 50, 213-233, 1993

Lindblom, B.: Explaining phonetic variation: a sketch of the H&H theory. In Hardcastle, W. J., Marchal, A. (Eds.): Speech Production and Speech Modelling. 403-239. Dordrecht 1990

Pompino-Marschall, B.: PHONDAT. Verbundvorhaben zum Aufbau einer Sprachsignaldatenbank für gesprochenes Deutsch. In: Forschungsberichte des Instituts für Phonetik und Sprachliche Kommunikation der Universität München (FIPKM) 30, 99-128. München 1992

Pompino-Marschall, B.: Articulatory reduction in fluent speech. A pilot study on syllabic [n] in spoken Standard German. ZAS Working Papers in Linguistics (ZASPIL) 7, 151-162. Berlin 1996

Siebs Deutsche Aussprache. Reine und gemäßigte Hochlautung mit Aussprachewörterbuch. (Hg. v. de Boor, H., Moser, H., Winkler, C.) 19. Aufl. Berlin 1969

Tillmann, H. G. (mit Mansell, P.): Phonetik. Lautsprachliche Zeichen, Sprachsignale und lautsprachlicher Kommunikationsprozeß. Stuttgart 1980

Tillmann, H. G.: Kleine und Große Phonetik. Phonetica 52, 144-159, 1995

Wells, J., Barry, W., Grice, M., Fourcin, A., Gibbon, D.: Stage report SEn.3 Standard computer compatible transcription (SAM-UCL-037). ESPRIT project 2589 (SAM) Multilingual Speech Input/Output Assessment, Methodology and Standardisation. Final Report. London 1992

Wesenick, M.-B.: Automatic generation of German pronunciation variants. Proceedings of the International Conference on Spoken Language Processing, 125-128. Philadelphia 1996

Wörterbuch der deutschen Aussprache. (Hg. v. Krech, H. u. a.) 1. Aufl. Leipzig 1964, 2. Aufl. München 1969, 3. Aufl. Leipzig 1971, 4. Aufl. 1974; Großes Wörterbuch der deutschen Aussprache. Leipzig 1982

WOLFGANG MÜHL-BENNINGHAUS

Probleme medialer Kommunikation während der Wende

1. Vorbemerkungen

Für die Kommunikationsstrukturen der DDR waren primär zwei sich von der alten Bundesrepublik unterscheidende Merkmale kennzeichnend:

(1) Vor allem die Publizistik, aber auch alle anderen Medieninhalte unterlagen der Kontrolle des Partei- und Staatsapparates und waren von daher weitgehend homogen. In dem Maße, wie Wirklichkeit und Medieninhalte divergierten, verloren die Medieninhalte ihre Glaubwürdigkeit.

(2) Die Verständigung der Bevölkerung über alle sie betreffenden Sachverhalte, d. h. auch über die Politik – erfolgte oral und war infolgedessen weitgehend unstrukturiert und uneinheitlich. Eine öffentliche Problematisierung von allgemein interessierenden Fragen blieb unter diesen Umständen ausgeschlossen.

Die personelle Verständigung hatte insofern auch Rückwirkungen auf die mediale, als daß die Glaubwürdigkeit der Medieninhalte wesentlich von der individuellen Haltung des einzelnen abhing. Aus den Einschaltquoten läßt sich tendenziell ableiten, daß die DDR-Medien in bezug auf Unterhaltungs-, Kinder-, Sport- und Ratgebersendungen bis 1989 im eigenen Land eine hohe Akzeptanz hatten, während die publizistischen Inhalte stets nur einen relativ geringen Teil der Bevölkerung erreichten. Ab Ende der 70er Jahre sanken die ohnehin geringen Quoten der Nachrichtensendungen und Magazine weiter und erreichten mit unter fünf Prozent ihren absoluten Tiefpunkt im Sommer 1989. Von den Programmangeboten der öffentlich-rechtlichen Anstalten wurden in der DDR auch vorwiegend die unterhaltenden genutzt. Zu diesem Ergebnis kamen nicht nur bereits in den 50er Jahren vom SFB in Ost-Berlin und von Infratest bei Flüchtlingen (Infratest 1961), sondern auch die in der DDR zu verschiedenen Anlässen erhobenen Daten. Unter diesem Gesichtspunkt konkurrierten im Ost-West-Vergleich vor dem November 1989 im Einschaltverhalten weniger publizistische Sendungen miteinander als unterhaltende.

2. Die Veränderungen in der Medienrezeption während und nach den politischen Umbrüchen in der DDR

2.1. Die ostdeutschen Medien

Die Bereitschaft zur individuellen Anpassung in der DDR sank in dem Maße, wie die Versorgungsleistungen des Staates immer schlechter funktionierten. Ohne Änderungen zu bewirken, hatte die DDR-Bevölkerung bereits über Jahrzehnte hinweg die Medienpolitik der SED kritisiert. Mit Gorbatschows Politik von Glasnost und Perestroika drängten auch in der DDR immer größere Bevölkerungsschichten auf eine Veränderung in der Berichterstattung. Als 1988 sowjetische Filme bzw. Zeitschriften verboten wurden und die Parteiführung zur Fluchtwelle von DDR-Bürgern schwieg, wurde die Informationsfreiheit zu einer der Hauptforderungen der sich konstituierenden Bürgerrechtsbewegungen. Diese Entwicklung erklärt, weshalb die größte Demonstration, die während der Wende stattfand – am 4. November 1989 auf dem Berliner Alexanderplatz – vor allem das Ende der bisherigen Bevormundung durch die Medien zum Ziel hatte. In ihrer Mehrzahl übersahen auch die Bürgerrechtler, daß Gorbatschow mit seiner Politik nicht den Anschluß an die sozialen und kommunikativen Wandlungen des Westens suchte, sondern sich an Marx, Engels und Lenin orientierte. Wie so oft in der Geschichte stand also auch zwischen Mitte und Ende der 80er Jahre die Rückbesinnung auf die Urväter am Anfang von tiefgreifenden Umwälzungsprozessen. Die Reden auf dem Alexanderplatz am 4. November 1989 unterstrichen diesen Aspekt, der auch eine eigenständige Entwicklung des Landes inhärierte, nochmals nachdrücklich.

Zum Zeitpunkt der Demonstration hatten sich die publizistischen Medien insgesamt und die der Jugendprogramme im besonderen inhaltlich bereits stark verändert. Zum inhaltlichen Kennzeichen aller ostdeutschen Medien wurden im Oktober/November 1989 eine kritische Berichterstattung zu aktuellen und die DDR-Vergangenheit betreffenden Problemen sowie eine Vielzahl an Ratgebersendungen bzw. entsprechende Artikel in den Zeitungen, die versuchten, den von den politischen, sozialen und wirtschaftlichen Veränderungen betroffenen Rezipienten eine Orientierungshilfe anzubieten. In diesem Kontext überzeugten viele Journalisten und Redakteure neben der regionalen Kompetenz vor allem auch durch ihr handwerkliches Können. Die sofort auf basisdemokratischer Grundlage einsetzende Entlassung von politisch besonders belasteten Kollegen signalisierte, daß die Medienmitarbeiter früher als andere Bereiche des öffentlichen Lebens sich mit der Vergangenheit auseinandersetzten. Die Verleihung des Bambi an „Elf99" und die Übernahme von monatlich allein etwa 100 Hörfunkbeiträgen von Ost-Auslandskorrespondenten durch die ARD im Jahr 1990 unterstrich, daß auch in der alten Bundesrepublik die Kompetenz ostdeutscher Berichterstattung anerkannt wurde.

Zwischen November 1989 und Anfang Januar 1990 dominierten infolge der sich überstürzenden politischen Ereignisse die publizistischen Sendungen in den Fernseh- und Hörfunkprogrammen. Auf Grund des Drucks der Rezipienten, die sich an dem Überangebot an politischer Berichterstattung störten, wurden diese zunehmend reduziert. Fernsehen und Hörfunk boten nun in Kontinuität zur Zeit vor dem November 1989 auch wieder die vertrauten und akzeptierten Unterhaltungssendungen an und verstärkten zugleich die regionalen Schienen, so daß die auf Berlin fixierten Programminhalte deutlich relativiert wurden. Inhaltlich waren die Beiträge oft geprägt von individuellen Schicksalen von durch die Wende besonders hart Betroffenen. Was aus westlicher Sicht oft als larmoyant abgewertet wurde, war vielen Ostdeutschen ein wichtiges Stück Begleitung in die neue Gesellschaft. Mit der Mischung von neuen und alten Programmen sowie der angebotenen Lebenshilfe erreichte der Rundfunk auch jene Hörer und Zuschauer, die sich teilweise über Jahre hinweg der Rezeption der DDR-Medien verweigert hatten. Analog zur Akzeptanz des Rundfunks nahm auch die der DDR-Presseerzeugnisse zu. Infolgedessen wurden die Auflösung des Deutschen Fernsehfunks und des Hörfunks in der Nalepastraße von vielen Ostdeutschen als schmerzlicher Einschnitt empfunden.

2.2. Die Medien der alten Bundesrepublik

Als erste spürten jene westlichen Verleger das neue Medienverhalten der Ostdeutschen, die im Frühjahr 1990 vergeblich versuchten, mit ihren Erzeugnissen den ostdeutschen Markt zu überschwemmen. Vor allem die meinungsbildende Presse, wie „FAZ", „Süddeutsche Zeitung", „Handelsblatt", „Capital", „Der Spiegel", „Die Zeit" oder „Stern" konnten im Unterschied zu Ratgeberblättern, wie Bastel- und Gartenzeitungen sowie in den letzten Jahren „Bravo", bis heute kaum im nennenswerten Umfang neue Leserkreise im Osten erschließen. Andererseits gelang es bis heute keiner ostdeutschen Zeitung, obwohl die diesseits der Elbe gedruckten Blätter zu den auflagenstärksten im Bundesgebiet gehören, überregional zur Kenntnis genommen zu werden.

Die audiovisuellen Medien des Westens reagierten mit ihrer Berichterstattung unterschiedlich auf die sich überstürzenden politischen Ereignisse. Die kommerziellen Anbieter verfügten zu jenem Zeitraum weder über die Infrastruktur noch über die Kompetenz, um eigene Akzente in der Berichterstattung setzen zu können. ARD und ZDF strahlten dagegen ausführliche Berichte, Sondersendungen und Kommentare aus. Inhaltlich versuchten die Anstalten, die über Jahrzehnte hinweg erworbene Kompetenz in der DDR-Berichterstattung fortzusetzen und auszubauen. Bestärkt fühlte man sich westlicherseits durch die seit Ende November 1989 zunehmenden, die deutsche Einheit fordernden Stimmen, Äußerungen vieler DDR-Bürger vor und nach dem Fall der Mauer sowie die Bekanntheit und Beliebtheit vieler Sendungen. Da Tiefenuntersuchungen nicht vorgenommen wurden, schien es, als habe die überwiegende Mehrheit der DDR-Bevölkerung 40 Jahre lang auf die Wiedervereinigung gewartet und als seien die Unterschiede zwischen beiden Staaten unbedeutend.

Nachdem die DDR-Medien erste kritische Beiträge über die DDR-Vergangenheit gesendet hatten, zielte die Berichterstattung der öffentlich-rechtlichen Anstalten in der Folgezeit vorwiegend auf Darstellungen, wie die DDR als Spitzelstaat oder auf ausgewählte wirtschaftliche Fragestellungen, die unisono zu dem Ergebnis kamen, daß die Volkswirtschaft der DDR völlig abgewirtschaftet und die Umwelt verseucht habe. Die Probleme der Bevölkerung beim Übergang in die Marktwirtschaft blieben dagegen ebenso weitgehend ausgeblendet, wie der Prozeß der Deindustrialisierung bzw. Unregelmäßigkeiten beim Verkauf von ehemals staatlichen Betrieben. Viele ehemalige DDR-Bürger fühlten sich von dieser Berichterstattung diskreditiert. Rasch wurde darüber hinaus erkennbar, daß westliche Journalisten oder Kommentatoren ihre ehemals behutsame bis freundliche Haltung der DDR gegenüber änderten und entsprechend der sich herausbildenden main stream diesen Staat und seine Geschichte unausgewogen darstellten.

Zur Beschreibung von DDR-Lebenswirklichkeiten bediente man sich westlicherseits in der Regel der Archivbestände des DDR-Rundfunk. Der Widerspruch zwischen der richtigen Bewertung der DDR-Medien als propagandistische Werkzeuge der SED und ihres Heranziehens zur Abbildung vom DDR-Alltag, wurde in diesem Kontext erkennbar nicht reflektiert. Den Ostdeutschen war dagegen die Divergenz von gesendeten Medieninhalten und eigenem Alltag permanent präsent, so daß zumindest die Form der Berichterstattung insofern auf Widerspruch stieß, als daß diese Sendungen in den neuen Ländern kaum gesehen wurden. Als Garanten für die „Wahrheit" der Berichte dienten den Redakteuren überwiegend Aussagen und Interpretationen von Bürgerrechtlern, da sie als einzige die Gewähr zu geben schienen, von der SED-Diktatur nicht infiziert zu sein.

Die sich überschlagenden historischen Ereignisse, die mangelnden Ortskenntnisse und die schlechten Kommunikationsverhältnisse schienen nicht zu erlauben, fragmentarisch, widersprüchlich und diffus zu berichten. So ließ die in Bildern und auf Dokumenten festgehaltene „Wahrheit" die Frage perspektivischer Verzerrungen nicht aufkommen, zumal das Interesse an dieser Art der Berichterstattung im Westen Deutschlands groß war und dort auch eindeutige Zuordnungen erlaubte. Die DDR, so die eindeutige Botschaft der Bilder in publizistischen und unterhaltenden Beiträgen, hat sich und ihr System selbst zugrunde gerichtet und wir (West-)Deutschen müssen nun aufklären sowie das Land wieder aufbauen. In einer im Umgang mit Politik und Medien nur bedingt erfahrenen Gesellschaft mußte die von den Medien praktizierte Art von Zuspitzungen, Vereinseitigungen und Überhöhungen, auf die im Osten niemand vorbereitet war, abstoßend und unglaubwürdig wirken.

Die durch die Öffnung der Archive ans Tageslicht gekommenen Tatsachen legten im Kontext der medial vermittelten Diskussion den DDR-Bürgern die Notwendigkeit eines radikalen Identitätswandels nahe, also Westdeutsche zu werden, um Gesamtdeutsche zu sein. Versprochen wurden den Ostdeutschen neben blühenden Landschaften vor allem Freiheit und Demokratie. Die künstliche Schaffung von Normen zur Beurteilung des Verhaltens jedes einzelnen in der Vorwendezeit, deren Erfüllung die Voraussetzung schuf, um die Chance zu erhalten, auch am Wohlstand teilhaben zu können, war dagegen von den Betroffenen zu akzeptieren, ohne daß über sie wirklich diskutiert wurde.

Gleichzeitig wurden im Prozeß der Vereinigung Schwächen des westdeutschen Systems offensichtlich: Der vor allem auf politischer Ebene geführte Streit um die zukünftigen Strukturen der ARD und die anschließende Besetzung der Führungspositionen nach Parteigesichtspunkten ließen in den Augen vieler die Thesen von der politischen Unabhängigkeit der Medien nicht selten als Farce erscheinen. Darüber hinaus schwieg die überwiegende Zahl der Medienvertreter bzw. verzichtete auf kritisches Hinterfragen, als die Politiker trotz der unübersehbaren Talfahrt der ostdeutschen Wirtschaft in einer völlig überzogenen Ich-Bezogenheit weiterhin „blühende Landschaften" versprachen, statt zu argumentieren und nach Lösungswegen zu suchen. Somit konnten Politikeraussagen und Transferleistungen ins Phantastische inflationieren, ohne daß sich die versprochene wirtschaftliche Wende einstellte.

Die scheinbare visuelle und auditive Klarheit, die dem über die DDR gesendeten Material zugrunde lag, verwischte dessen unterschiedliche kulturelle Bedeutungen. Unberücksichtigt blieb, daß sich im Osten Deutschlands eine eigenständige Kultur und mit ihr sich vom Westen unterscheidbare Werteskalen entwickelt hatten. Beide hatten wiederum Rückwirkungen auf die Sprache. Zwar sprachen beide Seiten deutsch, doch weitgehend unbeachtet blieb, daß viele gleichlautende Worte mit differenzierten Konnotationen besetzt und daher im persönlichen Dialog sowie in der medialen Kommunikation Mißverständnisse vorprogrammiert waren (Mühl-Benninghaus 1989).

Ein ähnliches Problem stellte die Problematisierung des Fehlverhaltens von Ostdeutschen während der vergangenen 40 Jahre dar. Offensichtlich wurde von den Betroffenen die Übernahme von Verantwortung, Schuld und Reue erwartet. Statt dessen kamen von den Befragten oft widersprüchliche aber meist konkrete Erklärungsmuster und Verhaltensnormen, die entweder innerhalb der Beiträge oder in den anschließenden Kommentaren in der Regel abqualifiziert wurden. Die richtige Interpretation der DDR-Vergangenheit wurde ausschließlich den Opfern zuerkannt. Darüber hinaus standen plötzlich alle Archive offen, so daß fast jeder nach eigenem Belieben die ihn interessierenden Fakten auswerten konnte. Dieses hatte zur Folge, daß die Ostdeutschen plötzlich mit Fragen konfrontiert wurden, die ihnen bis zu diesem Zeitpunkt unbekannt oder sie in der Vergangenheit nur peripher berührten. Im Rahmen der Berichterstattung blieb vor allem am Beginn der 90er Jahre völlig unberücksichtigt, daß unter diesen Voraussetzungen mit dem allgemeinen Zusammenbruch im Osten, die sich im Laufe der Zeit herausbildete und wie auch immer geartete Identität der Ostdeutschen und damit der vertraute, wenn auch selektive Komplex des Erinnerns fragwürdig wurde.

In Ostdeutschland vollzog sich also etwas Analoges, wenn auch in den Ausmaßen nicht Vergleichbares, was alle Deutschen 1945 erlebten, als die Alliierten die ersten Bilder von den Greueltaten der Nazis und der zerbombten Städte verbreiteten. Die Evidenz des Faktischen überlagerte nach 1945 wie nach 1989 vielfach die eigene Wahrnehmung und die persönliche Erinnerung. Die Übernahme von Schuld und Verantwortung sind aber untrennbar mit dem Erinnern verbunden. Obwohl der Historikerstreit in der ersten Hälfte der 80er Jahre in diesem Problem eine seiner entscheidenden Wurzeln hatte, wiederholten nun die meinungsführenden westlichen Medien, die ausführlich über den Streit berichteten und seinerseits selbst für oder gegen die eine oder andere Seite polemisiert hatten, tendenziell die Berichterstattung der Alliierten nach 1945. Sie sprachen Teilen der Ostdeutschen die Autorität über die persönliche Vergangenheit ab, stellten somit auch deren eigene Identität in Frage und erklärten zumindest den betroffenen Personenkreis als unmündig. Unter diesen Verhältnissen konnte es nicht verwundern, wenn sich wie nach 1945, auch nach 1989, nur wenige öffentlich zu ihrer Verantwortung in der Vergangenheit bekannten. Bleibt zum Schluß die Frage: War am Beginn der 90er Jahre eine andere als die tatsächliche mediale Reflexion möglich?

Zu berücksichtigen ist, daß die Rezipienten in den alten Ländern von jenen Journalisten und Redakteuren, die die deutsche Einheit begleiteten, möglichst eindeutige Bilder und Antworten erwarteten. Unter dem Druck der Quote bzw. der Auflagenhöhe mußten die ermittelten Fakten zusammengefaßt und damit ausgegrenzt und die Interpretationen vereinfacht werden. Im Zusammenhang mit der einseitigen Westperspektive auf die DDR-Vergangenheit darf nicht übersehen werden, daß die Medien rezipierende und zahlende Mehrheit der Bevölkerung im Westen und nicht im Osten lebt und diese Mehrheit nach Informationen verlangte, die sie verstand. Des weiteren standen die Journalisten und Redakteure zwangsläufig unter einem Aktualitätsdruck, der es scheinbar nur selten zuließ, über mehr als nur die Oberfläche zu berichten. Zu berücksichtigen ist ferner, daß die gesamte weltweite Nachrichtenberichterstattung insbesondere dann, wenn es sich um Auslandsmeldungen handelt, strukturell ebenso aufgebaut ist, wie der überwiegende Teil der Berichterstattung von ARD und ZDF über die neuen Länder nach 1989. Die Besonderheit liegt in bezug auf die letzteren in den direkten Auswirkungen der Berichterstattung für die Betroffenen, die ein gesamtes Volk mehr oder weniger umfaßten. Gleichzeitig kann nicht übersehen werden, daß Sendereihen, wie „Zur Person" demonstrierten, daß in Rundfunk und Presse vereinzelt von der Mainstream abweichende Wortmeldungen rezipiert werden konnten. Diese Ausnahmen zeigen, daß es durchaus Möglichkeiten einer differenzierteren Berichterstattung gab. Sie wurden aber insgesamt nur in Ausnahmefällen genutzt. Die Folgen für die hier primär zur Diskussion gestellten Medieninhalte sind eindeutig erkennbar: Bis in die Gegenwart gibt es eine klare mit der ehemaligen Grenze identische Trennungslinie im Mediengebrauch und es ist kein Konzept erkennbar, das diese neue Mauer beseitigt.

Literatur

Infratest: Fernsehempfang in der SBZ. Empfangsmöglichkeiten Zuschauerverhalten Beurteilung, o. O. Mai 1961, 44ff, vgl. auch: -ner: Sowjetzonen-Regierung startet Fernseh-Offensive, in: Vorwärts Nr. 5 (31. 1. 1958) S. 10

Mühl-Benninghaus, W.: 1989 und die andere Mediensozialisation, in: Mediengenerationen. (Hrsg. von Jochen Hörisch) S. 115f. Frankfurt/M. 1997

ANGELA BIEGE, CORNELIUS FILIPSKI UND ASTRID LENDECKE

Kommunikationserfahrungen Westdeutscher in Ostdeutschland

Im Wintersemester 1996/97 und im Sommersemester 1997 beschäftigten wir uns im Rahmen von zwei Forschungsseminaren am Institut für Sprechwissenschaft und Phonetik der Martin-Luther-Universität Halle-Wittenberg mit Ost-West-Kommunikation. Aus der Alltagskommunikation bzw. aus Kursen in rhetorischer Kommunikation war uns bewußt, daß es auch sieben Jahre nach der Wende zu Kommunikationsproblemen und -störungen zwischen Bürgern der alten und der neuen Bundesländer kommt. Linguistische und soziologische Forschungen belegen dies ebenfalls (u. a. Reiher und Läzer 1996; Strohschneider 1996).

Uns interessierte nun, ob Kommunikationspartner Unterschiede in der Kommunikation überhaupt wahrnehmen, welche Erfahrungen sie gemacht haben. Durch eine empirische Untersuchung wollten wir dies überprüfen. Es bot sich an, eine Befragung innerhalb unserer Universität durchzuführen, da uns hier zum einen die Kommunikation vertraut ist, zum anderen Lehrende und Studierende aus den alten Bundesländern in die Sozialisation der neuen Bundesländer gekommen sind. Wir konnten davon ausgehen, daß entsprechende Kommunikationserfahrungen vorhanden sind.

1. Vorbereitung und Durchführung der Untersuchung

Als Untersuchungsmethode wählten wir das mündliche Interview. Für und Wider dieser qualitativen Methode waren uns bekannt (u. a. Hoffmeyer-Zlotnik 1992); einzelne „Störfaktoren" versuchten wir durch die Art und Weise der Durchführung der Untersuchung und der Auswertung gering zu halten (Reinecke 1991; Schnell et al. 1995).

Der Fragebogen des mündlichen Interviews wurde in mehreren Etappen erarbeitet. Nach einer ersten Fassung baten wir Mitarbeiterinnen und Mitarbeiter, Studentinnen und Studenten der höheren Semester des Instituts für Sprechwissenschaft und Phonetik, den Fragebogen zu begutachten. Nach dieser Expertenbefragung erstellten wir die Endfassung. Es handelte sich um einen Fragebogen für ein halbstrukturiertes Interview. Die Fragen waren in Wortlaut und Reihenfolge schriftlich fixiert. Die Interviewerinnen und Interviewer konnten je nach aktueller Interviewsituation die Reihenfolge verändern, Zusatzfragen stellen oder auch Fragen weglassen, falls auf deren Inhalt bereits eingegangen worden war. Die Fragebögen unterschieden sich geringfügig in Abhängigkeit von der Teilpopulation (s. u.). In der Mehrzahl wurden offene Fragen gestellt.

Die Population bestand aus allen Lehrenden und Studierenden der Martin-Luther-Universität Halle-Wittenberg, die aus den alten Bundesländern stammen. Sie waren zu untergliedern in die Teilpopulationen Studentinnen/Studenten, Mitarbeiterinnen/Mitar-

beiter und Professorinnen/Professoren. Da es an der Universität für die beiden letztge-
nannten Teilpopulationen keine direkte Statistik „Herkunft alte bzw. neue Bundesländer" gibt, mußten wir an den einzelnen Instituten nachfragen. Die Gruppe der Professorinnen und Professoren konnten wir in ihrer Grundgesamtheit erfassen, so daß wir die
Stichprobe durch reine Zufallsauswahl (Clauß u. Ebner 1978, 176ff) festlegen konnten,
die wir zusätzlich schichteten nach geisteswissenschaftlichen und naturwissenschaftlichen
bzw. weiblichen und männlichen Mitgliedern. Die Stichprobe der Mitarbeiterinnen und
Mitarbeiter wurde durch eine Auswahl nach Gutdünken (179f) gewonnen, da in den
Instituten zum Teil nicht bekannt war, welche Mitarbeiterinnen und Mitarbeiter aus den
alten Bundesländern kommen, was uns durchaus positiv überraschte. Obwohl wir die Statistik der Studierenden vorliegen hatten, entschieden wir uns auch hier für eine Auswahl
nach Gutdünken, um den organisatorischen Aufwand zu verringern. Es wurden 27 Professorinnen und Professoren, 24 Mitarbeiterinnen und Mitarbeiter und 27 Studentinnen
und Studenten befragt.

Die mündlichen Interviews wurden von den 21 der an den Forschungsseminaren teilnehmenden Studierenden im Mai und Juni 1997 durchgeführt. Alle Interviews wurden
aufgenommen und anschließend verschriftet. Durch die hohe Anzahl der Interviewerinnen und Interviewer und deren genaue Kenntnis von Gegenstand und Methode versuchten wir, Gültigkeit und Zuverlässigkeit der Antworten zu erhöhen (Schnell et al.
301ff). Alle diese Studierenden waren auch an der Auswertung beteiligt, die zunächst
innerhalb der Teilpopulationen erfolgte. Aus der Menge der qualitativen Daten bildeten
wir zunächst von den semantisch identischen Äußerungen Cluster, denen wir andere
Äußerungen zuordneten. Weitere Cluster entstanden aus den Antworten, die in die
ersten Cluster nicht aufgenommen werden konnten. Die Zuordnungen basierten auf der
Entscheidung von mindestens sieben auswertenden Personen, wodurch wir subjektive
Entscheidungen relativieren konnten. In Zweifelsfällen wurden die Aufnahmen hinzuge-
zogen, um durch auditive Analysen das von den befragten Personen Gemeinte verstehen
zu können. Anschließend berechneten wir die absoluten Häufigkeiten der Antworten
und verglichen die Teilpopulationen miteinander.

2. Ergebnisse

Wir können an dieser Stelle erst einen Teil der Ergebnisse vorstellen, da die
Auswertung noch nicht beendet ist. Die vorliegenden Daten der Interviews lassen wesentlich mehr zu.

Wir fragten:

*Gibt es Ihrer Meinung nach Unterschiede bezüglich der
Redegwandtheit?*

Den Begriff „Redegewandtheit" wählten wir gezielt, da er in der Alltagssprache gebräuchlich ist und in Wertungen zwischen Ost- und Westdeutschen häufig auftaucht. Die Antworten auf diese Frage bezogen sich auf Sprech- und
Sprachstil, sowie auf die Fähigkeit zum freien Sprechen.

Wie wir bereits im methodischen Teil erläuterten, entstanden die Kategori-
en auf Grundlage der gegebenen Antworten, so daß es vorkommt, daß sie zwischen den drei Populationsgruppen differieren.

33 % der befragten westdeutschen Professorinnen und Professoren (künftig P) der Universität Halle und 19 % der Mitarbeiterinnen und Mitarbeiter (künftig M) meinten, daß die Westdeutschen redegewandter sind. Von den Studentinnen und Studenten (künftig S) waren es 23 %, die fanden, die Westdeutschen sind redegewandter, bzw. die Ostdeutschen sind es weniger. 7 % der P und M sagten, die Ostdeutschen sind redegewandter. Von den Studenten sagte das niemand. Vielmehr meinten 19 % von ihnen, daß hinsichtlich der Redegewandtheit andere Kriterien als die Herkunft aus Ost oder West eine Rolle spielen.

Die Kategorie „Sonstiges" beinhaltet sowohl Aussagen, die die Frage gar nicht (z. B. „Ost- Studenten sind nachdenklicher") oder auch in eine andere Richtung beantworten („Ostdeutsche brauchen mehr Aufforderung"). Interessant ist allerdings, und das gilt für alle drei Gruppen, der jeweils hohe Anteil an Personen, die meinten, daß es keine Unterschiede gibt. Vor allem bei den S finden wir hier ein deutliches Schwergewicht mit 58 %, aber auch bei den P und M sind es 43 % und 44 %. Dieses Ergebnis erstaunt uns doch, da wir aufgrund unserer Alltagserfahrung damit gerechnet hatten, daß sich bei der Einschätzung der Redegewandtheit eine deutlichere Diskrepanz zwischen Ostdeutschen und Westdeutschen ergibt (Abb. 1).

Gibt es Ihrer Meinung nach Unterschiede bezüglich der Diskussionsfreudigkeit?

Vor allem die P sahen einen deutlichen Unterschied zwischen der Diskussionsfreudigkeit Ost- und Westdeutscher, was sie häufig an der Seminararbeit mit den Studierenden festmachten. Sie sagten zu 33 %, daß die Westdeutschen dikussionsfreudiger sind, leichter zu bewegen, ihre Meinung beizusteuern als die Ostdeutschen. Das ist bei den Mitarbeitern ähnlich, hier sagten 37 %, daß die Ostdeutschen weniger bzw. die Westdeutschen mehr diskussionsfeudig sind. Nur wenige P und M fanden, daß Ostdeutsche diskussionsfreudiger sind. Bei den S finden wir zu etwa gleichen Anteilen die Aussagen, daß Ostdeutsche bzw. Westdeutsche diskussionsfreudiger sind als auch, daß es keine Unterschiede gibt. Keine Unterschiede bemerkten auch die P zu 29 % und die M zu 26 % (Abb. 2).

Gibt es Ihrer Meinung nach Unterschiede bezüglich der Argumentation?

Auch hier sind wir von einem Alltagsverständnis von Argumentation ausgegangen. Es gab deutliche Ja-Nein-Antworten, wobei ein Drittel der M und P keinen Unterschied bemerkten. Bei den S liegt der Anteil mit 56 % noch höher. Die Meinung, daß Westdeutsche besser argumentieren, ist bei den P mit 23 % am höchsten, allerdings äußerten in dieser Gruppe auch 12 % der Befragten, daß Ostdeutsche besser argumentieren. Interessant ist, daß die letztgenannte Auffassung bei den M nicht vorkommt (Abb. 3).

Gefragt danach, ob bei **Mimik, Gestik und Körpersprache** sowie dem **Sprechtempo** Unterschiede bemerkt würden, wurden zwar Beispiele genannt, diese aber meistens ausdrücklich eher mit regionalen und persönlichen Besonderheiten begründet als durch eine Ost-West-Spezifik.Bei der Frage nach **Formulierungen und Wortwahl** tauchten am häufigsten die beinahe schon klassisch zu nennenden Beispiele auf:

OST	*WEST*
Polylux	Overheadprojektor
3-Raum-Wohnung	3 Zimmer/Küche/Bad
Territorium	Gebiet
Plaste	Plastik
Sättigungsbeilage	
„Fakt ist ..."	
Havarie	

Allgemein wurde bemerkt, daß Ostdeutsche weniger Anglismen verwenden und geschlechtertrennende Bezeichnungen nicht so gebräuchlich sind.

Gibt es Ihrer Meinung nach Unterschiede hinsichtlich der Selbstdarstellung?

Die Tendenz wird in der Darstellung (Abb. 4) sichtbar: Der überwiegende Teil der Befragten war der Meinung, daß Westdeutsche mehr zur Selbstdarstellung neigen als Ostdeutsche. Dieser Umstand wurde allerdings von den Interviewpartnern (ohne daß wir danach fragten) ganz unterschiedlich bewertet. So gab es zum Beispiel folgende Äußerungen:

Ostdeutsche	*Westdeutsche*
– sind zurückhaltender	– selbstbewußter, cooler
– verhalten sich angemessen	– inszenieren sich mehr
– allgemein größere Zurückhaltung	– sind extremer
– können sich schlechter darstellen	– können Nichtwissen besser vertuschen
– Ältere haben defensive Selbstdarstellung	– tun so, als wären sie „tolle Leute"
– introvertiert	

Interessant ist auch, daß bei den P die Kategorie „altersabhängig" auftaucht. 7 % der befragten P sagten, daß sie diese Unterschiede in der Selbstdarstellung bei den Studierenden und anderen jungen Leuten nicht mehr feststellen können.

Was schätzen Sie besonders an Gesprächen mit Ost- bzw. Westdeutschen?

Hier wurden u. a. benannt:

Ostdeutsche	*Westdeutsche*
– problembewußt	– gemeinsames Wissen
– wenig distanziert	– selbständiges Gedankengut
– ausgeprägte Freundlichkeit	– schnell ins Gespräch
– ehrlich	– Spaß/Humor
– Gesprächsnähe	
– Austausch interessant	

Wenn Ihr Gesprächspartner aus den alten, bzw. aus den neuen Bundesländern kommt, bemerken Sie Unterschiede in Ihrem eigenen Gesprächsverhalten?

Insgesamt sagten rund die Hälfte der Befragten Personen, daß sie Unterschiede bemerken. Dabei gibt es verschiedene Gesichtspunkte. Bei einigen Befragten richtete sich die Themenwahl danach, ob sie einen Ost- oder Westdeutschen als Gegenüber haben, das heißt, daß bestimmte Themen gemieden werden, wenn der Gesprächspartner eine Ostdeutsche bzw. ein Ostdeutscher ist. Das betrifft sehr oft die Vergangenheit, das Leben in der DDR. Zum Teil werden auch abhängig vom Gegenüber andere Formulierungen benutzt. Häufig wurden Unterschiede bemerkt, ohne diese konkret benennen zu können.

Von den Personen, die Unterschiede bemerken, sagten 53 % der P, 50 % der M und 38 % der S, daß sie ihr Gesprächsverhalten bewußt verändern. Wir sind uns darüber im klaren, daß diese Frage sehr problematisch ist. Erstaunlich ist trotzdem die Anzahl der eindeutigen Aussagen. (Abb. 5).

3. Zusammenfassung und Ausblick

Obwohl wir noch nicht alle Ergebnisse vorliegen haben, können wir schon jetzt darauf schließen, daß die von uns befragten Westdeutschen Unterschiede hinsichtlich des Kommunikationsverhaltens bei Ost- und Westdeutschen wahrnehmen. Allerdings scheint es die Tendenz zu geben, daß die Studentinnen und Studenten entweder weniger Unterschiede bemerken oder sie weniger problematisieren. Das läßt noch keine Rückschlüsse auf das tatsächliche Vorhandensein der Unterschiede zu. Dazu wäre es erforderlich, Gespräche zwischen Ostdeutschen und Westdeutschen zu beobachten, aufzuzeichnen und entsprechend auszuwerten.

Da wir letztendlich Meinungen erfragt haben, können diese durch die Problematisierung der Ost-West-Unterschiede in den Medien, durch Gespräche mit anderen usw. beeinflußt sein. Trotzdem sind wir der Auffassung, daß unsere Ergebnisse sehr konkret sind und zur Verbesserung der Kommunikation an unserer Universität beitragen können. Erste Kurse für Lehrende zur Gesprächsführung im Seminar werden von uns bereits angeboten. Momentan arbeiten wir an einer Vergleichsstudie, bei der wir die parallelen Teilpopulationen Ostdeutscher befragen.

Wir danken allen Teilnehmerinnen und Teilnehmern der Forschungsseminare, die mit hohem Engagement und in intensiver Arbeit diese Untersuchung durchführten.

Literatur

Clauß, G., Ebner, H.: Grundlagen der Statistik. 6. Aufl. Berlin (Ost) 1978

Fix, U.: Erklären und Rechtfertigen. Die Darstellung der eigenen sprachlich-kommunikativen Vergangenheit in Interviews. Ein Analyseansatz. Deutsche Sprache 2/1997, 187-194

Hoffmeyer-Zlotnik, J. H. P. (Hrsg.): Analyse verbaler Daten. Opladen 1992

Reiher, R., Läzer, R. (Hrsg.): Von Buschzulage und Ossinachweis. Ost-West-Deutsch in der Diskussion. Berlin 1996

Reinecke, J.: Interviewer- und Befragtenverhalten. Opladen 1991

Schnell, R.; Hill, P. B., Esser, E.: Methoden empirischer Sozialforschung. 5. Aufl. München-Wien 1995

Strohschneider,S. (Hrsg.): Denken in Deutschland. Vergleichende Untersuchungen in Ost und West. Bern-Göttingen-Toronto-Seattle 1996

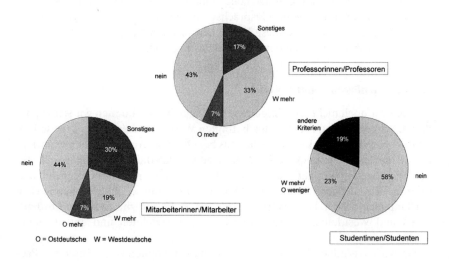

Abb. 1: Antworten auf die Frage: „*Gibt es Ihrer Meinung nach Unterschiede zwischen Ost- und Westdeutschen hinsichtlich der Redegewandtheit?*"

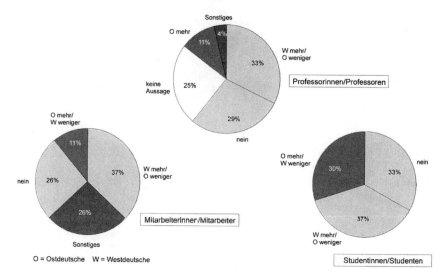

Abb. 2: Antworten auf die Frage: *„Gibt es Ihrer Meinung nach Unterschiede zwischen Ost- und Westdeutschen hinsichtlich der Diskussionsfreudigkeit?"*

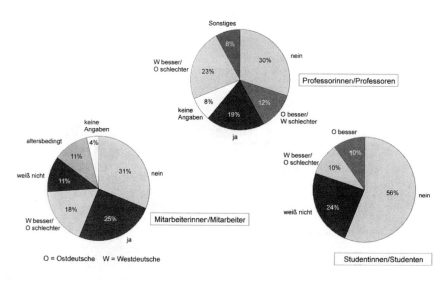

Abb. 3: Antworten auf die Frage: *„Gibt es Ihrer Meinung nach Unterschiede zwischen Ost- und Westdeutschen hinsichtlich der Argumentation?"*

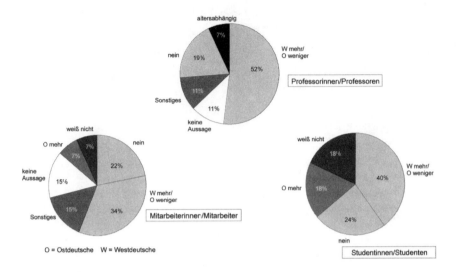

Abb. 4: *„Gibt es Ihrer Meinung nach Unterschiede zwischen Ost- und Westdeutschen hinsichtlich der Selbstdarstellung?"*

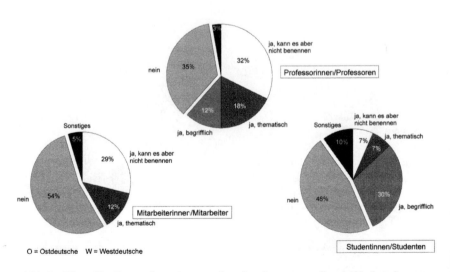

Abb. 5: *„Wenn Ihr Gesprächspartner aus den alten bzw. neuen Bundesländern kommt, bemerken Sie Unterschiede in Ihrem eigenen Gesprächsverhalten?"*

ROLAND FORSTER

Mündliche Kommunikation im Fach Deutsch als Fremdsprache

1. Einführung

Ausländische Studierende an Hochschulen in Deutschland müssen über Sprachkenntnisse verfügen, die ein erfolgreiches Studium erwarten lassen. Diese Kompetenz ist Voraussetzung für die Immatrikulation und wird in der Regel durch die sog. DSH nachgewiesen, die „Deutsche Sprachprüfung für den Hochschulzugang ausländischer Studienbewerber", oder durch die FSP, die „Prüfung zur Feststellung der Hochschulreife". Anschließend kann ein Studium aufgenommen, fortgeführt oder abgeschlossen werden. Einen ständig größer werdenden Anteil stellen die sog. Programmstudenten, die im Rahmen eines Austausches zwischen deutschen und ausländischen Hochschulen für ein bis zwei Semester an einer deutschen Universität ihre Fächer studieren und parallel dazu an einem intensiven Deutschunterricht teilnehmen. Studienbewerber, deren Kenntnisse (noch) nicht ausreichen, haben die Möglichkeit, an Studienkollegs und Lehrgebieten der deutschen Hochschulen diese Kenntnisse zu erwerben bzw. zu vervollständigen. „Der Studierende muß die notwendige soziale und sprachliche Kompetenz erwerben, um in Deutschland leben und erfolgreich studieren zu können" (s. Anmerkung). Dazu wird intensiv im Bereich Hörverstehen gearbeitet, um die Teilnehmenden in die Lage zu versetzen, Vorlesungen und Seminare zu verstehen, den Inhalt schriftlich zu erfassen und mit diesem Material arbeiten zu können. Es geht weiter darum, Texte zu verstehen und effektiv zu bearbeiten. Ein drittes Standbein bildet das Verstehen und Bearbeiten wissenschaftssprachlicher Strukturen. Hinzu kommt eine vorgabenorientierte Textproduktion. Der engere Bereich der mündlichen Kommunikation wird wenig systematisch und in deutlicher Abhängigkeit von Kompetenz und Interesse einzelner Lehrender als „Sprechfertigkeit", „Konversation" oder auch „Einführung in das Halten von Referaten" betrieben – trotz der Tatsache, daß Studierende an Studienkollegs und Lehrgebieten im Rahmen der DSH bzw. der FSP auch eine mündliche Prüfung ablegen müssen. Hier versucht das Studienkolleg der Universität des Saarlandes, eine Kombination aus Studienkolleg und Lehrgebiet Deutsch, einen neuen Weg zu gehen, der im folgenden dargestellt werden soll.

Das Studienkolleg wird von durchschnittlich 200 Studierenden aus 60 Nationen im Alter von 20 bis 25 Jahren besucht, deren Sprachkenntnisse von „ohne

Grundkenntnisse" bis „sehr gut im Schriftlichen und Mündlichen" reichen. Der Unterricht erstreckt sich auf etwa 20 Wochenstunden in den Fächern Leseverstehen, Hörverstehen und wissenschaftssprachliche Strukturen. In geringem Umfang wurde daneben „Sprechfertigkeit" unterrichtet. Hier setzen nun Bemühungen ein, Veränderungen zu initiieren, die für Sprechwissenschaftler und Sprecherzieher leicht nachvollziehbar erscheinen. Dabei gilt als Ansatzpunkt, daß es nicht genügen kann, sich auf später schriftlich zu prüfende Fächer zu konzentrieren. Die Studierenden lernen Deutsch primär, um Gespräche zu führen, und um — im universitären Bereich — Reden zu halten, also zu referieren. Aus diesen Gründen muß einmal der außeruniversitäre Bereich der Studierenden mit einbezogen werden, zum anderen ist an die Phase des späteren Fach-Studiums zu denken, wenn die Studierenden sich an Diskussionen in Seminaren und Übungen beteiligen und Referate halten sollen. Hinter diesen Überlegungen steht die Bemühung, die Studienrealität der ausländischen Studierenden möglichst vollständig zu erfassen. Daneben spiegelt sich hier die klassische Aufteilung sprecherzieherischer Bemühungen in *Gespräch und Rede* wider.

Auf der Basis dieser Überlegungen wurde mit Beginn des Wintersemesters 97/98 am Studienkolleg der Universität des Saarlandes das neue Fach „Mündliche Kommunikation" (MK) eingerichtet. Hier soll unter anderem versucht werden, Einzelberatung der Studierenden, Gesprächs- und Redekurse auf der Basis einer sprechwissenschaftlich-sprecherzieherischen Konzeption dauerhaft in den Bildungsgang der ausländischen Studierenden zu integrieren. In unterschiedlicher Intensität und mit unterschiedlicher Stundenzahl werden folgende vier „Bausteine" bearbeitet:

– Gespräch
– Rede
– Elementarprozesse
– Beratung.

2. Gespräch

Als vorrangiges Ziel der Gesprächskurse gilt: Die Teilnehmenden wollen in der fremden Sprache Deutsch effektiv(er) mit anderen sprechen. Dies bedeutet eine Erweiterung der traditionellen Fixierung auf Sprachrichtigkeit im Sinne einer kommunikativen Kompetenz (Slembek 1997, 3). Daneben muß es darum gehen, den Aspekt „soziales Lernen" bewußt(er) zu machen. Ein solcher Gesprächskurs kann beispielsweise folgenden Verlauf haben:

1.: *Einführung*
– Bearbeitung von Aufgabenstellungen in Kleingruppen
– Metaplan-Auswertung
– Erstellung eines Programms für die nächsten Sitzungen

– Besprechung individueller Vorhaben
– Reflexion interkultureller Situationen

2.-4.: Gespräche mit Schwerpunkt *Klären*

5.: (wird in der Planung nicht belegt, dient als *Zeitpuffer!*)

6-8.: Gespräche mit Schwerpunkt *Streiten*

9.-10.: Abschluß z. B. Amerikanische Debatte
– Streitgespräch mit der gesamten Gruppe
– Üben von Funktionen: Gesprächsleitung
– Üben besonderer Tätigkeiten: Präsentieren.

45- bzw. 90-Minuten-Einheiten haben sich für die einzelnen Termine als nicht
ausreichend erwiesen; dies gilt vor allem für den Anfang einer solchen Reihe
und für die größeren Debatteübungen am Ende. Ideal ist die Kombination von
einzelnen Stunden zu längeren Einheiten von 2 bis 3 Zeitstunden. Die Binnen-
struktur der einzelnen Termine besteht in der Themensuche der Teilnehmenden, der Durchführung von einem oder mehreren Übungsgesprächen und der
Auswertung dieser Gespräche. Ausgewertet wird, was die Teilnehmenden produzieren und damit zur Verfügung stellen; es liegt nahe, daß die Kursleitung
sich dabei auf Wesentliches beschränkt. Ihre Hauptaufgabe besteht in einer
Moderation des gesamten Ablaufs, vor allem aber der Auswertung, die letztendlich von ihr verantwortet wird. Gesprächskurse bedeuten für die Durch-
führenden eine große Anstrengung, im wesentlichen deshalb, weil Verlauf und
Auswertung nur zum Teil voraussehbar oder gar planbar sind und immer wieder eine gehörige Portion „Chaos-Kompetenz" erforderlich ist. Gerade im vorliegenden interkulturellen Bereich ist die Erfahrung von Team- oder Gruppen-
arbeit von Bedeutung, daneben das Kennenlernen von Arbeitsweisen wie
metaplan und mind-mapping, die über den sonst üblichen Unterricht hinaus-
reichen. Was bisher nicht befriedigend gelöst werden konnte, ist das Problem
Desertionsquote: Im Verlauf eines Gesprächskurses sinkt die Anzahl der Teilnehmenden kontinuierlich, was zum Teil durch Konflikte mit anderen (schein-
pflichtigen) Seminaren bedingt ist. Es ist auffällig, daß bei einer Befragung der
Studierenden die Inhalte der Gesprächskurse weniger greifbar erscheinen und
weniger gut beschrieben werden können als bei Redekursen. Der Nutzen für
das weitere, persönliche Sprachen- und Kulturlernen wird eher vermutet als
gesehen, u. a. weil die eigenen Gesprächsbeiträge und die von anderen Teilnehmenden – in der fremden Sprache Deutsch – schwer zu beschreiben und
noch schwerer zu bewerten sind.

3. Rede

Das Ziel bei einem Redekurs besteht für die Teilnehmenden darin, auf der Basis von Stichworten annähernd frei eine geplante Zeit über ein bestimmtes Thema zu sprechen, genauer: zu reden. Bei dieser anspruchsvollen Einzelleistung stützen sie sich auf eine Vorlage, versuchen aber, so frei wie möglich zu reden. Dabei üben sie unter anderem, sich auf Hörer zu konzentrieren, bewußt für diese zu reden und weniger das Vermeiden von formalen Fehlern in den Mittelpunkt ihrer Aktivität zu stellen. Damit kann es gelingen, von der ausschließlichen und gewohnten Fixierung auf Sprachrichtigkeit (vgl. die unterschiedlichen Bildungstraditionen) wegzukommen und eine zugewandte, kommunikationsoffene Haltung einzuüben. Bisher wurden am Studienkolleg Tages-, Halbtages- und mehrstündige Kurse erprobt. Auf der Basis dieser Erfahrungen hat sich gezeigt, daß ein dreiteiliger Kurs, so wie er nachstehend abgedruckt ist, bezogen auf Durchführung und Ergebnisse als angemessen und praktikabel gelten kann.

Bei der genannten „Bearbeitung von Aufgabenstellungen in Kleingruppen" geht es vor allem um eine behutsame Annäherung an ein häufig mit Angst und/oder schlechten Erfahrungen besetztes Thema. Dabei wird in den kulturell und ausgangssprachlich völlig unterschiedlichen Gruppen untersucht: Was kennzeichnet eine „gute" Rede? Was tut ein guter Redner, was vermeidet er? Wo liegen für die Teilnehmenden – erfahrungsgemäß oder in ihrer Erwartung –

Einführung
Vorstellungen von „Rede" – „Redner" –
„Reden"
Bearbeitung von Aufgabenstellungen in Klein-
gruppen
Auswertung (Metaplan)

Einführung Stichwortkonzept
Erstellen eigener Stichwortzettel
Sprechproben in Gruppen und plenar
Tonbandaufnahmen

Videoaufnahmen der (Kurz-)Reden
Auswertung
Individuelle Beratung/Erstellung
persönlicher Programme

Abb. 1: Redekurs

Schwierigkeiten, wenn sie eine Rede halten (müssen)? usw. Aus dieser Arbeit können bereits in einfacher Form erste Hinweise für Referenten und Referentinnen erwachsen. Auch bei den Redekursen muß sich die Auswertung auf wenige Punkte konzentrieren. So wird von den Teilnehmenden selbst immer der sprachliche Bereich angesprochen, der Inhalt und all das, was unter Mimik, Gestik und Kinesik subsumiert werden kann. Hinzu müssen sprecherische Aspekte kommen und vor allem der Hörerbezug. Die Teilnehmenden sind nach Redekursen meist zufriedener als nach Gesprächskursen und sprechen von einem persönlichen Erfolgserlebnis. Ganz offensichtlich erscheinen ihnen ihre Leistungen klarer, auch klarer abgrenzbar, besser beschreibbar. Hinweise und weiterführende Hilfen durch die Kursleitung können besser „verwertet" werden. Es handelt sich für alle Beteiligten um eine hochkonzentrierte Form von Arbeiten, die wichtige soziale Erfahrungen vermittelt.

4. Elementarprozesse

Hier soll es nicht um systematisch betriebene Sprechbildung gehen, sondern um ein Üben von Elementarprozessen in muttersprachlichen Kleingruppen. Maßgebend dafür ist die Erfahrung, daß Studierende mit der gleichen Muttersprache meist vergleichbare Probleme in den Bereichen Artikulation, Intonation und Betonungsstrukturen haben. Ziel der Bemühungen ist es, kompensatorisch und unterstützend in bezug auf den traditionellen Deutschunterricht zu arbeiten. Dazu werden Minigruppen gebildet, die außerhalb der Unterrichtszeit, in unregelmäßiger Folge und maximal 15 Minuten an den oben beschriebenen Problemen arbeiten. Dabei haben die Teilnehmenden Gelegenheit, sehr viel zu sprechen, der Übungseffekt ist aufgrund der geringen Teilnehmendenzahl sehr hoch. Es kann sehr individuell gearbeitet werden, viele Einzelkorrekturen sind möglich. Unter lernpsychologischen Gesichtspunkten ist diese Arbeitsweise besonders günstig, da alle Teilnehmenden mehr oder weniger gleiche Schwierigkeiten erleben. Die Hilfestellungen werden häufig untereinander weitergegeben. – Ein Nachteil: Es können aus personellen und organisatorischen Gründen nicht alle Studierenden aus allen Kursen versorgt werden.

5. Beratung von Studierenden mit Stimm- und Sprechproblemen

Das Ziel bei diesem Beratungsangebot besteht nicht in einer „Behandlung" von therapeutisch oder gar klinisch relevanten Fällen. Es geht vielmehr um eine einzelfallbezogene Hilfestellung bei Stimm- und Sprechproblemen, um Einzelarbeit also. Was sehr oft vorkommt und geradezu eine erwartbare Begleiterscheinung von Spracherwerb zu sein scheint, sind „falsches" Atmen, Sprechen mit zuviel Druck und Verkrampfungen (Ganzkörper). Häufig müssen auch anhaltende Verständnisprobleme bei der Bildung deutscher Laute und beim Erlernen einer anderen Intonation thematisiert werden. Mit einer systematischen Durchführung als Angebot an alle Studierenden des Studienkollegs konnten noch keine Erfahrungen gemacht werden. Um dieses Angebot besser als bisher bekannt zu machen, soll eine regelmäßige Beratungsstunde eingerichtet werden.

6. Ausblick

Mit der Einrichtung des Faches „Mündliche Kommunikation" am Studienkolleg der Universität des Saarlandes soll allen Studierenden Gelegenheit gegeben werden, ihre Gesprächsfähigkeit (und: Gesprächsverstehensfähigkeit) und ihre Redefähigkeit (und: Redeverstehensfähigkeit) zu entwickeln, weiterzuentwickeln – für viele bedeutet dies: sie zuerst einmal zu entdecken. Hinzu kommt eine intensive Schulung in einigen Bereichen von Sprechausdruck und das Angebot einer einzelfallbezogenen Beratung. In der Zwischenzeit konnte bei Weiterbildungsveranstaltungen   von   Deutsch-als-Fremdsprache-Dozenten, auch im Ausland, festgestellt werden, daß gerade im Bereich der Rhetorischen Kommunikation ein großer Informationsbedarf besteht, vor allem in bezug auf Planung und Durchführung. Die Notwendigkeit der Integration dieser Bildung und Ausbildung in bereits bestehende Spracherwerbssysteme wird von niemandem ernsthaft bestritten. Deshalb soll diese Darstellung mit einem doppelten Appell beschlossen werden. Auf der einen Seite werden Studierende der Sprechwissenschaft/Sprecherziehung aufgefordert, bei Hospitationen und Praktika den Bereich Deutsch als Fremdsprache mit zu berücksichtigen, um den klassischen Deutschunterricht zu unterstützen und gleichzeitig Praxiserfahrung zu sammeln; dies kann auch Auslandsaufenthalte einschließen. Auf der anderen Seite richtet sich dieser Appell an „ausgewachsene" Sprecherzieher und Sprecherzieherinnen, denen hier nahegelegt werden soll, Kontakt mit den in Frage kommenden Institutionen aufzunehmen, um ihre Kompetenz im Bereich der interkulturellen Kommunikation, etwa in Form von Lehraufträgen, zur Verfügung zu stellen. Damit müßte es außerdem möglich sein, daß sich die Sprechwissenschaft/Sprecherziehung viel stärker als bisher in die aktuelle hochschulpolitische Diskussion einklinkt und dazu beiträgt, daß die Attraktivität des Ausländerstudiums in Deutschland – auf deutsch – zunimmt.

Anmerkung

DAAD (Hrsg.): Deutsch als Fremdsprache an den Hochschulen und Studienkollegs in Deutschland. Die Sprachlehrangebote 12. Bonn 1996

Literatur

Forster, R.: Mündliche Kommunikation in Deutsch als Fremdsprache: Gespräch und Rede. St. Ingbert 1997

Geißner, H.: Deutsch als Fremd-Kommunikation am Beispiel mündlicher rhetorischer Kommunikation. In: Jahrbuch Deutsch als Fremdsprache 18, 242-268, 1992

Gutenberg, N.: Grundlagenstudien zu Sprechwissenschaft und Sprecherziehung. Kategorien – Systematik – Programm. Göppingen 1994

Herbig, A.: Argumentieren. Zur Theorie und Systematik argumentativen Handelns. In: Jahrbuch Deutsch als Fremdsprache 18, 329-341, 1992

Pabst-Weinschenk, M.: Reden im Studium. Frankfurt/M. 1995

Slembek, E.: Mündliche Kommunikation – interkulturell. St. Ingbert 1997

KLAUS KLAWITTER und VIOLA SCHMIDT

Erfahrungen mit ausländischen Schauspielstudenten bei der Arbeit am Text

Das krasseste Erlebnis mit dem Kunstwerk eines Menschen aus einem anderen Kulturkreis hatte ich (K. Klawitter) vor 12 Jahren etwa 8OO m von hier, der Humboldt-Universität, entfernt. Gedichte des russischen Dichters Jewgeni Jewtuschenko wurden den etwa 4OO Besuchern vorgestellt. Der Dichter war anwesend. Alle freuten sich wirklich, denn Jewtuschenko war in der DDR sehr angesehen.

Dieter Mann, Schauspieler am Deutschen Theater Berlin, stellte ein Gedicht in einer deutschen Übersetzung vor. Form und Inhalt waren sehr gut übertragen. Als die Leute geklatscht hatten, fragte in die erwartungsvolle Stille vor dem nächsten Gedicht hinein der Dichter: „Sag' mal, war das mein Gedicht?" „Ja." „Das Gedicht war von mir?" „Ja." „Aha." „Wie hättest du es gesprochen?"

Jewtuschenko, geübt im Rezitieren, legte los. Die Deutschen verzogen die Mienen. Jewtuschenko sah es. In einem interessanten Gespräch wagten sich dann beide an eine Möglichkeit der Darbietung heran. Jewtuschenko nahm kopfschüttelnd zur Kenntnis, daß das Pathos, welches für ihn untrennbar zum Gedichtvortrag gehörte, uns den Zugang zum Kunstwerk eher versperrte. Wir wollten (obwohl als Publikumsgruppe sichtbar) individuell erleben und empfinden. Jewtuschenko ging beim öffentlichen Vortrag von einem Gruppenerlebnis aus.

Ich bitte Sie, sich zu erinnern an Aufnahmen deutscher Künstler, die zu Beginn unseres Jahrhunderts in den Vortragssälen „donnerten" oder fast sangen: Ludwig Wüllner, Josef Kainz, Alexander Moissi.

Die Einstellung zu diesen Leistungen ändert sich ständig. Als ich jung war, haben wir überheblich gelacht. Nach mehrmaligem Hören haben wir die Interpretation häufig akzeptiert, manchmal bewundert (besonders, wenn man allein war). Wir haben Ende der 5Oer Jahre sehr stark bewertet, ob der Inhalt vermittelt wurde. Eine große Form wurde nur akzeptiert, wenn sie dem Inhalt diente. Außerdem haben wir parodierend und probierend mitbekommen, daß diese große Form z. B. von Wüllner, relativ einfach zu erreichen war. Es stellte sich auch ein Gefühl ein: Ich sende, damit mich andere bewundern. Das war zu wenig Wechselspiel, keine echte Kommunikation. Am Ende unseres Jahrhunderts gefällt jungen Schauspielern solch eine historische Aufnahme oft sofort sehr gut. Sie bewerten die Formungsleistung stärker als den Transport von

Inhalten. Eines bleibt in allen Zeiten: Die Begegnung mit etwas Unerwartetem ist sehr anregend. Geist und Körper können sich verhalten. Kommt streitbare Lust hinzu, ergeben sich wunderbare Arbeitsimpulse.

Wir erweitern mit unserer Ausbildung an der Schauspielschule das Ausdrucksvermögen unserer Studenten. Die Hauptarbeit besteht darin, daß wir Kommunikationstechniken von Blockierungen befreien. Die gesprochene Sprache wird vom handelnden Körper mitgenommen, der Körperausdruck trägt den Sprechausdruck, der Gestus trägt das Sprechen. Mit zunehmendem gesamtkörperlichen Fühlen-Denken-Handeln-Sprechen erleben die Studenten, daß Sprechen mehr ist, als eine bloße Informationsübermittlung von Gehirn zu Gehirn, daß in der Spanne zwischen Semantik und Ektosemantik die Möglichkeit für künstlerischen Umgang mit der Sprache liegt.

Bei ausländischen Studenten ist der Gestus beim Sprechen unserer Sprache oft verschüttet, ein künstlerischer Umgang mit unserer Sprache häufig eingeschränkt. Emotionen werden oft nicht transportiert oder von den Zuschauern falsch entschlüsselt. Das emotionale Denken aus einer Haltung (Einstellung) heraus, ist für unsere Arbeit fast wichtiger, als das kognitive Denken.

Die Holländerin Judith van der Werff ist Schauspielerin in Schwerin. Als Studentin hatte sie — trotz fast akzentfreien Klanges — beim Spielen erhebliche Schwierigkeiten mit der deutschen Sprache. Sie hat aufgeschrieben, worin sie Unterschiede empfindet:

„Die holländische Sprache ist wie ein Jojo, wie ein Federball. Sie geht in der Melodie hoch und runter. Man hat das Gefühl, als ob die Sprache sich nicht auf eine Tonart einigen, konzentrieren kann, wie eine fröhliche Mozart– Melodie. Dadurch hat sie immer etwas Positives an sich, so, als wollte der Untertext immer sagen: ‚Wollen wir ...‘ und ‚Das macht doch gar nichts ...‘ und ‚Es gibt immer eine zweite Lösung ...‘ und ‚Das mußt du mal erleben, das ist toll ...‘ Zugegeben, die holländische Sprache kann einen hysterischen Klang haben, so, als ob immer nur ein Thema kurz angeschnitten wird, um dann zum nächsten überzuspringen, um auch das wieder nur anzuschneiden. Jedoch das Lebensgefühl, das sich aus dem allgemeinen Klangbild herauskristallisieren läßt, ist ein grundpositives Gefühl, ein niemals Aufgeben. Hauptsache, ein Teil von meinem Leben ist in Ordnung. Das andere kommt schon. In der deutschen Sprache geht es dem Ende zu. Das heißt, daß die Sätze auf das Ende hin gesprochen werden. Und warum will der deutsche Satz so gern zum Ende kommen? Weil am Ende das Verb steht, worauf er sich freuen kann, so, als wäre alles, was vor dem Verb steht, uninteressant. Das Beruhigende und Aufregende daran ist, daß ich immer weiß, auch wenn ich den Hauptgedanken unterbreche durch einen Nebensatz oder gar mehrere Nebensätze, daß ich mit meinem Satz zum Ende komme. Ich kann den Satz, wie lang auch immer, verständlich beenden. Dieser Zugzwang, in dem man sich befindet, macht die deutsche Sprache, im Gegensatz zur holländischen Sprache, zu einer zwingenden Sprache: ‚Paß nur auf, das Wichtigste kommt noch ...‘ In so einem Zugzwang scheinen sich oft die Menschen, die sich hierzulande unterhalten, zu befinden. Ich höre Untertexte wie: ‚Ich hoffe, du verstehst das ...‘ und ‚Dies ist ein Geheimnis, ich erzähle es nur dir ...‘ und ‚Ich kann nicht, weil ...‘ und ‚Ich muß ...‘ Das Schöne daran ist, daß wenn ein Deutscher seine Sprache gut beherrscht und keine Scheu hat zu sprechen, er oder sie in all diesen Selbstzweifeln wie ein Buch klingen kann und das macht, daß ich nicht mehr weg will und diesen Menschen stundenlang zuhören kann.“ (v. d. Werff 1995, 4)

Ich (V. Schmidt) unterrichte eine Studentin aus Großbritannien, Muttersprache Englisch. Zwei Jahre habe ich „Punktsprechen" geübt und versucht, die Sprache zu begradigen (Verzicht auf zu starke Hebungen, Entmelodisierung, mehr rhythmische Struktur). Das Ergebnis: Wenn dieses sprachliche Muster auf die Muttersprache übertragen und im Heimatland ausprobiert wurde, galt meine Studentin als ausgesprochen unhöflich. Sie brach mit den üblichen Traditionen der Freundlichkeit, auch Unverbindlichkeit, des Beherrschens der Emotionen im Sinne eines netten „small talk". Benutzte sie ihr heimatsprachliches Intonationsmuster, gepaart mit der deutschen Sprache, in Deutschland, wurde sie nicht für voll genommen, galt als zu wenig selbstbewußt und bestimmt. Auch bei anderen ausländischen Studenten hatte ich bemerkt, daß sich der Gebrauch der Stimme mit dem Einsatz der anderen Sprache ändern konnte. Wie, wenn man mit der Fremdsprache in eine Rolle schlüpft und sich ein Stückchen sozio-demografisches Verhalten anzieht. So war es einer anderen deutschsprachigen Studentin nur möglich, eine bestimmte Rolle in Englisch zu erarbeiten, das sie als kleines Kind durchs Fernsehen erlernt hatte. Sie wuchs in Hongkong auf und sprach nur mit der Mutter deutsch. Zurück zu meiner britischen Studentin. Da ich des Englischen einigermaßen mächtig bin, beschloß ich, Texte in der Muttersprache der Studentin zu arbeiten. Wir wählten dazu den Monolog der Lady Macbeth aus „Macbeth" von William Shakespeare, 1. Akt, 4. Szene. Beim ersten Hören erschien mir die englische Version, obwohl Inhalt und Situation mir bekannt waren, sehr fremd. Ich spürte jedoch sofort die starke Emotionalität in Text und Figurenhaltung. Die Stimme ging mir sofort unter die Haut. Zunächst sperrte ich mich aber dagegen, da mir diese Gefühle auch pathetisch vorkamen, dadurch irgendwie geborgt, auf britischen Bühnen abgehört. So denkt sie, meinte ich, müsse man Shakespeare sprechen. Das ist nicht individuell. Aber natürlich ist das Individuelle aufgehoben im Kulturellen wie der soziale Gestus in der sprachlichen Struktur. Also habe ich meine Hörgewohnheiten über Bord geworfen und mich eingelassen auf das Fremde. Dadurch kam der Genuß.

Ein ähnliches Erlebnis hatte ich während eines Gastspiels der Mnouchkine in Berlin. Ich spreche kein Wort französisch und habe dennoch emotional viel verstanden und das auch, nachdem ich zunächst irritiert war. Der Genuß war immer da am größten, wo meine Studentin gestisch eindeutig war und sehr emotional. Ich wurde mir der der Sprache innewohnenden Poesie, die vor allem über die Melodisierung übertragen wurde, bewußt und der oftmals stark betonten Onomatopoetik der Sprache z. B. „you murd'ring ministers ...". Auch wurde mir eine zusätzliche historische Dimension durch den Gebrauch des alten Englisch geliefert. Die Stimme modulierte frei, freier als in Übungen. Immer war der körperliche Grundton so stark, daß sich Emotion übertrug, das heißt, die körperlichen Spannungszustände der Figur konnten von mir nachempfunden werden. Es stellte sich Empathie ein. Dieser Eindruck wurde von anderen Hörern bestätigt, auch wenn sie Text und Situation nicht kannten. Auffällig war auch die Lust der Sprecherin am Ausformen bestimmter Passagen, ein oftmals sehr weicher und resonanzreicher Umgang mit den Klingern und ein kräftiges Zupacken im Zischlautbereich, immer die richtige Mischung aus Höhen und Mitten, lange Atembögen und Differenzierungen, die im Deutschen selten erreicht wurden. So war ich denn auch beim Erarbeiten der deutschen Variante des Textes (Übersetzung von Thomas Brasch) nicht mehr so gefangen. Wenn ich mir auch bewußt bin, daß ich anders zuhöre, daß ich möglicherweise mehr mit dem Denken beschäftigt bin, also eher die Bedeutung der Wörter als die Art und Weise, wie sie gesprochen werden, aufnehme.

Die Studentin kämpft in der deutschen Variante mit den Wörtern, die Sprache kommt nicht in den Fluß. Die Stimme bleibt gleichförmig, beschreibt Gefühle nur noch, kann sie aber nicht mehr so gut auf mich übertragen. Die Stimme sitzt nicht mehr so gut auf dem Körper. Das Mischungsverhältnis von Grundton und Obertönen hat sich verschlechtert. Die Stimme klingt brustiger und flach. Differenzierte körperliche Spannungszustände werden nicht mehr transparent. Der Kopf arbeitet mehr als in der englischen Fassung, was dem Anfang des Monologs noch ganz gut tut, denn die Figur versucht ja zunächst, die Situation verstandesmäßig zu klären. Wenn dann der emotionale Einstieg nötig wäre, wird der Sprachgestus leer. Während die Textzeile „Hail, King that shalt be!" in den Körper geht wie ein Schreck oder eine Gewißheit, wird in der deutschen Variante die gleiche Passage eher erklärt. Der Sprache fehlt die Kraft und auch der Stimme. Der Atem geht nicht tief genug, Gedanken und Gefühle bleiben an der Oberfläche. Das Deutsche verlangt nach einer anderen Realisierungsmöglichkeit. Versuche einer 1:1 Übertragung gelingen nur kurzzeitig. Dann läuft die Sprache der Studentin sehr schnell davon und stellt sich zwischen die Emotionen. Weniger die Melodie, der Rhythmus prägt die Struktur. Die Übersetzung verlangt nach einem anderen Sprechgestus, ohne den Gestus der Figur zu verlieren. Eine 1:1 Übertragung wird demnach nicht zum gewünschten Ziel führen, das bedeutet, die Übersetzung wäre zu behandeln wie ein Original und somit völlig neu zu erarbeiten. Trotzdem glaube ich, daß es hilfreich ist, mit ausländischen Schauspielstudenten, Texte in der Muttersprache zu arbeiten. Erfahrungsgemäß ist die Stimme weniger vom Körper getrennt als in der Fremdsprache. Wenn ich davon ausgehe, daß jeder Sprache ein eigener Grundgestus innewohnt, müßte es hilfreich sein, damit zu arbeiten, so wie wir es ja auch mit den Dialekten und Mundarten tun. Für den deutschsprechenden Engländer würde ich die deutsche Shakespeare–Übersetzung zunächst eher ablehnen und Büchner, Schiller oder auch Heiner Müller arbeiten, die ein wirklich anderes Sprachmuster verlangen.

Literatur

Werff, Judith v. d.: Ein persönlicher Bericht über das Thema Sprache mit dem Titel: Zwischentöne. Dipl. Arb. Berlin 1995

MARTIN HARBAUER

Deutsch für Ausländer – Ein phonetischer und ästhetischer Ansatz am Beispiel Musical

Daß mein Thema durchaus in den Rahmen einer Tagung über „interkulturelle Kommunikation" paßt, untermauert ein Zitat von Uta Ziegenbalg (1994, 10), die das Musical als „hybrides Ganzes" bezeichnet, und weiter zu dessen Entwickung anmerkt:

„Die Anfänge des Musiktheaters in Amerika wurden im achtzehnten und zu Beginn des neunzehnten Jahrhunderts von europäischen, insbesondere englischen, Einflüssen geprägt und verwandelt. Die anderen Nationalitäten, die in die ‚Neue Welt' auswanderten, leisteten auch wesentliche Beiträge zur Entwicklung des Theaters und des Musiktheaters." (Ziegenbalg 1994)

Auch ganz persönlich kann ich meine Erfahrung im Musical als „interkulturell" bezeichnen. In den letzten drei Jahren arbeitete ich mit Darstellern aus vierzehn nicht deutschsprachigen Nationen: Australien, Frankreich, Großbritannien, Italien, Kanada, Neuseeland, Niederlande, Norwegen, Philippinen, Polen, Schweden, Spanien, Ungarn, USA. Aus dieser Umgebung stammt auch die Bezeichnung „diction coach" für meine sprecherzieherische Arbeit im Musical.

Meine Ausführungen sind in drei Teile geliedert:

(1) sprachliche Herausforderungen in einem Musical
(2) phonetische Methoden und ästhetische Aspekte
(3) der Sprecherzieher im Musical.

1. Sprachliche Herausforderungen in einem Musical

Bevor ich auf die Schwierigkeiten, oder positiv ausgedrückt: Herausforderungen eingehe, denen sich ein Sprecherzieher im Musical gegenübersieht, einige biographische Eckdaten:

Bereits während der Diplomausbildung zum Sprecherzieher an der Staatlichen Hochschule für Musik und Darstellende Kunst in Stuttgart widmete ich mich dem Bereich Deutsch als Fremdsprache. Ich unterrichtete jeweils drei Jahre ausländische Arbeitnehmer an der Berlitzschule Stuttgart (Sprachunterricht), und ausländische Studenten am Sprachzentrum der Stuttgarter Universität (Phonetik, Grammatik, Konversation, Rezitation und Theater), erarbeitete parallel mit ausländischen Sängern die Gestaltung deutscher Liedtexte. Nach dem Studium arbeitete ich unter anderem als Sprachlehrer beim Musical „Miß Saigon" in Stuttgart, als Sprechtrainer für die Hauptrollenbesetzung von „Les miserables" in Duisburg und seit der Premiere 1995 als „diction coach" für den

„Sunset Boulevard" in Niedernhausen bei Wiesbaden (in der Folge die Grundlage meiner Ausführungen). Seit der „Stunde Null" 1996 bin ich außerdem Sprecherzieher des ersten Jahrgangs im Studienfach ‚Musical' an der Bayrischen Theaterakademie in München.

Das erste Problem, das sich mir bei der Spracharbeit im Musical stellte, war der immense Zeitdruck. Von Probebeginn bis zur Premiere stehen höchstens zwei Monate zur Verfügung, und die multikulturell gemischten Ensemblemitglieder konzentrieren sich zunächst auf Gesang, Choreographie und Schauspiel, die Bühnenaussprache ist normalerweise zunächst nachgeordnet. So muß der Sprech-Trainer seine Aussprachetoleranzkriterien den jeweiligen Anforderungen anpassen und Prioritäten setzen können. Das gilt auch für die meist unmittelbar nach der Premiere folgenden CD-Aufnahmen.

Wenn sich die erste Hektik nach der Premierenzeit gelegt hat, ist nicht automatisch Zeit für Konsolidierung. In einem System von alternates (Zweitbesetzungen ausschließlich für Hauptrollen), covers (Ensemblemitglieder, die verschiedene Rollen, manchmal Hauptrollen spielen) und swings („Ersatzdarsteller", die kurzfristig in nahezu jede Ensemblerolle schlüpfen können müssen) ist es nötig, ständig neue Texte und Rollen einzuprobieren.

Die Ergebnisse der Arbeit müssen mindestens einmal wöchentlich hörüberprüft werden, da sich die Deutschkenntnisse der ausländischen Ensemblemitglieder oft nur auf ihre Textzeilen beschränken. So sind ständige Artikulationsverschiebungen möglich, die von den Darstellern ohne äußere Korrektur kaum wahrgenommen werden.

Die Bühnenaussprache liegt im laufenden internationalen Großmusical in einem ständigen Clinch mit anderen Bereichen innerhalb der Produktion, wie Tanz-, Musik- und Schauspielproben. Zwischen diesen Hauptprobenbereichen und den üblichen Führungsebenen „stage management" und „company management" muß die Sprecherziehung ihren Platz finden und behaupten.

Hochlautung im Musical wird in mancher deutscher Produktion hörbar stiefmütterlich und letztrangig behandelt. Bei der Produktion „Sunset Boulevard" in Niedernhausen hatte ich das Glück, mit Peter Weck auf einen künstlerischen Produzenten zu treffen, der, gerade vor dem Hintergrund seiner eigenen erfolgreichen Film- und Theatertätigkeit, großen Wert auf ein ansprechendes Bühnendeutsch auch in der dort thematisierten Hollywood-Geschichte legt. So wurde mir der kontinuierliche Aufbau des Phonetik-Trainings innerhalb der Show erleichtert.

Zusammenfassend erscheint es für einen Sprecherzieher (diction coach) im Musical unabdingbar, unter Zeitdruck effizient arbeiten zu können und dies nicht ohne Durchsetzungsvermögen und Eigenständigkeit gegenüber parallelen Produktionsabläufen.

2. Phonetische Methoden und ästhetische Aspekte

Nach meiner langjährigen Erfahrung als Phonetiklehrer ist die Arbeit mit Musikern eine besonders dankbare. Parameter der Phonetik wie das Hören, Intonation, Melodie und Rhythmus sind für einen Sänger tagtägliches Brot. Mir ist ein signifikanter Zusammenhang zwischen musikalischen Darstellern und deren schneller Sprachauffassung und eher unmusikalischen und deren hartnäckigen Problemen aufgefallen. So reichen oft einige Stunden, um gesangsbegabten Ensemblemitgliedern zu einer wohlverständlichen Aussprache zu verhelfen, auf der anderen Seite bin ich seit zwei Jahren mit einem unmusikalischen Darsteller konfrontiert, der auch nach diesem langen Zeitraum kein wirklich akzeptables Bühnendeutsch zuwege bringt.

2.1. Phonetische Methoden

Nach meinem Anspruch soll der Darsteller verständlich artikulieren, mit nicht zu auffälligem und dadurch ablenkendem Akzent, aber ohne Anspruch auf Perfektion.

In meinem ersten Jahr als „diction coach" 1995 kam ich mitten in eine hektische Proben und Vorpremierenphase bei „Sunset Boulevard" und konnte gerade noch versuchen, aus bereits bestehenden Sprachmustern das Verständlichste herauszuholen.

Aus dieser Negativerfahrung lernend, entwickelte ich für den „Cast-Wechsel", der generell nach Ablauf eines Jahres in einem Ensemble stattfindet, eine neue Taktik: Bevor die ausländischen Ensemblemitglieder überhaupt mit musikalischen oder Bühnenproben beginnen, sammele ich sie seit 1996 in einer Klassensituation und habe Zeit und Raum für einen mehrtägigen Phonetik-Intensivkurs. Diese Rangfolge (Phonetik vor allen anderen bühnenrelevanten Einstudierungen) gibt mir die Möglichkeit, konzentriert mit der Gruppe an Texten zu arbeiten, Basiswissen zu vermitteln und zu verhindern, daß Proben mit fehlerhaften Sprechmustern aufgenommen und diese dann umso stärker eingeschliffen wurden. Im Phonetikunterricht gehe ich so vor:

2.1.1. Vermittlung aller Einzellaute der deutschen Sprache mit ihren Lautzeichen

Die ausländische Gruppe bekommt so einen Eindruck über den deutschen Lautschatz und erlernt mit dem Lautschrift-Alphabet eine präzise, für alle verbindliche Aussprachegrundlage. Ich vermittle die Grundlagen der Hochlautung, die im Endeffekt in einer natürlichen umgangssprachlichen Lockerheit über die Rampe kommen soll. Beispielswörter wähle ich aus dem Script der „Bühnenshow". Vorteil:

– jeder hat dasselbe Basiswissen
– jeder weiß gezielt um seine Problemlaute
– das Aufeinanderhören wird in der Gruppe geübt.

2.1.2. Phonetisch-sinnrhythmische Einstudierung von Chortexten

Im Musical kommt es immer wieder zu Ensemblesituationen, in denen Texte gemeinsam reproduziert werden. Diese Szenen und Texte bespreche ich mit den ausländischen Darstellern, übersetze (Verkehrssprache Englisch) Wort für Wort, was sie da auf Deutsch artikulieren sollen. Unabhängig von der notierten Liedmelodie steht zunächst ein sinnbetontes rhythmisches Sprechen im Vordergrund. Meine Erfahrung ist, daß, was gut verstanden und exakt gesprochen ist, gesungen nahezu perfekt klingt. Vorteil:

– Die Darsteller verbinden gemeinsame Textpassagen mit ähnlichen Sinnbildern, da wir uns über Textinhalt und -aussage verständigt haben.
– Diese Sprechgrundlage bleibt auch bei späteren musikalischen Proben erhalten, wo Rhythmus und Melodie der Musik die Sinnbetonung nicht mehr verfremden können.
– Verschiedene Sprachtemperamente (asiatische, franko- und anglophone Darsteller im Ensemble) finden einen homogenen Sinnklang.
– Noch vor den musikalischen Proben können sprechtechnische Anforderungen an Ensemble-Nummern, beispielsweise die präzise Realisierung von Endsilben, einstudiert werden.

Nach dieser intensiven Vorbereitung nehmen die ausländischen Darsteller Proben in Choreographie, Musik und Bühnendarstellung auf. Von hier aus rufe ich sie je nach Bedarf zu Einzelproben, um das bisherige zu vertiefen, oder Solotexte zu arbeiten.

2.1.3. Die phonetische Einzelarbeit

Wöchentlich übe ich mit einzelnen Darstellern ihre Ensemble- und Solotexte. Die Einzelarbeit ermöglicht natürlich eine gezielte Konzentration auf Problemlaute und sonstige sprachliche Schwierigkeiten, z. B. Lautstärke, Verschlucken von Silben, falsche Betonungen. Der Arbeitsansatz findet vorrangig in drei Bereichen statt:

a) akustisch

Für Einzel- und Gruppentexte wird ein Demotape erstellt. Wichtig ist, daß der Darsteller eine Musterkassette mit seiner eigenen Stimme zur Verfügung hat. Da Sprache beim Hören beginnt, hilft eine solche Demokassette, die wir Satz für Satz erarbeiten, neue Sprachmuster durch wiederholtes Anhören einzuprägen, und da dies mit der eigenen Stimme passiert, wird ein Zutrauen an die eigene innere Gehörkontrolle aufgebaut.

b) optisch

Problemlaute und Hauptbetonungen werden im script markiert. Problemlaute, die immer wieder auftauchen, sind z. B. das vordere „ch" und das vokalisierte „r", problematisch nicht nur wegen der Artikulationsrealisierung, sondern auch, weil aus der Schriftsprache nicht hervorgeht, wann ein „ch" vorne oder hinten und wann ein „r" gerieben oder vokalisiert wird. Wenn dies im individuellen Textscript farbig markiert wird, prägt sich dem Künstler ein optisches Muster der Problemstellen ein, das hilft, sich auf die Schwachstellen zu konzentrieren.

Bewährt hat sich als optisches System auch eine „individuelle Lautschrift", die ich vor allem bei Hauptdarstellern mit viel Text anwende. Diese haben, je nach Herkunft, ganz eigene Vorstellungen von Buchstaben und Lauten, womit sich ein individuell funktionierendes Script erstellen läßt. Daß ich hier nicht das internationale Lautschrift-Alphabet verwende, hat zum einen den Grund, daß es hier, im Gegensatz zu Ensembletexten, um bis zu 24 Seiten Einzeltext geht, der phonetisch korrekt notiert, nur für den linguistischen Spezialisten entzifferbar wäre. Zum anderen verfüge ich praktisch nicht über alle notwendigen Zeichen im Texterfassungssystem des Theaters. Der Darsteller, der mit dem folgenden Beispiel arbeitet, ist Norweger mit anfangs sehr lückenhaften Deutsch- und noch schwächeren Aussprachekenntnissen. Er spielt mittlerweile die männliche Hauptrolle des „Joe Gillis", ohne daß über weite Strecken der Show ein Akzent hörbar wäre.

Naachdeem eeah gögangön war /, schtant îch aine Tssaitlang *daa* ûnt zaa aoss deem *Fêns-ṣ*tah. Ann fêahblasst.n Mar*küü*rûngön ûnt ainöm schlaffön *Nêtss /* êahkanntö man dii traorigön *üü*bahrêsstö ainös *Tên*nisplatssös / ûnt êss zaa *aoss ...*

Wie man an dem gedoppelten, stimmlosen „s" erkennt, hat der Skandinavier Probleme mit der Unterscheidung von stimmhaftem (z) und stimmlosem „s". Lange geschlossene Vokale sind doppelt notiert, offene Vokale erhalten ein Dach: ^. Der Schwa-Laut ist mit „ö" notiert, was zur Unterscheidung zum „e", wegen der individuellen Notierung aber nicht zur fehlerhaften Aussprache eines Umlautes führt. Diese Notierung, wie auch das „ah" für das vokalisierte „r", wurde gemeinsam entwickelt, die so entstandene Schrift ist Ausdruck und Resultat der Hör- und Schreibgewohnheiten einer Person, ohne Anspruch auf Allgemeinwirksam- oder -gültigkeit.

c) haptisch

Im Musical habe ich zum großen Teil mit ausgebildeten Tänzern zu tun, Menschen die in atemberaubendem Tempo körperliche Bewegungsmuster wiederholen und speichern können. Tanzleute sind also hervorragende Körperlerner und wenn man, wie ich das tue, Sprache auch als reduzierte Geste versteht, liegt es natürlich nahe, sprachliche Parameter wie Hauptbetonungen, Melodiebesonderheiten, Dehnungen, Pausen, körperlich zu verdeutlichen.

Hierbei kommen elastische Bänder, Bälle und Bewegungen zum Einsatz. Eine solche körperbetonte Arbeit ist schriftlich schlecht darzustellen, daher beschränke ich mich auf ein Beispiel:

Eine Amerikanerin hatte Schwierigkeiten, das Wort „Warmwasser" mit Betonung auf der ersten Silbe auszusprechen. Sie sprach und sang permanent „Warm-*waa*ser" mit Betonung und langgezogenem „a" auf der zweiten Silbe. Ich warf ihr einen „Kuschelball" zu. Beim Wurfauftakt kam beschwingt und impulshaft kurz das „Warm-", bei ihrem Fangen eher passiv weggesprochen das „-wasser", und bekam den Ball von ihr lautgleich zurück. Diese körperliche Erfahrung, die Betonung beim Wurfbeginn zu plazieren, korrigierte die Ausspracheschwierigkeit spontan und anhaltend.

2.2. Ästhetische Aspekte

Der Übergang zwischen Phonetik und Ästhetik ist natürlich fließend, denkt man nur an die Einstudierung von Hauptbetonungen, Dehnungen und Pausen. Grundsätzlich erhebe ich den Anspruch, daß der Darsteller eben nicht nur phonetisch präzise, sondern auch in der Lage sein sollte, Texte seiner Persönlichkeit und der vorgegebenen Rolle entsprechend, überzeugend über die Bühne zu bringen. Vom künstlerischen Anspruch her entspricht meine Tätigkeit mit Ausländern am Musical somit der eines Dialogregisseurs.

Voraussetzung für eine entsprechende Texteinstudierung ist immer wieder eine Probenpräsenz auch meinerseits, um zu wissen, wie die einzelnen Rollen angelegt sind.

Im Sprechunterricht versuche ich also immer wieder, dramatische Situationen nachzustellen und so den Darsteller Sprache nicht nur wissen, sondern auch erleben zu lassen.

Nach der Anlage der sprachlichen Interpretation eines Dia- oder Monologes bin ich immer wieder bei Proben oder Aufführungen das „dritte Ohr" des Darstellers (klingt er noch echt?). Wichtig ist es, nicht brutal einzugreifen und eigene Sprechideale durchzudrücken, sondern die Persönlichkeit des Darstellers zu achten und seinen charakteristischen Ausdruck zu fördern. Ein phonetisch korrekter, aber gleichzeitig steril und unecht gesprochener Text erreicht niemanden im Publikum, ebensowenig wie es unverständliches Kauderwelsch täte. Zwischen diesen zwei Extremen steht die Bühnensprache, die ich anstrebe: sie ermöglicht dem Publikum, ohne Anstrengung und Ablenkung den Texten zu folgen, bietet aber durch beibehaltene Persönlichkeitsmerkmale auch den internationalen Klang, der ja schließlich zum Flair des internationalen Musicals gehört.

3. Der Sprecherzieher im Musical

Aussprache und Textarbeit stehen also im Vordergrund meiner Tätigkeit, wofür ich den Begriff „diction coach" als zutreffend erachte, auch die Bezeichnung

Phonetik-Trainer, im Programmheft verwendet, trifft zu. Natürlich fallen auch immer wieder sprecherzieherische Aufgaben an, z. B. stimmbildnerische Arbeit, wenn die Naturstimme einer Person nicht zur darzustellenden Rolle paßt. Auch sollte man als Sprecherzieher im Musical in der Lage sein, kreativ an textbuchbedingten Sprachfallen zu arbeiten und, falls nötig, Alternativen anzubieten.

Da das Großmusical in erster Linie wirtschaftlich orientiert ist, muß der Sprechtrainer im Musical effizient und unter Zeitdruck sofort hörbare Erfolge erzielen können. Dafür scheint mir Erfahrung im DaF-Bereich unabdingbar. Wichtig ist auch die Fähigkeit zu selbständiger Arbeit und gleichzeitiger Kooperation mit anderen Musical-Abteilungen. Man sollte sich auf eine langfristige Arbeit einstellen, die niemals wirklich am Ziel ist, da beim Großmusical ständige Um- und Neubesetzungen und bei den Künstlern permanente Aufs und Abs an der Tagesordnung sind.

Wie gesehen, muß das Musical nicht eine Kunstform sein, die sich durch unverständliches Bühnenkauderwelsch mit Gesangseinlagen auszeichnet. Die Sicherung der sprachlichen Qualität unter Berücksichtigung der Persönlichkeit eines jeden Darstellers kann nicht nur zur Imageaufwertung beitragen, sondern auch zur Integration dieser von einem meist multikulturellen Ensemble dargebotenen interkulturellen Kunstform.

Zur Unterstreichung des interkulturellen Charakters definiere ich zum Ende meiner Ausführungen den Sprecherzieher im Musical mit den in diesem Metier gängigen Termini: Ein diction coach gehört zum creative team einer show, in deren Ablauf seine Aufgabe darin besteht, die cast, insbesondere principles oder covers, alternates und swings phonetisch zu trainieren, was durch calls geschieht, bei denen z. B. demotapes mit single lines produziert werden.

Literatur

Ziegenbalg, U.: Das internationale Musical. Herdecke 1994

DORIS KIRCHNER

Einführung in die „Kunst der Perzeption" – Die praktische Umsetzung der „Kunst der Perzeption"

1. Einführung in die „Kunst der Perzeption"

(1) Wahrnehmendes Benennen des aktiven und passiven SinnesGeschehen im Menschen
(2) Das daraus entstehende Erkennen der Gewohnheiten
(3) Die Entwicklung der Fähigkeiten zu wahr-nehmenden Eigenheiten = Gestalten = Gestaltungen
(4) Die freie – wissende Ich-Gestalt als Wahrheit
(5) Eindruck und Ausdruck des Wortes
(6) Das Leben im Wort als EmpfindungsGeschehen
(7) Begriffe als HandlungsGeschehen
(8) Wahrnehmendes Innen-Zeit-Geschehen in Worten und Sinneseinwirkungen
(9) Geführtes Denken – das zum eigenen Wissen werden kann oder als Fremd-Wissen abrufbar bleibt
(10) Der Eigen-Wert aus dem wahrnehmenden „Können" = Wahr-heit = sinnvolles Leben.

2. Die praktische Umsetzung der „Kunst der Perzeption"

(1) Die SinnesTore und der Tastsinn
(2) Gewohnheiten der stumpfen oder geschärften Sinne
(3) Das wahrnehmende Inter-esse – (Dazwischenseiende) – Energieführung
(4) Wache maßvolle Sinnes-Ernährung!
(5) Das Hören als Kommunikationsgrundlage (Hör-Arten)
(6) Der Tastsinn als Zeit-Empfinden der Sprech-Weise
(7) Der Sehsinn als Sichtweisen-Prägungen
(8) Tasten im Geruch Geschmack Sehen Hören Denken Sprechen als Einheit der Sinnes-wahrnehmenden Qualität
(9) Die Lese-Arten
(10) Die Arbeits-Weisen
(s. Essentielles Lehrkonzept von Doris Kirchner).

= Seinem Ich – sein Leben Lehren – Sich Leben Können!

3. Zur Tagung

„**Inter** = (zwischen) **kulturelle** = (Gesamtheit der geistigen und künstlerischen Lebensäußerungen einer Gemeinschaft - eines Volkes) – **Kommunikation"** = (Bildung sozialer Einheiten durch die Verwendung von Zeichen und Sprache)

Die menschliche Kunst = (Können) – der wahrnehmenden Sinne = das menschliche Sinnes-Geschehen – in ihren unterscheidenden Fähig-keiten (= Teile) und sprachlichen Be-nennungen – dient dem Menschen – der Menschheit (= Gestalt) zur Lebens-, Wissens- und Weisheits-Gestaltung – zu sinngemäßen – sinnvollen – Lebensführenden Energien und, Formen als Sprache aller Sinne.

Alle menschlichen Sinne haben unendliche Fähigkeiten Sich in Sich – im eigenen, natürlichen Ich – wahrnehmen (Ein-druck – Empfängnis-Energie) zu können. Dieses natürliche Ich – das wir sind – hat den Vor-Teil – allen Menschen innewohnend zu sein – gleich-gültig in welcher Sprache.

Die Sinnes-Tore nähren die individuelle Ich-Heit = IchGestalt. Aus und durch die menschlichen Sinnes-Tore entsteht ein inneres Geschehen (s. Anmerkung 1) – durch Geräusche, Laut, Ton, Klang – formt Es sich zum Stimmbewegten Sprech-Sprach-Geschehen – zum Wort – hin zur Benennung. Dieses Geschehen – lebt in und durch die menschliche Stimme – läßt Benennungen entstehen – Benennungen lassen Leben – das innere und äußere Geschehen entstehen.

Die Kunst = Das Können der Sinnes-wahr-nehmenden Fähigkeiten – läßt das Lebens-Geschehen als ein individuelles – schöpferisches – Sich empfangendes, formendes und zeugendes Bild erkennen, Gestaltendes und StimmGestaltendes inneres Tun erkennen – einen kreativen Handlungsablauf mit allen ein-wirkenden und aus-wirkenden Geschehnissen wahr-nehmen.

Um diesen Fähigkeiten unserer feinen, differenzierten Sinnestätig-keiten eine Erkennungs-Form durch Aus-druck (= ZeugungsEnergie) geben zu können – hat die deutsche Sprache ebenso feine und unterscheidungtragende (-fähige!?) Formen – Worte – Vor- und Nach-Silben zur Benennung dieses aktiven und passiven Vor-ganges geschaffen.

4. Die Praktische Umsetzung der „Kunst der Perzeption" – Die SinnesTore und der Tast-Sinn

Der Tast-Sinn in seinen Innen- **und** Außen-Energie-Tätigkeiten – „Die praktische" = (Außenzeit) – „Um-setzung" = (Innenzeit) dient – aus der Führung durch „Worte die Lehren Können" zur Empfängnis – durch die Sinnestore – und zur individuellen (Eigen)-führungs-fähigkeit und damit zur individuellen (Eigen)-Wahrnehmungs-Qualität – zu kommen – zur wahrnehmenden Innen-Zeit des WeisheitsWissen – Wissen als Verstand = das Gehörte von Außen in

Sich zu prägen (s. Anmerkung 2) – Weisheit – als Zeitgeschehen im Innen = als erkennendes ganz-heitliches Innengeschehen alle ZellenSinne sind informiert und in das Gehirn (s. Anmerkung 3) hat Es dieses ganzheitliche Sein gespeichert. Der Tast-Sinn als Mittler in uns und unter uns Menschen. – Er kommuniziert nicht nur über die Sprache, sondern über die Energie.

Da – wo Energie führbar ist – kommunizieren Menschen in einer relativ harmonischen Form –- nehmen über den Tastsinn - FreundFeind-Kampf-Begehren, Ehrgeiz, Wahrheit, Falschheit ... wahr können den TastSinn führen. Er ist allen Menschen, Tieren, Pflanzen, Elementen – der schöpferischen Gestalten – eigen. Er ist in den organischen Empfindungen – erkennt die wahr-nehmende Qualität – kann als „er-wachter Sinn" in allen Sinnen – an-/ab-/ be- und er- = Ur-Tasten = innehaltende Energie.

Als Träger dieser vier Arten ist Er als Mittler von Innen- und Außen-Geschehen in jedem Sinn und in seiner Zentrierungs-Fähigkeit des Er-Tastens – die Lösung und Auflösung von Grenz-Empfinden. Er trägt das organische, natürliche Zeit-Empfinden der SinnesTätigkeiten und der SinnesFührung so wie auch der Sinnes-Verletzungen durch abgeschnittene und/oder verlängerte = künstliches Zeitgeschen – Sinnes-Teil-Stücke die als „Prägungen" Sinnes-Narben bilden und so „Ge-fühle" zeugen illusorisches Geschehen, Illusionsbilder, Sinnestäuschungen.

Er führt die SinnesFamilie durch Ein-wirkungen und Aus-wirkungen zum „Denk-Geschehen" – zur Nahrungsaufnahme und -abgabe im Geschmackssinn – Geruchsinn – Sehsinn – Hörsinn – zur Wahr-nehmenden Atmo-sphäre – Atmung – zur Zentrierung in die WandlungsFähigkeiten = Fremd-Formen wahrnehmend anzunehmen, um sie wahrnehmend auszuspielen. Das vielfältige „Spiel der Sinne" ist selten gelehrt, selten erkannt, selten geführt und im eigenen Geschehen selten er-lebbar.

Die „Kunst der Perzeption" kann durch – Erwachen und Erwecken der individuellen Sinnesqualitäten zum Leben führen.

Wache Sinne sind in ihren führbaren, erkennenden Unterscheidungsmöglichkeiten reine, klare Wahr-heiten = Gestaltete Energien. Die Fülle des Lebens ist immer-währendes, schöpferisches, gestaltendes, formendes, Zeit-zeugendes Ge-schehen in Sich = seinem Ich –
zeit-zeugend zeit-tragend – zeit-seiend, – sein Sein lebendes Sinnes-Werk die Wahr-heit in ihrer Sich formenden Gestalt. Wache Sinne sind frei und leben Sich aus wahr-nehmendem, maßvollem Außen-Geschehen – erkennend.

Das Können des eigenen Sinnes-Geschehen bedarf der er-wachten Sinne.

Er-wachte Sinne können Sich = sein Ich wahrnehmend – bildend wahrend – erkennen. Er-wachte Sinne können immerwährend Sich – sein Ich – lehrend agieren, gestaltend „wahren" – sind frei. Ihr Erkennen lebt im Erkennenden Gleichzeitigen. Er-wachte Sinne können in Sich auch funktionieren im Innen und Außen.

Un-erwachte Sinne sind in ihren Misch-Formen = Vermischungen von „eigenem Tun" – und über-tragenem Machen = Interpretationen = AusLegungen von Sinnes-Geschehnissen.

Er-weckte Sinne orientieren Sich an der Ur-Sache, die sie erweckt hat – einem Menschen, einer Stimme, einem Reiz, einem Schmerz, einem Leid – eben einem Un-bekannten Etwas – sind abhängig von Wirkungen, von An-erkennen und Anerkennungen (ung = ursächliches Bewegen). Er-weckte Sinne bleiben in der Führungs-Abhängigkeit der AußenReize und Re-aktionen. Er-weckte Sinne lernen das „Andere" – zu reflektieren – nachzuahmen nach-zu-fühlen, nachzumachen, Sich seine Ich-Projektion nach-zuleben – zu über-tragen – zu funktionieren. Er-weckte Sinne funktionieren im Außen.

Stumpfe Sinne verlängern die Ein-wirkungen zu Ge-wohn-heiten = gewohnte Innen-gestaltete Energien.

Geschärfte Sinne fixieren – suchen, erregen Sich – sein Ich künstlich, bis die natürliche Lebensenergie abgetötet ist – die Fixier-Bilder haften (s. Anmerkung 4). Jedes Geschehen ist unmittelbar in wachen Sinnen wahrnehmbar und kennt keine Wieder-holungen. Das scheinbar Gleich = selbe Geschehen trägt (ist) immer ein eigenes Ge-schehen. Gewohnheiten wieder-holen eine Hand-lung aus unwachen, stumpf gewordenen Sinnen.

Die Selbst-ver-letzung durch den abgeschnittenen und/oder verlängerten Tast-Sinn in unseren menschlichen Sinnen

Praktische Umsetzung im wahr-nehmenden Erkennen

Die „organische, innere Regie", die der Emp-findungsKörper führt – ist eine Energie-führende Tast-Sinn-Qualität – wahrnehmender Impulse erreicht seine, zu dieser Empfindung gehörenden Körperteile und Sinne (z. B. bei Sättigung oder Hunger – der Geschmack-Sinn, Geruchsinn, Hören und Sehen).

Diese „Emp-findungsbahn" des Tastsinn läßt das Denken entstehen und erkennt in Sich – Höhepunkt = Wellenberg und Tiefpunkt = Wellental. (Abnahme der Energieführung) – das „Maß der Sättigung". Diese wahrnehmende Sinnes-Welt ist das Innen-Geschehen als Sein das Wissen (z. B. Ich bin satt) und die Weisheit = Information aller Sinne aus dem Tastsinn – eine organische Erfülltheit und Vollkommenheit des eigenen Bedarf – und in dieser Qualität sind alle Sinne be-friedet.

Der Seh-sinn in seinen benennenden Unterscheidungs-Fähigkeiten. Die Seh-Arten und Seh-Weisen. Die Art und Weise: Wie. **an-/zu-/hin-/weg-/ab-/ver-/hinein-/heraus-/be-/über-/er-Sehen – An-/Hin-/Ab-/Zu-ver-/Aus-/Über-/Ein-Sicht. Reines Sehen** - kennt in Sich alle Seh-Arten und Seh-Weisen.

Der Hör-Sinn – die Hör-Arten **an-/zu-/hin-/weg-/über-/ab-/ver-/hinein-/heraus-/mit/er-**Hören **Reines Hören** – kennt in Sich alle Hör-Arten.

Der Geruch-Sinn – **heraus-/hinein-**Riechen – Sympathie und Antipathie **Jeder Sinn – in jedem Sinn** –

Der Denk-Sinn – er-steht und ent-steht aus allen unseren menschlichen Sinnes-Fähigkeiten. Die Denk-Arten **an-/nach-/aus-/mit-/über-/ver-/weg-/hinein-/heraus-/be-Denken**

Die Denk-Weisen – Das Denken kann **synchron** mit der Sprache = Stimme und Artikulation – Sein – kann **a-synchron** sein, z. B. vorher denken – nachher sprechen und/oder vorher sprechen – nachher denken – und kann **„getrennt"** Etwas anderes Denken und Etwas anderes Sprechen. Die Denk-Weisen – sind mit das Wichtigste – der LebensArt und Weise.

Reines Denken – kennt in Sich alle Denk-Arten und Denk-Weisen. Da – wo das Denken im und vom Tastsinn führbar ist und alle Sinne in der Ein-heit im Sprechen sind – wird Es „Das Künden" – das reine Sagen (s. Anmerkung 5). Diesen menschlichen Denk-Sinn zu klären, reinigen und unterscheidbar werden zu lassen – kann eine große – lebens-lange Eigen-Forschung sein.

Dieses wache Erkennen trägt den MenschenWert in Sich. Die „Minder-wertig-keiten" entstehen aus dem „Nicht-wahr-nehmenden" Sinnes-Geschehen – den Ver-letzungen der Sinne – Trug und Täuschung er-scheint im Gefühls-Bereich = Kopf aus dem zusammengesetzten Bruch-Stück-Werk = Illusions-Bild – im ungepflegten, ver-wildeten, un-reinen Denk-Geschehen. Das gekränkte Ich schafft Sich – seinem Ich ein „Erscheinungs-bild" –eine Projektion ein Ab-Bild aus vielen Fremd-an-Teilen – aus un-erkannten Fremd-Ein-Flüssen – aus unbekannten Energien-Interessens-Strömen – ein künstliches Leben, um zu Über-Leben. Ein gesundes Ich lebt Sich – sein sinnvolles und maß-volles Leben.

Die Sprache der Sinne läßt den Menschen – seine eigentliche = bewegte Ich-Gestalt und seine künstlich geschaffene Ich-Form = Figur, Erscheinung, Maske, Kostüm ... unterscheidend erkennend leben – seine Gültig-keit in Sich = (seinem Ich) im Innen und als Geltendes im Außen – das Erdengeschehen – sein.

Die Sprache der Sinne – Sie sprechen das Menschliche aus – erweitern *Es* zu wissender LebensWeisheit – dem Er-leben. Klare Sinne tragen Lebens-Mut zur Kommunikation.

Anmerkungen

= ( ) weist auf eine Informations-Quelle
(=)   ist die Quelle

(1) **„geschehen** ... stimmen ... **Geschichte** ... ‚Ereignis, Zufall, Hergang' ... ‚Sache, Weise, **Schicht'** ... ‚Unglück' ... ‚sich schicken, fügen, ereignen' ... ‚verändern, sich heraushelfen' ... ‚entscheiden, bestimmen, prüfen' ..." (s. Kluge)

(2) **„prägen** ... ‚brechen machen, gebrochene Arbeit hervorbringen' einpressen' ..." (s. Kluge)

(3) **„Gehirn** s. **Hirn** ... **Brägen** ... ‚Vorderhaupt' ..." (s. Kluge)

(4) **„haften** ... ‚befestigt sein, anhangen, festlegen' ... **haft** ... , gefangen' ... ‚fassen, packen' ..." (s. DUDEN/Herkunftswörterbuch)

(5) **„sagen** ... ‚bemerken, sehen: zeigen' ... ‚bezeichnet' ..." (s. Kluge)

Literatur

Kirchner, D.: Essentielles Lehrkonzept. Bühnenstudio der Darstellenden Künste, Hamburg 1988

Kirchner, D.: Die Kunst der Perzeption – Die Schrift der Schritte – Band I. (Hrsg. Bühnenstudio der Darstellenden Künste), 1. Aufl. Hamburg 1995

Kluge, F.: Etymologisches Wörterbuch der Deutschen Sprache. 19. Aufl. Berlin 1963

Der große DUDEN: Herkunftswörterbuch. Mannheim-Wien-Zürich 1963

KARIN IQBAL BHATTI

Comics und Interkulturelle Kommunikation

1. Einführung

Die Kommunikation und besonders die Interkulturelle Kommunikation treten am Ende des 20. Jahrhunderts an der Schwelle zum 21. Jahrhunderts immer mehr in den Mittelpunkt. Im Rahmen einer weltweiten wirtschaftlichen Globalisierung einhergehend mit einer Neugestaltung der bisherigen Kulturräume (Zivilisationen) (s. Anmerkung 1) begegnen sich immer häufiger Menschen aus verschiedenen Kulturen, Subkulturen und Gesellschaften. Statt Gemeinsamkeiten hervorzuheben, treten dabei zunehmend Differenzen in den Vordergrund, die zur Ausgrenzung und Diskriminierung von Menschen führen, die anders sind. Berufen wird sich dabei im allgemeinen auf Argumente wie Rasse, Einzigartigkeit oder auf die Überlegenheit der einen Kultur gegenüber der anderen Kultur.

2. Kultur

Der Terminus Kultur ist ein komplexer und vielschichtiger Begriff, der individuell und in Abhängigkeit vom Kontext eine unterschiedliche Bedeutung hat. Der Kulturanthropologe Tylor (s. Anmerkung 2) definiert Kultur als jenes komplexe Ganze „which includes knowledge, belief, art, morals, law, custom, and any other capabilities and habits acquired by man as a member of society." (Tylor 1871/1873, 1) Soziologen wie Weber verstehen unter Kultur „die Gesamtheit aller Lebenserscheinungen und Lebensbedingungen", (Weber 1988, 217). Kommunikationswissenschaftler wie Casmir dagegen betrachten Kultur als einen Ausdruck der Anpassungsfähigkeit des Menschen an seine Umwelt. Die Auflistung der Definitionen könnte um ein Vielfaches erweitert werden. (s. Anmerkung 3)

Trotz der Vielfalt und der partiell unterschiedlichen Bedeutungen von Kultur lassen sich auch Gemeinsamkeiten erkennen. Kultur ist immer ein zusammengesetztes System von verbalen und nonverbalen Zeichensystemen, Religionen, Wertvorstellungen, Haltungen und Denkweisen, welche die Gesamtheit aller Lebenserscheinungen und Lebensbedingungen beinhalten, die aber unterschiedlich wahrgenommen werden. Grundlegende Voraussetzungen aller Definitionen sind vor allen Dingen Fähigkeiten, wie Wahrnehmung und Wissen.

Die genannten Merkmale spiegeln sich in allen geistigen und materiellen Produkten der Menschen wider. Kultur ist nicht statisch, nicht monoton, sondern Kultur ist flexibel und lebendig.

Häufig werden die verschiedenen Kulturen mit den Staaten, in denen sie vorkommen, gleichgesetzt. Die Staaten sind jedoch nur Kunstprodukte, die einerseits einheitliche Kulturen trennen, andererseits unterschiedliche Kulturen zusammenfügen. Diese Trennungen oder Zusammenfügungen führen langfristig zu Spannungen. Als eine der Folgen sind Kommunikationsbarrieren bis hin zum Abbruch der Kommunikation zu beobachten.

Heute existieren weltweit nur noch sehr wenige traditionell eigenständige Kulturen. Und die wenigen, die noch existieren, haben kaum eine Überlebenschance, da sie ihrer natürlichen Lebensräume durch die zunehmende Globalisierung beraubt werden. Ein Zusammenleben aller Kulturen kann aber nur auf der Basis von gegenseitiger Respektierung und Gleichberechtigung funktionieren. Deswegen ist gerade in diesem Jahrhundert der kommunikative Austausch zwischen den verschiedenen Kulturen und Gesellschaften von äußerster Wichtigkeit. Gerade hierfür erhält die Interkulturelle Kommunikation eine bedeutsame Rolle.

3. Interkulturelle Kommunikation

Der Terminus „Interkulturelle Kommunikation" wurde von Hall (1958) in seinem Buch „The Silent Language" eingeführt und sollte der Kommunikationsforschung neue Impulse geben. Bis heute gibt es keine einheitliche Forschung zu diesem Thema. Stattdessen existieren unterschiedliche theoretische Ansätze, welche die Interkulturelle Kommunikation alle aus verschiedenen Blickwinkeln analysieren und definieren.

Maletzke beispielsweise versteht unter Interkultureller Kommunikation:

„... alle Beziehungen, in denen die Beteiligten nicht ausschließlich auf ihre eigenen Codes, Konventionen, Einstellungen und Verhaltensformen zurückgreifen, sondern in denen andere Codes, Konventionen, Einstellungen und Alltagsverhaltensweisen erfahren werden. Dabei werden diese als fremd erlebt und/oder definiert. Interkulturell sind all jene menschlichen Beziehungen, in denen die kulturelle Systemhaftigkeit durch die Überschreitung der Systemgrenzen erfahren wird." (Maletzke 1996, 37)

Ähnlich Casmir, für den Interkulturelle Kommunikation ein dialogischer, sich ständig erneuernder dynamischer Prozeß unter Berücksichtigung z. B. aller individueller interner Vorgänge und institutionaler Einflüsse der Kommunikationspartner ist. Vorrangiges Ziel der Kommunikation ist dabei, ein „Gleichgewicht zwischen Individualität und dem Gefühl der Zugehörigkeit zu einer (kulturellen) Gruppe von Menschen zu schaffen." Bei der Begegnung verschiedener Kulturen können sich im Laufe der Zeit Drittkulturen entwickeln, die sowohl Elemente der einen als auch der anderen Kultur enthalten. (Casmir 1994, 86ff; Vortrag 9. Oktober 1997, Berlin)

Auf der Basis des Begriffs Kultur und den dargelegten Definitionen bedeutet Interkulturelle Kommunikation, die Begegnung von Menschen aus anderen

Kulturen und Subkulturen, die Gemeinsamkeiten und Unterschiede z. B. in der Sprache, der nonverbalen Kommunikation, der Religion, der Wahrnehmung, der Art des Denkens, des Erlebens und Verhaltens, der sozialen Beziehungen sowie des Raum- und Zeiterlebens aufweisen. Nun soll die Frage betrachtet werden, was Interkulturelle Kommunikation mit Comics zu tun hat.

4. Comics

Comics stellen eine besondere Form und Rolle der Kommunikation dar, weil Comics einerseits

– über universelle Strukturen verfügen und andererseits
– weltweit massenhaft verbreitet und mittlerweile eine akzeptierte Textform sind.

Wie bereits dargelegt, sind verbale und nonverbale Zeichensysteme (die Vollständigkeit ist hier nicht entscheidend) ein wesentliches Merkmal von Kulturen. Diese Zeichensysteme werden in idealtypischer Weise in Comics abgebildet.

Charakteristisch für Comics ist die Verknüpfung von verbalem und nonverbalem Kode, wobei der visuelle Anteil meistens überwiegt. Die Bilder fügen sich in einer linearen oder komplexen Ordnung aneinander, welche eine zeitliche Reihenfolge von Momentaufnahmen darstellt. Mindestens zwei Bilder erzählen dabei eine Geschichte, die nicht immer komisch sein muß, wie es der Begriff „Comic" eigentlich nahelegt. Die Inhalte von Comics sollen eine Botschaft vermitteln, die innerhalb der Anordnung der Bilder stückweise aufgebaut wird (s. Anmerkung 4).

Strukturell bestehen Comics im allgemeinen aus zwei Grund-Kodes, dem sprachlichen und dem visuellen Kode. Die folgende Einteilung orientiert sich an Nöth (1985), weil dieser die Grundformen des Comics besonders gut herausgearbeitet hat.

4.1. Sprachlicher Kode

Der Sprach-Kode wird in Anlehnung an Nöth in drei Ebenen untergliedert und zwar in die graphemische, lexikalische und textuelle Ebene. (Nöth 1985, 441f)

4.1.1. Graphemische Ebene

Die in Comics sequentiell innerhalb des Sprachkodes stattfindenden Informations-Übertragungen werden graphemisch verschiedenartig symbolisiert. Zu nennen sind hier rechteckige Einrahmungen, die kommentierende oder begleitende Informationen beinhalten, fehlende Einrahmungen für Onomatopoesien oder als stilistisches Mittel, sowie Sprechblasen, die die verschiedenen Sprechakte und emotionale Zustände der Figuren kennzeichnen.

4.1.2. Lexikalische Ebene

Auf der lexikalischen Ebene werden onomatopoetische Wörter, sogenannte „Pengwörter", verwendet (s. Anmerkung 5). Ihre Funktion besteht in der Erzeugung einer speziellen Dynamik und der Schaffung einer akustischen Realität, welche unmittelbar die Lebendigkeit der Comics steigert.

4.1.3. Textuelle Ebene

Die sprachliche Struktur von Comics ist, abgesehen von Ausnahmen, vollständig. In der Regel wird die Umgangssprache mit teilweiser dialektischer Färbung gebraucht, aber auch Hochsprache, die in den Texteinblendungen und Dialogen als graphematische Form zum Ausdruck gelangt. Die Sprachstile entsprechen dem Trend des modernen Dramas und anderer Literaturgattungen.

4.2. Visueller Kode

Der Visuelle Kode wird von Nöth, der Vereinfachung wegen, in den ikonischen, den kinemischen und den proxemischen Kode aufgeteilt. (Nöth 1985, 441-443)

4.2.1. Ikonischer Kode

Wesentliche Elemente des Ikonischen Kodes sind:

– Zeichnerische Elemente wie Speed-lines, deren Funktion darin besteht, die statischen Bilder in bewegte Bilder umzusetzen. Sie drücken die Richtung, Art und Intensität von Bewegungsabläufen aus.

– Farben bilden in Comics dynamische Elemente und vermitteln Sinneseindrücke. Im allgemeinen stehen sie symbolisch für eine Idee, eine Institution, eine Situation, für Emotionen oder Stimmungen, tragen aber auch zur visuellen Gestaltung, wie zur Vertiefung eines Raumes, bei.

– Panelform und -folge bestehen traditionell aus der Bildfläche und dem Bildrahmen. In der Regel werden einfache, rechteckige und etwa gleich große Panels benutzt. In den meisten Comics werden die Panels aber größenmäßig verändert, fallen weg oder treten in kombinierter Form auf. Ihre primäre Funktion besteht in der Erzeugung einer wechselnden Dynamik der Handlung.

– Visuelle Metaphern sind Informationen, die an andere Informationen des Genres gebunden sind. Sie symbolisieren Gemütsbewegungen. Ihre Funktion besteht in der Akzentuierung von Emotionen.

– Ikonische Morpheme (s. Anmerkung 6) sind minimale Änderungen bei Augen- und Mundwinkelzeichnungen oder Körperhaltungen, die die Bedeutung von Gestik und Mimik verändern können.

4.2.2. Kinemischer Kode

Der Kinemische Kode beinhaltet im allgemeinen Gestik (Gesamtheit), Mimik (Wechsel des Gesichtsausdruckes) und Körperhaltungen bzw. Bewegungsabläufe, die in Comics entweder in übersteigerter oder in reduzierter Form wiedergegeben werden. Jede Veränderung kann hier die Bedeutung des Textes verändern. Nöth gliedert den Kinemischen Kode in die Elemente Hyperbolik, Simplifikation und Reduktion. (Nöth 1985, 444)

4.2.3. Proxemischer Kode

Die Proxemik erforscht kulturspezifische Systeme des Raumbewußtseins und Raumverhaltens. Nöth unterteilt den proxemischen Kode in drei Bereiche, den akustischen, den visuellen und den taktilen Raum. Die genannten Bereiche besitzen kommunikative Funktionen. (Nöth 1985, 365/445)

– Akustischer Raum
Eine Orientierung im Raum wird durch die Größe, Pfeilform und -richtung der Sprechblasen erzielt. Die Größe der Grapheme als ikonische Abbildung der Lautstärke verweisen auf den Entstehungsort von Geräuschen oder Sprechakten. Ihre Funktion besteht in der Steigerung des Ausdrucks.

– Visueller Raum
Zur Erzeugung einer dreidimensionalen Wirklichkeit (Räumlichkeiten) wird mit filmischen Mitteln wie Kameraperspektiven, Bildschärfe und Farben gearbeitet. Durch die Anwendung der verschiedenen Techniken kann z. B. der dargestellte Raum entweder vergrößert oder verkleinert werden.

– Taktiler Raum
Der taktile Raum beschreibt den direkten oder indirekten Körperkontakt zwischen den Figuren. Der direkte Kontakt zeigt sich in der tatsächlichen Berührung der Figuren, gleich welcher Art. Der indirekte Kontakt wird mit Hilfe von Gegenständen, wie z. B. mit Hilfe von Waffen, hergestellt.

4.3. Beispiel für den Einsatz der Kodes

Am Beispiel der Geschichte „Aus demselben Holz" aus dem Comic „Jude – Araber" von Boudjellal sollen die genannten Kodes im folgenden verdeutlicht werden.

Abb. 1: „Jude – Araber" (Boudjellal 1991, 3)

Zunächst sehen wir eine Verknüpfung von Text und Bild. Die linear angeord-
neten Bilder erzählen eine Geschichte. Merkmale des Sprach-Kodes sind hier:

– Normal geschlossene Sprechblasen.
– Der Text wird in großen Lettern geschrieben und Teilaussagen werden durch Ver-
  größerung und Verstärkung der Buchstaben hervorgehoben, z. B. zur Unterstreichung
  des Gesagten.
– Textuell sind keine Besonderheiten zu erkennen, es wird die Umgangssprache benutzt;
  die gemeinsame Sprache ist hier Deutsch, im Original ist es die französische Sprache.

Beim visuellen Kode kommen folgende Merkmale zur Anwendung:

- Die zeichnerische Gestaltung ist eher sparsam und auf das Wesentliche reduziert.
- Speedlines werden kaum eingesetzt, lediglich im letzten Bild zur Pointierung des Erstaunens.
- Als Farben werden schwarz/weiß und – als Gegensatz – verschiedene Bunttöne gebraucht.
- Die Geschichte besteht aus sechs Bildern, die linear angeordnet und normal umrahmt sind.
- Visuelle Metaphern werden nicht angewendet; jedoch aber
- Ikonische Morpheme. Ein Beispiel dafür sind die Augenbrauen der israelischen Person, die anfangs in einer normalen Position sind und im Verlauf der Geschichte als Ausdruck der Verwunderung leicht angehoben werden. Im fünften Bild neigt sich der Kopf zur Verstärkung des Ausdruckes provozierend minimal nach hinten. Die Augenbrauen springen als Zeichen der Überraschung im sechsten Bild in die Höhe, und das verwunderte Gesicht wird in die Bildmitte geschoben.
- Die körperlichen Bewegungsabläufe sind auf das Notwendigste reduziert; es können lediglich Arm-, Hand- und Mundbewegungen beobachtet werden.
- Als filmische Mittel werden die Halbtotale (suggeriert Distanz) und im letzten Bild die Nahaufnahme eingesetzt, welche den Rezipienten besonders zur Identifikation zwingen soll.
- Die handelnden Figuren stehen relativ nahe zusammen. Im ersten Bild wird sogar ein körperlicher Kontakt gezeigt. Die Hand der israelischen Figur liegt auf der Schulter des Palästinensers, was die Vertrautheit der beiden Handlungspartner unterstreicht.

4.4. Erzählstruktur (s. Anmerkung 7)

Fast alle Comics weisen eine Erzählstruktur auf, die sich auf zwei Handlungsebenen entfaltet: Die im Vordergrund stehende Ebene beinhaltet die Geschichte. Die zweite Ebene zeigt eine bipolare Handlungsstruktur, die ein Spannungsverhältnis zwischen zwei Polen kennzeichnet.

In dieser Comic-Geschichte ist der charakteristische Handlungsaufbau eines Comics deutlich erkennbar. Die erste Handlungsebene kennzeichnet den Spannungsaufbau, der hier durch die Einleitung im ersten Bild und durch die schrittweise Hinleitung zur Pointe im letzten Bild demonstriert wird. Die zweite Ebene, die bipolare Erzählstruktur, die sich in Gegenüberstellungen der Personen zeigt, wird in dieser Geschichte ebenso sichtbar.

Auf der einen Seite der Israeli, dessen hervorstechende Kennzeichen sein Hut und seine körperliche Statur sind. Er ist wahrscheinlich wohlhabend, seine Grundhaltung bürgerlich konservativ, und er ist ein Angehöriger der jüdischen Religion. Auf diese Eigenschaften und Besonderheiten verweisen die Farben blau und schwarz. Auf der anderen Seite, der Palästinenser, dessen frappante Merkmale Brille und Aktentasche sind, und so einen intellektuellen Eindruck macht. Er ist ärmlich gekleidet, seine Denkweise vermutlich liberal revolutionär und er ist Angehöriger der islamischen Religion. Auf diese Annahme deuten die Farben rot und grün und die Gebetsmütze.

Die israelische Person zählt in den ersten fünf Bildern Gemeinsamkeiten der beiden unterschiedlichen Kulturen auf, so als ob sie einen Konsens erreichen will. Diese Verständigung erscheint vor allem vor dem politischen Hintergrundwissen des Lesers auffällig, da jeder weiß, daß die beiden Kulturen im Konflikt miteinander leben. Im letzten Bild wird dieser Konflikt auch klar erkennbar. Beide Kulturen beanspruchen dasselbe Land, wobei ihre Begrifflichkeit sich gegenseitig ausschließt. Dieser Besitzanspruch zeigt sich deutlich in der Begriffswahl. Die palästinensische Figur benutzt das Wort „Palästina", welches die israelische Figur kaum oder nie benutzen würde. Ein verstärkendes Element ist, daß die palästinensische Figur im letzten Bild das Wort ergreift. In diesem Aktionswechsel polarisiert sich besonders die Verwendung des Wortes „Wir" in der Geschichte. Das „Wir" wird hier nämlich nicht für beide Personen eingesetzt, sondern bezeichnet, nur die durch die jeweils eine Figur repräsentative Kultur. Das „Ihr" schafft den Gegensatz zur anderen Figur.

Das Besondere an dieser Geschichte ist die Art der übermittelten Botschaft. Hier werden mit aller Deutlichkeit zwei Repräsentanten verschiedener Kulturen dargestellt. Zwei Kulturen, die seit langer Zeit in einem Konflikt leben, deren Probleme sich seit der Gründung des Staates Israel zugespitzt haben und dem Anschein nach unüberwindbar sind. Dies führt soweit, daß der Konflikt zwischen Israel und Palästina auch an Orten außerhalb des eigentlichen Geschehens ausgetragen wird.

5. Funktionen für die Interkulturelle Kommunikation

Die vorgestellte Geschichte zeigt, wie mit wenigen Bildern ein schwieriges interkulturelles Problem thematisiert werden kann. Aufgrund ihrer Struktur sowie der Verbindung von visuellen und sprachlichen Mitteln, soll sie beim Rezipienten einen nachhaltigen Eindruck hinterlassen und ihn zum Nachdenken über die Botschaft anregen, wie es ihm im letzten Bild vorgelebt wird.

Für die Interkulturelle Kommunikation ergeben sich aus dieser Comic-Geschichte folgende Funktionen:

– Grundlage ist die Aneignung von fundiertem Wissen über andere Kulturen und Subkulturen. Hierbei müssen sich die Rezipienten mit vergangenen, gegenwärtigen und zukünftigen kulturellen und gesellschaftlichen Problemen theoretisch und praktisch beschäftigen und auseinandersetzen. Das primäre Ziel ist erreicht, wenn eine Sensibilität für die Probleme und eine Schärfung der Wahrnehmung bei den Rezipienten zu verzeichnen ist. Im konkreten Fall geht es um die Vermittlung von Wissen der israelischen und palästinensischen Kultur sowie die Sensibilisierung und Wahrnehmung für deren Probleme, die die meisten Menschen im alltäglichen Leben bereits nicht mehr wahrnehmen, beziehungsweise nicht bemerken (wollen) oder verdrängen.

– Das Erkennen und die Bewußtmachung der eigenen Fremde, die ein Auslöser für eigene Unsicherheiten und Ängste sein kann. Das Fremde und Unbekannte als ein Teil der eigenen Persönlichkeit wird auf das Gegenüber aus einer anderen Kultur übertragen, die eine Projektionsfläche für die eigenen Ängste,

Unsicherheiten oder Wünsche anbietet. Eine der Fragen, die sich daraus wiederum ergibt, ist: Wie gehen wir mit dem Fremden in uns selbst um?

– Das Erkennen der eigenen ego- und ethnozentrischen Begrenzheit, die sich u. a. in verinnerlichten Traditionen, rassistischem Denken oder Höherwertigkeitsvorstellungen ausdrücken.

Aufgabe der Interkulturellen Kommunikation ist hier die kulturelle Selbstreflexion und Bewußtmachung der genannten Faktoren. (Feurle 1992, 65)

Ziel aller genannten Funktionen ist das Lernen von anderen und über andere Kulturen, die Respektierung des Anderen, das Üben von Toleranz und erhöhte Flexibilität.

6. Fazit

Zusammenfassend ist festzuhalten, daß gerade in einer Zeit, in der die visuelle Komponente innerhalb der Kommunikation immer stärker an Bedeutung gewinnt, Comics den besonderen Vorteil haben, visuelle mit sprachlichen Elementen zu verbinden.

Das Ziel oder der Zweck aller Geschichten in Comics besteht darin, bei den Rezipienten einen nachhaltigen Eindruck zu hinterlassen, so daß sie gezwungen werden, über die Botschaften oder Informationen nachzudenken. Die Art der Illustrierung der textlichen Informationen ermöglicht es, die bildliche Vorstellungskraft des Rezipienten zu nutzen, um ihn direkt in seiner Phantasie anzusprechen. Aufgrund der besonderen Struktur von Comics gelingt dies auch.

Das geniale an Comics sind letztlich ihre universellen Strukturen und daß diese Strukturen jedem Menschen zugänglich sind oder sein können, unabhängig von der jeweiligen Kultur und von der Bildung.

Inwieweit Comics zum Abbau von Fremdenangst, Fremdenfeindlichkeit und Diskriminierung beitragen oder in anderen interkulturell problematischen Bereichen angewandt werden können, kann derzeit nicht beantwortet werden, da hier umfassende wissenschaftliche Untersuchungen fehlen.

Anmerkungen

(1) Huntington 1997, 30/31
(2) Die Definition von Tylor wird heute noch in der Wissenschaft angewendet.
(3) Steinbacher fand bereits 1976 dreihundert verschiedene Definitionen von Kultur. (Steinbacher 1976, 7)
(4) Nach McCloud sind Comics räumlich sequentiell angeordnete, visuelle oder andere Zeichen, die Informationen vermitteln und beim Rezipienten eine Wirkung hervorrufen sollen (McCloud 1995, 17). Weiterführend betrachtet Kaps Comics als eine spezifische Textform, da diese eine kommunikative Botschaft übermitteln und damit Bestandteil eines Kommunikationsaktes sind. (Kaps 1990, 39)

(5) Im allgemeinen werden realistische Laut- oder Geräuschäußerungen durch Imitation schriftlich fixiert, wie z. B. die Nachahmung von Naturlauten. (Bußmann 1990, 545)

(6) Der Morphembegriff wird von Nöth auf die zeichnerische Ebene der Comics übertragen. (Nöth, 1985, 444)

(7) Die Hauptfiguren aller Geschichten des Comic „Jude – Araber" sind zwei Personen, die in Paris leben und aus verschiedenen Kulturen kommen. Trotz ihrer Verschiedenheit verständigen sich die beiden Personen in derselben Sprache, hier des Französischen. In den Geschichten von Boudjellal werden sowohl interkulturelle, alltägliche sowie politisch brisante Themen aufgegriffen, erörtert und problematisiert.

Literatur

Boudjellal, F.: Jude – Araber. Kiel 1991

Bußmann, H.: Lexikon der Sprachwissenschaft. 2.Aufl., Stuttgart 1990

Casmir, F.: Interkulturelle Kommunikation. Mythologie und Realität. In Luger, K., Renger, R. (Hrsg.): Dialog der Kulturen. Die multikulturelle Gesellschaft und die Medien. Wien 1994

Feurle, G.: Annäherungen an das Fremde. Erfahrungsprozesse und Interkulturelles Lernen bei und nach einer Zimbabwe-Reise. Wissenschaft und Forschung 19, Frankfurt/M. 1992

Hall, E. T.: The silent language. New York-Doubleday 1959

Huntington, S. P.: Kampf der Kulturen / The Clash of Civilizations. Die Neugestaltung des 21. Jahrhunderts. München 1997

Kaps, J.: Das Spiel mit der Realität. Erwachsenen-Comics in der Bundesrepublik. Inauguraldissertation am Fachbereich Gesellschaftswissenschaften und Philosophie der Phillips-Universität Marburg, 1990

Maletzke, G.: Interkulturelle Kommunikation. Zur Interaktion zwischen Menschen verschiedener Kulturen. Opladen 1996

McCloud, S.: Comics richtig lesen. 3. Aufl. Hamburg 1995

Nöth, W.: Handbuch der Semiotik. Stuttgart 1985.

Steinbacher, F.: Kultur. Begriff – Theorie – Funktion. Stuttgart 1976

Tylor, E. B.: Primitive Culture: Researches Into The Development of Mythology, Philosophy, Religion, Art, and Custom. Vol. I, London 1871

Tylor, E. B.: Die Anfänge der Cultur. Untersuchungen über die Entwicklung der Mythologie, Philosophie, Religion, Kunst und Sitte. Erster Band, Leipzig 1873

Weber, M.: Gesammelte Aufsätze zur Wissenschaftslehre. 7. Aufl. Tübingen 1988 (UTB 1492)

KATARÍNA MIKOVÁ und VLADIMÍR PATRÁŠ

Die Kommunikation deutschsprachiger und slowakischer Partner im Unternehmen

Die natürliche Folge der gesellschaftlichen und politischen Veränderungen in den Ländern Mittel- und Osteuropas an der Wende der 80er und 90er Jahre sind auch *wirtschaftliche Veränderungen*. Die meisten wirtschaftlichen Institutionen änderten ihre bis vor kurzem noch vorherrschende Ausrichtung auf den osteuropäischen Bereich, in dem die sogenannte Planwirtschaft mit einem starken staatlichen Paternalismus dominierte, zu den für westliche Wirtschaften charakteristische Marktbedingungen. Auch die slowakischen Wirtschaftsstrukturen öffneten sich nach einem relativ kurzen und unerläßlichen Restruktualisierungszeitraum (Prozeß der Entstaatlichung und Zerfall zentralisierter Staatsbetriebe in kleinere Nachfolgewirtschaftssubjekte, bzw. die Entstehung neuer Unternehmenssubjekte insbesondere in der Unternehmensform GmbH) westlich geprägten wirtschaftlichen Aktivitäten.

Die Veränderungen der gesamtgesellschaftlichen Art zeigen sich auch in der interpersonellen Kommunikation: Es kommt zur Auflösung ursprünglicher Kommunikationsmodelle, die durch die autoritäre Doktrin gekennzeichnet waren. Nach der kurzen Euphorie über die offene Kommunikation (Anfang der 90er Jahre), deren Ziel es nicht war, lebenstüchtige, stabile Kommunikationsmodelle zu bilden, kommt unter den sich entwickelnden Kontakten mit anderen Kulturen, Sprachen und Wirtschaften zur Entstehung einer *Modellierbarkeit mit neuer Qualität*. (Zum Verhältnis der wirtschaftlichen Basis der Gesellschaft mit der Kultur und Kommunikation, der sich im Transformationsprozeß befindenden Länder Mittelosteuropas und zu der Suche nach neuen Koexistenzarten mit den sogenannten konsolidierten Demokratien, ist auf die Forschungsergebnisse des internationalen tschechisch-deutschen Teams, Höhne/Nekula 1997 hinzuweisen.

Das Textdesign interpersoneller Gruppen-, Zwischengruppen- und gesamtgesellschaftlicher Kommunikation unter slowakischen Bedingungen in der 2. Hälfte der 90er Jahre, kann man als Vektorprodukt mehrerer Dichotomien charakterisieren, die erstens bis vor kurzem rigoros den Charakter und das Wesen eines jeden Textes beeinflußten und zweitens wirken diese Dichotomien in der Kommunikation unter dem Einfluß ethnokultureller Besonderheiten und Traditionen.

1. Mündlichkeit – Schriftlichkeit

Unter dem Einfluß der Lebensdynamik (Medialisierung, wachsende Bedeutung der elektronischen Medien wie z. B. Fax und Internet, das mobile Telefon, e-mail v. ä.) wird die Bedeutung der gesprochenen Kommunikationsform gestärkt. Durch das Verschieben der gesellschaftlichen Wichtigkeit auf unmittelbare Kommunikationskontakte verringert sich die Bedeutung einer schriftlichen Botschaft. Die Folge ist das Mischen der Eigenschaften *Mündlichkeit – Schriftlichkeit*. Durch die Restrukturalisierung von Kommunikationsnormen in den beiden Kommunikationsformen unter angloamerikanischen Bedingungen wird die angeführte Dichotomie noch komplizierter (durch das Paar *orality – literacy,* vgl. Ong 1982)

2. Private Sphäre – öffentliche Sphäre

Unter dem Einfluß der tatsächlichen Verkleinerung interpersoneller Distanzen wird der Ausdruck im *privaten Bereich* breiter, auch in denjenigen kommunikativen Bereichen und Situationen, die bis vor kurzem ausschließlich für den öffentlichen Bereich reserviert waren. So wollen z. B. Produkte des TV-Bildschirmes durch das Verschieben der Sprache, des Stiles und durch die Komposition des Textes in eine spontane, ungezwungene Ebene den Eindruck von Intimität beim Zuschauer wecken. Die potentielle Schlußfolgerung dieses Verfahrens ist in der Regel die Entstehung einer neuen wirklichen Kommunikationsbarriere, d. h., der Empfänger hat oft den Eindruck, er sei „im Dialog" minderwertig. Diesen negativen Moment kann man durch das Nichtbestehen der momentanen Rückkopplung *(feedback, back-channelling)* feststellen, die gerade für die unmittelbare Kommunikation des Types *face-to-face* charakteristisch ist.

3. Inoffizialität – Offizialität

Informationen werden am Ende des Jahrtausends zum Gemeingut: sie bleiben also nicht in Safes oder Laboratorien, sondern sie überwinden Kontinente, soziale und kulturelle Barrieren – sie werden global zugänglich und nehmen sehr schnell *interkulturelle Züge* an. Außer der positiven Reichweite ist es notwendig, bei der Textanalyse potentielle Mißverständnisse unter dem Einfluß unterschiedlicher soziokultureller Standards in Betracht zu ziehen. Das, was in einem kulturellen Kontext offiziell („unerreichbar") scheinen kann, wird anderswo ohne Verlegenheit und Mißverständnis aufgenommen, bzw. es wird direkt durch die Gesellschaft, erfordert. In diesem Zusammenhang erweist es sich als vorteilhaft, den Bedarf an Informationsglobalisierung und den Einfluß wirtschaftlicher Prozesse zu betonen. Die Botschaft, d. h. das Resultat kommunikativer Interaktionen erwirbt den Parameter „Ware", eine besondere Rolle erlangen dabei ihre pragmatischen Eigenschaften – *Persuasion* und *Emphatie*.

Wie schon angedeutet wurde, überwindet die Wirtschaft Grenzen und zerstört mehr oder weniger erfolgreich die vorhandenen Kommunikationsbarrieren. Durch die Entstehung internationaler wirtschaftlicher Vereinigungen in den Regionen mit relativ billiger Arbeitskraft und mit einer einfachen Rohstoffzulieferung unter den einheimischen (in unserem Falle slowakischen) Bedingungen tritt mit dem Eintritt von Investitionen auch ein unterschiedliches soziokulturelles Phänomen auf. Beim Zusammentreffen zweier bzw. mehrerer Kulturen zeigt sich dabei zweierlei:

(1) als *positiver Aspekt:*

Anregen untraditioneller Denkweisen, Kommunikationsarten und Verhandlungsweisen. Dies wird verbunden mit der Aussicht, sich besser in einem anspruchsvollen Wettbewerb zu bewähren.

(2) als *negativer Aspekt:*

Es entsteht bei einem rasanten, agressiven Beitritt von Äußerungen und bei Wirkung einer anderen Kultur auf die einheimische, unvorbereitete Umwelt ein Gegendruck – „die Verteidigung" vor „*Hamburgerisierung, Mcdonaldisierung*" zeigt unter anderem auch eine „*Simplifizierung*" der Kommunikation. In der Ablehnung traditioneller, durch Jahre und die kulturelle Urgrundlage bewährter Modelle des kommunikativen Umgangs und in dem Bemühen, sobald wie möglich, einen *moderner Standard*, oft sogar mit sehr unbestimmten Konturen zu erreichen, entsteht ebenfalls ein Gegendruck. In diesem Kontext stellt Mistrík fest: „Slowakisches Denken, slowakisches Fühlen, Kultur sind stark reflektiv" (1991, 157 – übersetzt von den Autoren).

Das Bemühen, „nicht im Schatten zu stehen" weckt Interesse für die Bearbeitung von psychologischen, soziologischen sprachlichen und kulturellen Fragen der zwischenmenschlichen Kommunikation. Bei den Forschungen wird gewöhnlich die grundlegende Hypothese akzentuiert, den Ausgleich der Kommunikationsebenen bei der Verständigung zweier (nicht selten auch mehrerer) soziokultureller Umwelten anzustreben. Das Ausgleichen ist *möglich* und *wünschenswert* und zwar vor allem in Bezug auf das zu lösende Problem der kommunikativen Interaktion, z. B. die Lösung eines Arbeitsproblems in der Arbeitsbesprechung von Führungskräften einer kleinen wirtschaftlichen Einheit. Als methodologisch entsprechendes Forschungsobjekt bietet sich z. B. ein slowakisch-deutsches Joint-venture an. In unserem Falle bewegten wir uns im Raum der Tochtergesellschaft des renommierten deutschen Partners, der sich mit der Fertigung sekundärer Komponenten für die Finalprodukte der Automobilindustrie beschäftigt. Dieses Werk produziert Bowdenzüge und ist als Zulieferer für den einheimischen und internationalen Markt weltweit tätig.

Das Topmanagement der Firma kann man von zwei Seiten aus betrachten. Einerseits ist das die Gemeinschaft der durch das Produktionsprogramm miteinander verbundenen Mitarbeiter, die unter dem Aspekt einer systematischen Bemühung, um sich auf dem Markt des Marketings durchzusetzen, ständig miteinander kommunizieren müssen. (In dieser Hinsicht kann man von einer *Nivellisierungs- und Integrierungsposition* der Betriebsführung sprechen). Anderseits stellt die Firmenleitung ein heterogenes Ganzes, eine schöpferische Gruppierung von Mitarbeitern mit verschiedenem sozialen und sprachlichen Hintergrund dar. (Bei dieser Perspektive scheint es vorteilhaft zu sein, über *Delimitations-* und *subordinative Beziehung* der Leitung zu sprechen. Im Interesse der Erfüllung des Produktionsprogrammes ist gerade die *partnerschaftliche Koexistenzart* unerläßlich, die jedoch nicht selten dann gestört wird, wenn es zu einem Arbeitskonflikt kommt, wie z. B. bei der Lösung einer Reklamation bei den regelmäßigen Arbeitsbesprechungen. Diese Erwägungsart, auch der kommunikativen Dichotomien wurde bei der Forschung in dieser erwähnten Firma verfolgt. Die Untersuchung wurde in der Hälfte des Jahres 1997 durchgeführt, aber erst nach einem Erkundungsgespräch mit dem Prokuristen der Firma veröffentlicht

Mit seiner Zustimmung wurde die Untersuchung mit der Methode „participant observation" (Nachmias/Nachmias 1987, 289) durchgeführt. Es wurde den Beobachtern die Teilnahme an einer realen/authentischen Konfliktsituation und ihrer Bewältigung im oben erwähnten Unternehmen erlaubt. Die Videoaufzeichnung dieser Kommunikationssituation unterstrich die Glaubwürdigkeit des Geschehens aus der unmittelbaren, gegenwärtigen slowakischen wirtschaftlichen Praxis.

Die zentrale Stellung in der Hierarchie der Firma nimmt im allgemeinen der Geschäftsführer ein. Er ist sowohl für die Durchführung der Produktionsvorhaben im Betrieb verantwortlich, als auch Vermittler der Beziehungen zwischen der Mutterfirma und ihrer im Ausland tätigen Tochterfirmen. Die grundlegende Aufgabe des Leiters und der Nachweis seiner Managerkompetenz, ist die Bewältung von Transferimpulsen, die aus dem Zentrum an die „Peripherie" strömen, weiterhin ist er verantwortlich für die durchdachte Ausnutzung der lokalen Quellen. Der Transfer wird durch das Zusammentreffen von zwei (genetisch-typologisch unterschiedlichen) sprachlichen Milieus gewöhnlich noch komplizierter. In diesem Fall spielt die Dolmetscherin eine unverzichtbare Rolle.

Der Dolmetscher/die Dolmetscherin sorgt in entscheidendem Maße für die Funktionsbeziehung zwischen dem Chef und seinen unmittelbaren Mitarbeitern. Dies trifft besonders dann zu, wenn die Mitarbeiter nicht ausreichend kompetent in der Kommunikation mittels einer Fremdsprache sind. Dieser Fall ist in den Ländern Mittelosteuropas immer noch vorherrschend. Der Dolmetscher/die Dolmetscherin partizipiert nicht selten an der Problemlösung, sollte

er/sie fachlich kompetent sein, er/sie sollte zum Beispiel das Produktionsprogramm der Firma kennen und auch die Fachterminologie angemessen beherr-
schen. Der Dolmetscher/die Dolmetscherin sichert also „Approximierung" der
gedanklichen Ebene des Leiters und seiner nächsten Mitarbeiter, er/sie formiert den *Erfahrungskomplex* der Unternehmungsführung. Diesen Punkt erarbeitete J. Korenský mit seinen Mitarbeitern unter tchechischen Bedingungen
mit Rücksicht auf die zwischenmenschliche Kommunikation (Korenský et al.
1990). Mit Recht können wir den Einfluß des Dolmetschers auf die emotionale Ebene der Kommunikation nur so außer acht lassen. Der Dolmetscher/die
Dolmetscherin hat wesentlichen Anteil an der Gestaltung der *public relations*
der Firma sowohl nach Innen als nach Außen. Die Problematik der public relations für slowakische Verhältnisse bearbeitete I. Žáry. Dabei berücksichtigte er
sowohl den Europäischen Standard als auch praktische örtliche Bedingungen
der Unternehmen (Žáry 1996.)

Wie schon erwähnt, stellten wir die Hypothese auf, daß der Ausgleich der
Kommunikationsebenen auf Grund des Vergleichs der beiden unterschiedlichen soziokulturellen Hintergründe möglich ist. Vollmer kommt zu der folgenden praktischen Feststellung:

„Doch haftet menschlichen Interaktionen – insbesondere in interkulturellen Kontaktsi-
tuationen – eine Eigendynamik an, die es wahrzunehmen, zu strukturieren und letztlich
(in den komplementären Rollen des *native* oder des *non-native* speakers praktisch) zu
meistern gilt" (1995, 107).

Die von uns gewählte interkulturelle Diskurssorte Arbeitsbesprechung wurde
auf Video aufgezeichnet. Das Thema der Arbeitsbesprechung war die Reklamation eines deutschen Kunden wegen eines mangelhaften Teiles an seinem
Auto. Neben österreichischem Deutsch (der Chef) wurde Slowakisch (Mitarbeiter), Tschechisch (die Dolmetscherin) und Englisch (der Verantwortliche für
Qualitätssicherung) gesprochen. Die räumliche Ebene drückte die Sitzordnung
der Teilnehmer nach den Grundsätzen der sogenannten König-Arthur-Sitzord-
nungshierarchie aus (Thiel 1989). Die Stellung des Managers als Chef (der einzige native speakers) ist hierarchisch. Er leitet die Arbeitsbesprechung. Mit der
Dolmetscherin spricht er deutsch, diese dolmetscht simultan ins Tschechische,
die slowakischen Mitarbeiter antworten slowakisch, wobei ihre Aussagen wiederum simultan gedolmetscht werden. Gleichzeitig spricht der Manager mit
dem Experten für Qualitätssicherung englisch. Die sachliche Ebene bildet der
Dialog, in unserem Falle der sogenannte Polylog). Im Verlauf der Arbeitsbesprechung wird in Form von *Konsens – Dissens* (Schritt für Schritt) der Grund
des fehlerhaften Produktes thematisiert. Hierbei spielt die Strategie des Chefs
die entscheidende Rolle. Er agiert als *Pars pro toto*. In seinen Argumenten wird
seine Beziehung zur Mutterfirma in Deutschland und die führende Position im
Joint-venture in der Slowakei ausgedrückt. Der Diskurs bietet Raum für Mikro-

diskussionen. Punktuell wird immer durch die Empfängerbezogenheit die Rückkehr zur Problemursache vorgenommen. An dieser Stelle dominiert die emotionale Ebene. Die vorgebrachte Kritik findet nicht unter „vier Augen" statt, sondern *„öffentlich"*, was für die slowakischen Mitarbeiter nicht selbstverständlich ist. Der angesprochene slowakische Manager vom Kontrollbereich reagiert erregt, er sucht die Verantwortung nicht in der eigenen Person!

Der Konflikt nimmt zu. Der slowakische Manager schlägt eine radikale Lösung des Konfliktes vor. Er plädiert dafür, die Kontrollausführende innerhalb einer Stunde zu entlassen. Mistrik charakterisiert die slowakische Wesensart in einem solchen Fall wie folgt:

„Slowaken brauchen nicht viele Argumente, um sich zur Tat zu entscheiden, sie brauchen keine langen Kalkulationen und Berechnungen. Für sie ist es wichtig mit Gefühl für entsprechende Taten engagiert zu werden. Slowaken sind hauptsächlich fähig dann zu handeln, wenn sie stark gefühlsmäßig entscheiden" (1991, 158 – übersetzt von den Autoren).

Im weiteren Gesprächsverlauf kommt es zur Veränderung in der Machtposition. Der Chef, als guter Psychologe, lehnt eine radikale Lösung ab, auch unter dem Einfluß des neben ihm sitzenden englischsprachigen Managers. Der Chef, der als Geschäftsführer seit mehreren Jahren in der Slowakei arbeitet, agiert als *konfliktneutralisierendes Element* auf Grund seiner interkulturellen Kommunikationfähigkeit. Nach Knapp-Potthoff ist eine solche *interkulturelle Kommunikationsfähigkeit* ein Lernziel. Sie definiert sie:

„Interkulturelle Kommunikationsfähigkeit ist die Fähigkeit, mit Mitgliedern fremder Kommunikationsgemeinschaften ebenso erfolgreich Verständigung zu erreichen, wie mit denen der eigenen, dabei die im einzelnen nicht genau vorhersehbaren, durch Fremdheit verursachten Probleme mit Hilfe von Kompensationsstrategien zu bewältigen und neue Kommunikationsgemeinschaften aufzubauen" (1997, 196).

Der Chef kommt wieder zurück zur gemeinsamen Verhandlungsweise: in ständiger Diskussion mit den slowakischen Mitarbeitern stellt er die Grundforderung der Teamarbeit in den Vordergrund. Gegen die Grundforderung der Teamarbeit wirken die Gegenargumente störend, die die Arbeitsaufgabe verbunden mit der Verantwortung ihrer Erfüllung nicht bei sich, sondern außerhalb ihres Bereiches (insbesondere im Umfeld untergestellter Mitarbeiter) sehen. Laute Kritik ist im slowakischen soziokulturellen Kontext eher ungewöhnlich. Nicht die einzelne Person ist schuldig, wenn z. B. die Kontrolle einen reklamierten Fehler übersicht, sondern der wahre Grund der Reklamation ist die mangelhafte Produktion einer slowakischen Mitarbeiterin in der Werkstatt. Die alte Denkweise zeigt sich darin, daß jeder Fehler mit Repression bestraft werden sollte. In der neuen, sich entwickelnden Unternehmenskultur sollte Wert auf die qualitätsvolle Leistung eines jeden Einzelnen schon in der Produktion gelegt werden. Die Kritik richtet sich dabei sowohl auf „ältere" Mitarbeiter, die ihre Leistung vor allem mit Routine erreichen, oft mit dem Nebeneffekt wie z. B. Müdigkeit). Die Kritik richtet sich aber auch an die „neuen" Mitarbeiter, die ihre Leistung zwar mit Verantwortung erbringen, denen aber die Erfahrungen fehlen. So werden beide Mitarbeiterformen zu potentiellen Quellen von Unzulänglichkeiten. Wir beobachteten in der von uns aufgezeichneten Arbeitsbesprechung einige Merkmale für Dissens wie z. B. Tonwechsel. So spricht der slowakische Mitarbeiter oft sehr laut und argumentiert auch zu laut. Die anderen Mitarbeiter schweigen. Erst im Gespräch wird durch argumentieren der Dissens beigelegt. Der Konsens deutet sich an, aber die emotionale Spannung ist weiterhin groß. Aus diesem Grund legt der Chef eine Pause ein. Damit wurde erreicht, daß Sachlichkeit einkehrte und der Fehler gefunden wurde. Weiterhin wurden Vorschläge zur Verbesserung der Arbeit vorgestellt.

Die Arbeitsbesprechung ist für den fachbezogenen DaF- Unterricht besonders gut geeignet. Sie sollte als diskursanalytisches Training im fachbezogenen Unterricht unbedingt durchgeführt werden. Die Studierenden lernen im Umgang mit authentischem Material sowohl die wirtschaftliche Praxis als auch die sprachliche Regelung kennen. Dabei wird ihnen keine Mutterkultur präsentiert, sondern sie lernen, das Material selbst zu erarbeiten und damit umzugehen.

Das dargestellte Beispiel ist ein Weg, kognitiv-flexibel in der multikulturellen Realität Anker zu werfen, und zwar tief und fest!

Literatur

Höhne, S., Nekula, M. (Hrsg.): Sprache, Wirtschaft, Kultur. Deutsche und Tschechen in Interaktion. München 1997

Knapp-Potthoff, A., Liedke, M.: Aspekte interkultureller Kommunikationsfähigkeit. 181-205, München 1997

Kořenský, J. a kol.: Komplexní analýza komunikačního procesu a textu. Pedagogicka fakultá. České Budějovice 1990

Mistrík, E.: Povaha slovenského národa. (Die Wesensart des slowakischen Volkes.) Studia Academica Slovaca. 20, Stimul, 153-162. Bratislava 1991

Mistrík, E. : Multikultúrna výchova. In: Literárny týždenník, 25. 03. 1994, 10

Nachmias, D., Nachmias, Ch.: Research Methods in the Social Sciences. Third Edition. New York 1987

Ondrejovič, S., Šimková, M.: Sociolingvistické aspekty výskumu súčasnej slovenčiny. (Soziolinguistische Aspekte der Forschung im Gegenwartsslowakisch.) Sociolinguistica Slovaca. 1. Bratislava 1995

Ong, W. J.: Orality and Literacy. New York 1982

Schanen, F.: Sprache und Toleranz. In: Jahrbuch DaF 1994 20, 185-196

Thiel, E.: Die Körpersprache verrät mehr als tausend Wörter. Genf 1989

Vollmer, H. J.: Diskurslernen und interkulturelle Kommunikationsfähigkeit. Der Beitrag der Pragmalinguistik und der Diskursanalyse zu einem erweiterten Sprachlernkonzept. In Bredella, L. (Hrsg.): Verstehen und Verständigung durch Sprachenlernen? 105-128. Bochum 1995

Žáry, I.: Public Relations. Bratislava: Univerzita Komenskeho 1996

BRIGITTE TEUCHERT

Interkulturelles Handeln in der Wirtschaft

1. Einführung

„Internationalisierung", „Ausländische Märkte erschließen", „Global Player" sind heute gängige Schlagworte in der Industrie. Der häufig durch Mitkonkurrenten ausgeübte Druck, weltweit den vorhandenen Kunden näher zu sein – evtl. mit Produktions- zumindest aber mit Verkaufsstandorten und örtlichen Ansprechpartnern – oder neue Märkte zu erschließen, wächst. Kundenservice, die Nähe zum Markt, die bessere Vermarktung der Produkte oder Dienstleistungen stehen dabei als Ziele im Vordergrund.

Die Frage, was diese Zielsetzungen für Unternehmen im personalpolitischen Bereich an Konsequenzen mit sich bringen, steht im folgenden im Vordergrund. Wie gehen international tätige Großfirmen in der Personalauswahl bzw. Personalentwicklung vor? Zu beantworten sind drei Komplexe:

(a) Welche ausländischen Positionen werden aus strategischen Gründen mit deutschen Mitarbeitern besetzt?
(b) Welche Positionen werden mit Mitarbeitern des Gastlandes („locals") besetzt? und
(c) Welche Personalentwicklungsmaßnahmen werden für diese Zielgruppen initiiert?

2. Firmenbeispiel Wacker-Chemie

Bei der Auswahl einer Beispielfirma, anhand derer oben genannte Fragestellungen exemplarisch dargestellt werden können, waren wichtige Punkte maßgeblich:

Die Firma sollte über weltweite Märkte verfügen, sollte weltweite Produktions- und Vertriebsstandorte aufweisen, sollte eine Marktführerschaft für bestimmte Produkte innehaben und sollte von der Anzahl der Mitarbeiter zu den Großfirmen gehören. Diesen Kriterien genügte die Firma Wacker-Chemie und ist daher beispielhaft für viele andere Firmen Deutschlands (für die nachfolgend genannten Informationen und Hintergründe in der Personalpolitik der Firma Wacker-Chemie sei Herrn Axel Güpner, Leiter des Zentralbereiches Obere Führungskräfte und Auslandsdelegierte, sehr herzlich gedankt).

Die Firma beschäftigt derzeit ca. 15.000 Mitarbeiterinnen und Mitarbeiter, der Jahresumsatz für 1996 beträgt rund 5 Milliarden Mark; die Firma ist im gesamten Chemiegeschäft tätig, mit ihrer Tochterfirma Wacker Siltronic intensiv in der Waferproduktion, d. h. im Halbleitergeschäft. Gerade in diesem Geschäftszweig sind intensive Tendenzen zur Internationalisierung feststellbar: Mit einem Investitionsvolumen von insgesamt 800 Millionen DM errichtet die

Wacker Silitronic AG, ein hundertprozentiges Tochterunternehmen der Wacker-Chemie GmbH, München, in Singapur eine Fabrik zur Herstellung von Reinstsilicium-Scheiben. Die Fertigstellung ist für 1999 geplant.

Interessant auch hier die personalpolitische Komponente: die Firma stellte in den Jahren 1995/96 1.750 neue Mitarbeiter ein, davon 572 im Ausland, insgesamt verfügt der Konzern über einen Mitarbeiterstab im Ausland von 2.805 Personen (Prospekt Wacker, 6 und 10). Auslandsstandorte sind z. B. Australien, Brasilien, China, Indien, Mexiko, Südafrika und andere.

Am Stichtag 30. September 1997 waren im Wacker-Konzern 15.325 Mitarbeiter beschäftigt, das sind 596 oder 4,0 % mehr als am Jahresbeginn. In den vergangenen drei Jahren wurden 2.050 neue Mitarbeiter eingestellt, davon 650 im Ausland. Die weltweite Geschäftsverteilung geht aus Abb. 1 hervor.

Die Graphik verdeutlicht die Tendenz, daß die Umsätze in Deutschland eher rückläufig, in den anderen Regionen eher zunehmend sind, also auch hier die Verlagerung der Märkte offensichtlich wird.

Im folgenden werden die drei oben genannten Fragestellungen anhand der Firma Wacker-Chemie konkretisiert, dabei liegt der Schwerpunkt im Bereich der Fach-, Führungs- und Führungsnachwuchskräfte.

3. Einsatz deutscher Mitarbeiter und Mitarbeiterinnen im Ausland

Ein Grundsatz der Firmenkultur der Firma Wacker-Chemie lautet bei der konkreten Besetzung von Stellen im Ausland: Es ist weniger wichtig, welcher

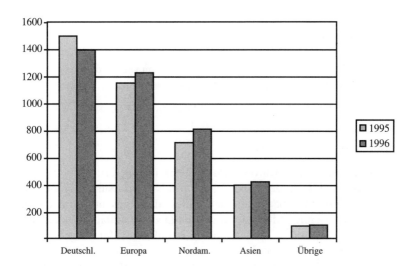

Abb. 1: Weltweite Geschäftsverteilung (Quelle: Wacker-Chemie Prospekt, 8)

Nationalität ein Mitarbeiter/eine Mitarbeiterin ist, im Zentrum der Auswahl-kriterien stehen fachliche Qualifikationen, Managementerfahrungen, Auslands-erfahrungen in anderen Ländern etc. D. h., die jeweiligen Anforderungs- und Qualifikationsprofile ergeben die Auswahlkriterien. Dabei werden intensiv die jeweilig erfoderlichen kommunikativen und Führungskompetenzen berück-sichtigt.

Großschädl unterstützt diese Tendenz auch für die Firma Siemens, wenn er schreibt:

„In den letzten Jahren wurde bei der Siemens AG im Geschäftsbereich „Öffentliche Kommunikationsnetze" die Erfahrung gemacht, daß bei ins Ausland zu entsendenden Führungskräften neben der fachlichen Kompetenz stärker die persönliche und kultur-spezifische Eignung berücksichtigt werden muß." (Großschädl 1995, 73)

Die Firma Wacker-Chemie besetzt Auslandspositionen im Führungsbereich i. d. R. in einer Anlaufphase mit deutschen Mitarbeitern, die jedoch zeitlich begrenzt vor Ort tätig sind. In der zweiten und dritten Führungsebene greift die Firma auf „locals" zurück, um sie frühzeitg aufzubauen, und um den Know-how-Transfer bzw. Ziele der corporate identity rechtzeitig implantieren zu kön-nen.

Wirth (1992) hat bei einer Erhebung in verschiedenen Firmen folgende Hauptgründe zusammengestellt, weswegen Mitarbeiter ins Ausland entsandt worden sind:

Transfer von technischem und wirtschaftlichem Know-how	41 %
Förderung des Kommunikationsflusses zwischen Stammhaus und Auslandsniederlassung	41 %
Entwicklung eines Reservoirs auslandserfahrener Mitarbeiter	37 %
Durchsetzung einer einheitlichen Unternehmenspolitik/Unternehmenskultur	38 %
Personalbedarfsdeckung mangels qualifizierter Kräfte im Gastland	14 %
Aus- und Weiterbildung von Führungskräften des Gastlandes	10 %

(Wirth 1992, 125; Mehrfachnennungen waren möglich, n = 63)

4. Einsatz von „locals" im Gastland

Der Einsatz von „locals" wurde in Punkt 3 bereits tangiert:

Sie werden i. d. R. in der Anlaufphase von Niederlassungen in der zweiten bzw. dritten Führungsebene eingesetzt; dies allerdings in Kombination mit einem zumindest einige Monate währenden Deutschlandaufenthalt. Das Ken-nenlernen der deutschen Sprache, der Firmenkultur, der Gegebenheiten in Deutschland bezüglich Produktion, Technik, Management, Marketing etc. ste-hen dabei im Vordergrund. Dies könnte man mit der Bezeichnung Kühlmanns als regiozentrisches Konzept erfassen: „Das regiozentrische Konzept stellt somit einen Kompromiß zwischen globaler Standardisierung und lokaler Anpassung dar" (Kühlmann 1995, VII). Dazu zwei Beispiele:

a) USA

Bis 1995 hatte Wacker-Chemie in USA einen deutschen Präsidenten, seit diesem Jahr einen Amerikaner; die Gründe lagen zum einen darin, daß eine Dokumentation amerikanischer Identität auf dem amerikanischen Markt den Kunden gegenüber wichtig war. Auch von Seiten der Mitarbeiter konnte eine höhere Akzeptanz festgestellt werden.

b) Japan

Japan ist auch im Augenblick noch unter deutscher Leitung; in der zweiten Führungsebene werden jedoch zunehmend Japaner eingesetzt. Spezifikum im japanischen Markt aufgrund der dortigen kulturellen Vorgaben ist das Alter: ältere „locals" haben deutlich höhere Kunden- und Mitarbeiterakzeptanz. Stahl schreibt dazu:

Weitere Gründe, die für eine Abkehr von der ethnozentrischen Orientierung (...) bei der Stellenbesetzung sprechen, liegen in der Vermeidung sprachlicher und kulturbedingter Probleme, in der höheren Motivation einheimischer Mitarbeiter aufgrund verbesserter Aufstiegsmöglichkeiten sowie in den besseren Beziehungen zu lokalen Geschäftspartnern, Kunden und Behörden (...). Auch die Probleme, die mit der Wiedereingliederung von Auslandsmitarbeitern verbunden sind, (...), tragen dazu bei, daß in vielen Unternehmen die Anzahl der Langzeitentsendungen reduziert wird." (Stahl 1995, 64)

5. Personalentwicklungsmaßnahmen zur Qualifikation der Mitarbeiter und Mitarbeiterinnen

Die in Punkt 3 und 4 dargestellten Ziele werden durch vier Maßnahmen unterstützt:

(a) Mitarbeitergespräche
(b) Development/-Föderassessment
(c) Managementaudits
(d) Auswahlassessment für internationale Trainees.

Diese Instrumentarien sind deshalb besonders wichtig, da laut Harvey (1983) und Miller (1989) ca. drei bis vier Jahresgehälter als Kosten angesetzt werden müssen, wenn es zu Fehlbesetzungen auf Auslandspositionen kommt; zu den wirtschaftlichen Zwängen einer intensiven Personalauswahl kommen selbstverständlich auch die ethisch-moralischen Aspekte, die im Umgang mit der Ressource Mensch eine gewichtige Rolle spielen. Demotivation, Versagensängste etc. können Folgen einer nicht durchdachten Personalpolitik sein.

5.1 Mitarbeitergespräche

Mitarbeitergespräche sind Grundlage für Richtung, Art und Umfang jeder individuellen Mitarbeiterföderung. Dabei spielen die Einschätzung des jeweiligen unmittelbar Vorgesetzten und des jeweiligen Mitarbeiters, der jeweiligen Mitarbeiterin zusammen. Gemeinsame Zielvereinbarungen und Zielkontrollen ergeben ein Bewertungsgerüst, auf dessen Basis Föderziele und Wünsche des Mitarbeiters bzw. Vorgesetzten integriert werden können, u. a. auch die Planung von Auslandsaufenthalten.

5.2 Development-/Förderassessment

Die Zielsetzungen dieser Förderassessmentcenter bestehen darin, ein Stärken- und Schwächenprofil der Mitarbeiter zu erstellen, um daraus gezielte und sinnvolle Entwicklungsmaßnahmen ableiten zu können. Die Zielgruppen sind Führungsnachwuchskräfte, für die damit eine gewisse Orientierung geschaffen werden soll. Zum anderen sind es Entwicklungsworkshops für besonders förderungswürdige Führungskräfte, auch Führungskräfte, die für Auslandseinsätze infrage kommen. Die Durchführung dieser Förderassessments obliegt externen Moderatoren, die auch die Auswertungsgespräche mit den Teilnehmerinnen und Teilnehmern führen.

5.3 Management – Audits

Zielgruppe sind hier die Oberen Führungskräfte (OFKs); auch bei ihnen soll ein exaktes Stärken- und Schwächenprofil erstellt werden mit der Maßgabe, Entwicklungspotentiale zu erschließen und spezielle funktionsorientierte Entwicklungsmaßnahmen festzulegen. Managementaudits werden im Einzelcoaching durchgeführt, ebenfalls von externen Moderatoren.

Stahl betont jedoch: „Mit zunehmender Hierarchieebene können die Anforderungen jedoch immer schwerer umrissen werden (...). Hinzu kommt, daß die Aufgaben und Kompetenzen einer Führungskraft im Auslandseinsatz weniger eng umschrieben sind als im Stammhaus" (Stahl 1995, 46). Diese Überlegungen sind in ein solches Einzelcoaching einzubeziehen und zu berücksichtigen.

5.4 Auswahl – Assessment für internationale Trainees

Die Auswahlassessments wenden sich an potentielle neue Mitarbeiterinnen und Mitarbeiter. Sie haben das Ziel, nicht erst in den Führungspositionen eine gewisse Internationalität zu verankern, sondern bereits in Teilen der Personalauswahl. Für 1997 hatte die Firma Wacker-Chemie 2.000 Bewerbungen für die ausgeschriebenen Traineestellen; sechs Personen wurden u. a. durch die Assessments herausgefiltert, wovon nur einer deutscher Nationalität war. Qualfikationskriterien waren u. a. Examina von weltweit renommierten Hochschulen mit Top-Ergebnissen und ausgefeilte Kenntnisse in verschiedenen Fremdsprachen.

6. Perspektiven für Sprecherzieherinnen und Sprecherzieher

Für entsprechend ausgebildete und spezialisierte Sprecherzieherinnen und Sprecherzieher ergeben sich aus den oben genannten Maßnahmen konkrete Handlungsfelder, die auch in anderen international tätigen Firmen nachgefragt werden:

Zum einen Unterstützung in der Konzeption von Assessmentcentern bzw. der Beobachterschulung; d. h. auch Unterstützung in der Konzeption spezieller Übungsszenarien für die jeweiligen Zielpositionen.

Zum zweiten Arbeitsfelder in der konkreten Führungskräfteentwicklung; z. B. in der Einführung und dem Training kultureller Unterschiede im kommunikativen Verhalten. Dies könnte Bereiche der Verhandlungsführung genauso betreffen wie Mitarbeiterführung unter interkulturellen Aspekten oder Unterschiede im Marketing oder in der Präsentation von Firmenimage.

Zum dritten ist das Einzelcoaching ein Bereich, in dem einige Sprecherzieher und Sprecherzieherinnen bereits tätig sind: die genaue Einstellung auf die jeweiligen, z. B. ausländischen Zielfunktionen können dabei genauso Gegenstand des Trainings und der Beratung sein wie soziales Training, z. B. interkulturelle Aspekte der Mitarbeiterführung.

7. Zusammenfassung

Es bleibt festzuhalten, daß der beschriebene Bereich der Mitarbeiterförderung gerade unter dem Aspekt internationaler Einsatzmöglichkeiten für Sprecherzieherinnen und Sprecherzieher ein interessantes Arbeitsfeld darstellt: Sie können Wissen und Erfahrungen aus anderen Bereichen, z. B. Training oder Supervision in die genannten Aufgabenstellungen integrieren und damit wertvollen input leisten. Das setzt eigene internationale Erfahrungen, Sprachkenntnisse und sicherlich auch Erfahrungen in Feldern der Personalentwicklung voraus.

Literatur

Großschädl, A.: Die Auswahl von Mitarbeitern für den Auslandseinsatz: Aus der Praxis des Bereichs „Öffentliche Kommunikationsnetze" der Siemens AG. In Kühlmann, T.: Mitarbeiterentsendung ins Ausland. Göttingen 1995, 73-85
Harvey, M. G.: The multinational corporation's expatriate problem: An application of Murphy's law. Business Horizons 26, 71-78, 1983
Kühlmann, T. (Hrsg.): Mitarbeiterentsendung ins Ausland. Göttingen 1995

Miller, E. L.: Auslandseinsatz. In Macharzina, K., Welge, M. K. (Hrsg.): Handwörterbuch Export und internationale Unternehmnung, 73-83. Stuttgart 1989
Stahl, G. K.: Die Auswahl von Mitarbeitern für den Auslandseinsatz. In Kühlmann, T.: Mitarbeiterentsendung ins Ausland, 31-73. München 1995
Wacker-Prospekt: „Im Überblick 1996, Wacker-Chemie". München 1997
Wirth, E.: Mitarbeiter im Auslandseinsatz: Planung und Gestaltung. Wiesbaden 1992

INGRID JONACH

Interkulturelle Kommunikation – Lehrangebote an Universitäten

1. Kommunikative Anforderungen der globalen Gesellschaft

Die weltweite, vor allem wirtschaftliche, aber auch wissenschaftliche und kulturelle Vernetzung führt zu einem verstärkten Austausch zwischen den Märkten und Kulturen. Dies bedingt Kommunikationsfähigkeit über Fach- und Ländergrenzen hinweg. Deshalb gehört Kommunikationsfähigkeit zu den unverzichtbaren Qualitäten eines Managers, Wissenschaftlers, Künstlers oder Lehrers. Neben einer guten Fachausbildung sind für den künftigen Arbeitnehmer Sprachen, soziale, soziokulturelle und kommunikative Kompetenz wichtige Voraussetzungen. Für alle interkulturell Kommunizierenden sind allgemeine Kulturdimensionen und spezielle Kulturstandards von Bedeutung. Globalisierung verlangt Anpassung aller Strukturen und Prozesse, auch des kommunikativen Prozesses, an einen fremden Kulturkreis, setzt interkulturelle Handlungsfähigkeit voraus.

Interkulturelle Kommunikation und Kommunikationsfähigkeit ist für alle international operierenden Unternehmen und Organisationen von herausragender Bedeutung, um global effektiv und mit einem Minimum an Mißverständnissen agieren zu können. Daß es dabei nicht nur auf die Sprache ankommt, können wir alle an der deutsch-deutschen Entwicklung/Verständigung nachvollziehen.

Zahlreiche verbale und nonverbale Unterschiede existieren nachweislich schon im Deutschen, wie die Situation nach der Wiedervereinigung zeigt. Weltweit sind diese Unterschiede noch viel größer.

Das Thema „Interkulturelle Kommunikation" scheint seit einiger Zeit im deutschsprachigen Raum von besonderer Aktualität zu sein, wie zahlreiche Artikel in Zeitungen und Zeitschriften belegen.

In den USA forscht und publiziert man seit Jahrzehnten auf diesem Gebiet. Aufgabe und Ziel interkulturellen Kommunikationstrainings ist es, den Teilhabern einer bestimmten Kultur beizubringen, wie sie in einer anderen Kultur effektiv, mit einem Minimum an Mißverständnissen und den geringsten Verlusten an Informationsgehalt und Autonomie interagieren können.

Zahlensysteme können zwischen den Ländern und Kulturen ohne Mißverständnisse ausgetauscht werden: Die damit verbundenen Erfahrungen scheinen weltweit die gleichen zu sein. Auch beim Notensystem und den chemischen Formeln herrscht Übereinstimmung.

Im Bereich der verbalen und auch nonverbalen Kommunikation haben wir alle technischen Voraussetzungen für globale Kommunikation geschaffen, nicht aber ein unmißverständliches Kommunikationsmittel. Der Mensch unseres 20. Jahrhunderts lebt in einer zwiespältigen Welt. Noch niemals war es so leicht, Informationen zu erwerben, aber noch nie war es so schwer, miteinander kommunizieren zu können. VDI-Präsident Hans-Jürgen Warnecke postuliert sogar: „Deutschlands Innovationsschwäche ist vor allem eine Kommunikationskrise". (1997)

Angesichts von Internationalisierung wird heute Wert gelegt auf soziale und soziokulturelle Kompetenz, Teamorientierung und immer stärker auch auf die Kunst, sich in einem multikulturellen Umfeld behaupten zu können. Es werden Fachleute (z. B. Ingenieure) gebraucht, die ein Produkt oder die Produktion auf die Verhältnisse irgendwo in der Welt umsetzen können. Wir haben z. B. kaum noch einen nationalen Arbeitsmarkt. Viele Weltkonzerne produzieren heute weltweit mit Mitarbeitern aus unterschiedlichen Kulturkreisen. Deshalb sind Einrichtungen, z. B. Universitäten, gefragt, die Mitarbeiter für diesen globalen Markt ausbilden.

2. Wo kann man interkulturelle Kommunikation lernen – wer lehrt und vermittelt interkulturelle Kommunikation?

Trotz der hohen Bedeutung scheint interkulturelle Kommunikation ein relativ vernachlässigtes Gebiet im Bereich der universitären Ausbildung zu sein. Vor allem Sprach-, Kommunikations- und Kulturwissenschaften beschäftigen sich mit interkultureller Kommunikation. Zunehmend sind es besonders die Erziehungswissenschaften und Wirtschaftswissenschaften. Beide Wissenschaften sind besonders betroffen.

Die Frage, welches Fachgebiet federführend sein muß oder kann, läßt sich nicht beantworten. Interkulturelle Kommunikation darf man getrost als ein interdisziplinäres Fachgebiet betrachten, wobei interkulturelle Kommunikation in den einzelnen Disziplinen unterschiedlich verstanden wird und es einen interdisziplinären Konsens bisher noch nicht zu geben scheint.

Bezüglich der Begriffsbestimmung gibt es weltweit große Unterschiede; im deutschen Sprachraum hat sich der Begriff interkulturelle Kommunikation eingebürgert. Interkulturelle Kommunikation wird bestimmt durch Fremdsprachen, soziokulturelle Kenntnisse und interkulturelle Handlungsfähigkeit. Viele Konzerne und Organisationen bieten Weiterbildungsprogramme im interkulturellen Bereich an.

Wo aber findet in Deutschland Forschung und Lehre zur interkulturellen Kommunikation statt? Dieser Frage wurde durch Untersuchungen des Lehrangebotes von zehn deutschen Universitäten (Angebote des Wintersemester 1997/98 anhand der Vorlesungsverzeichnisse) sowie Angeboten im Internet nachgegangen.

3. Ausgewählte Beispiele für Studiengänge und Lehrangebote im Bereich der interkulturellen Kommunikation an Universitäten

3.1. Studiengänge

3.1.1. Technische Universität Chemnitz-Zwickau

Zunächst darf auf die TU Chemnitz-Zwickau verwiesen werden, die einen Magister-Studiengang (Nebenfach) „Interkulturelle Kommunikation" eingerichtet hat. Hauptfach ist geplant.

Der Studiengang ist so angelegt, daß er neben einem etablierten Fach (Sport, Soziologie, Weiterbildung, betriebliche Fortbildung etc.) eine interkulturelle Handlungs- und Kommunikationskompetenz vermittelt. Das Fach und der Studiengang gliedern sich in fünf Komponenten:

– Linguistische Komponente (Kommunikation in interkulturellen Situationen),
– Psychologisch-kulturwissenschaftliche Komponente (Vergleichende Mentalitäts- und Kulturstudien),
– Xenologische Komponente (Theorie und Praxis des Fremdverstehens),
– Rhetorische Komponente (Kulturvergleichende praktische Rhetorik),
– Fremdsprachliche Komponente (Interkulturelle Fremdsprachenkompetenz).

Damit entspricht dieser Studiengang nach meiner Einschätzung weitgehend den Vorstellungen der Wirtschaft (Forderung des Vereins Deutscher Ingenieure – VDI).

Das Fach Interkulturelle Kommunikation an der TU Chemnitz-Zwickau ist konzipiert für:

(1) *Studierende (Muttersprachler)*, die ein generelles Interesse an Fragen länderübergreifender Kultur- und Wirtschaftsbeziehungen oder an der Entwicklungszusammenarbeit haben, sich mit den vielfältigen kulturdifferenten Erscheinungsformen des kommunikativen Handelns beschäftigen möchten und gleichzeitig Auslandserfahrung (durch Auslandssemester und –praktika) suchen, um sie systematisch zur Beschäftigung mit ihrer eigenen Kultur in Bezug zu setzen.

(2) *Ausländische Studierende* mit ähnlichen Interessen, einschließlich der Teilnehmer an zeitlich begrenzten Mobilitätsprogrammen, die vorhaben, beruflich von ihren Heimatländern aus Kooperationsprojekte mit Deutschen einzugehen.

(3) *Studierende in Aufbaustudiengängen* bzw. Weiterbildungsmaßnahmen der TU Chemnitz-Zwickau, die in der Regel über Berufserfahrung verfügen und Qualifikationen für die internationale Zusammenarbeit suchen. Berufserfahrung und sich daran anschließende Beschäftigung mit interkultureller Kommunikation ist die häufigste Ausbildungsform.

3.1.2. Universität des Saarlandes Saarbrücken

Die Konzeption der Studiengänge im Bereich „Interkulturelle Kommunikation" in Saarbrücken unterscheidet sich von der Konzeption der TU Chemnitz-Zwickau. Saarbrücken setzt einen *regionalen Schwerpunkt* im Bereich der interkulturellen Kommunikation. Die Studiengänge sind mit dem Schwerpunkt „Interkulturelle Kommunikation Frankreich/Deutschland" konzipiert. Angegliedert sind die Studiengänge an den Fachbereich Neuere Sprachen und Literaturwissenschaften. Die Studiengänge sind angelegt als:

– Aufbaustudiengang,
– Weiterbildungsangebot,
– Magisterstudiengang.

Mittelfristig ist die Entwicklung eines integrierten Diplomstudienganges Betriebswirtschaft/Interkulturelle Kommunikation mit dem Schwerpunkt Frankreich/Deutschland geplant. Die Studienangebote im Bereich Interkulturelle Kommunikation (teilweise auch in französischer Sprache vermittelt) umfassen:

(1) Integrierte Landeskunde, landeskundliche Kompetenz,
(2) Interkulturelle Kompetenz,
(3) Berufsorientierte Sprach- und Bildungskompetenz.

Zu (1): Die Lehrveranstaltungen zur landeskundlichen Kompetenz enthalten Angebote frankreichbezogener Themen aus unterschiedlichen Fächern (Soziologie, Geschichte, Geographie, Rechts- und Wirtschaftswissenschaft). Hier wird die Fähigkeit vermittelt, Einzelphänomene einer fremden Gesellschaft, wie der französischen, in komplexen Zusammenhängen zu begreifen.

Zu (2): Interkulturelle Kompetenz wird erworben in den Bereichen Mentalitätsanalyse, Kulturvergleich, Kulturtheorie und vergleichende Medienanalyse (Presse, Radio, Bildschirm). Hinzu kommen Angebote zum interkulturellen Management Frankreich/Quebec. Hierdurch soll die Fähigkeit erworben werden, kulturelle Phänomene und mentale Verhaltens- und Wahrnehmensweisen, die für das Verständnis wirtschaftlichen, aber auch politischen und sozialen Handelns zentral sind, in vergleichender Sicht zu begreifen, zu analysieren und einzuüben.

Zu (3): Berufsorientierte Sprach- und Kommunikationskompetenz wird erworben in einem Ausbildungsblock zur Vermittlung allgemein- und fachsprachlicher sowie interkultureller Kompetenz. Die erworbene Sprach-, Sach- und Handlungskompetenz auf dem Gebiet der Wirtschaftskommunikation kann zusätzlich mit einem französischen Diplom zertifiziert werden. Auslandsaufenthalte und Auslandspraktika sind Bestandteil der Studiengänge.

Neben den interkulturellen Studiengängen gibt es an der Universität Saarbrücken ein Graduiertenkolleg zum Themenkreis interkulturelle Kommunikation. Dieses ist interdisziplinär besetzt; ihm gehören Wissenschaftler der Geschichte, Philosophie, Literaturwissenschaft, Betriebs- und Rechtswissenschaft ebenso an, wie Vertreter der Psychologie und der Philologien.

3.1.3. Ludwig-Maximilian-Universität München

An der Maximilians-Universität München ist der Studiengang „Interkulturelle Kommunikation" in den Bereich der Betriebswirtschaftslehre integriert, wobei der Lehrkörper auch interdisziplinär zusammenarbeitet. Der Studiengang hat folgende Schwerpunkte:

– Theorien der interkulturellen Kommunikation,
– Forschungsmethoden in der interkulturellen Kommunikation,
– Internationale Organisationen als Forschungsfeld,
– Kommunikation und Interkulturalität,
– Interkulturelle Aspekte der Personalarbeit,
– Wirtschaftskommunikation.

Neben Vorlesungen und Seminaren werden Übungen zu speziellen Themenkreisen durchgeführt. Sprachlich erfolgt eine Ausrichtung schwerpunktmäßig auf die deutsch/tschechische Kommunikation. Auch die VIADRINA in Frankfurt/Oder plant einen Studiengang zur interkulturellen Kommunikation mit dem Schwerpunkt deutsch/polnischer Kommunikation. Beide Studiengänge orientieren sich also schwerpunktmäßig auf Nachbarländer.

3.1.4. Humboldt-Universität zu Berlin

Hierbei handelt es sich um die Vorstellung eines Konzeptes zur Integration der interkulturellen Kommunikation in den Studiengang Sprechwissenschaft. Seit 1991 gibt es an der Humboldt-Universität zu Berlin, Institut für Rehabilitationswissenschaften, den Studiengang Sprechwissenschaft/Stimm- und Sprachtherapie. Gegenwärtig wird dieser Studiengang überarbeitet und modifiziert, wobei ein Schwerpunkt die interkulturelle Kommunikation bilden wird. Innerhalb dieses Studienganges ist interkulturelle Kommunikation mit 20 Semester-Wochenstunden vertreten:

– Einführung in die interkulturelle Kommunikation,
– Geschichte der interkulturellen Kommunikation,
– Sprache und Kultur,
– Kommunikative, soziale und kulturelle Aspekte in: Medienkommunikation, Rhetorischer Kommunikation, Ästhetischer Kommunikation, Kommunikationspathologie, Pädagogischer und didaktischer Kommunikation.

Das Fach Sprechwissenschaft bietet m. E. hervorragende Voraussetzungen im Bereich der interkulturellen Kommunikation, wissenschaftliche Schwerpunkte zu setzen, da die Ausbildung im Fach Sprechwissenschaft bereits grundlegende linguistische, kommunikationstheoretische und pädagogische Grundlagen, sowie Grundlagen der verbalen und nonverbalen Kommunikation vermittelt.

3.2. Zusatzausbildungen im Bereich interkultureller Kommunikation

Neben den grundständigen Studiengängen Interkulturelle Kommunikation sind besonders erziehungswissenschaftliche Disziplinen der Universitäten dazu übergegangen, Zusatzausbildungen für Lehrer zu schaffen. Damit wird auf eine zwingende Notwendigkeit besonders in den Grundschulen (hoher Ausländeranteil) reagiert. So gibt es z. B. an den Universitäten Köln, Hamburg und Bielefeld eine Zusatzausbildung von Lehrern für Schüler verschiedener Muttersprache. In dieser Ausbildung finden u. a. folgende Themen Berücksichtigung:

– Interkulturelle Erziehung und Bildung,
– Grundfragen interkultureller Pädagogik,
– Probleme der sprachlichen Kommunikation,
– Kindliche Sprachwelten in- und außerhalb der Schule,
– Ethnographische Betrachtungen mehrsprachiger Konstellationen,
– Deutsch als Fremdsprache,
– Interkultureller Umgang mit Schulbüchern,
– Unterrichtsmaterial für interkulturelle Klassen.

Weiterhin werden den Lehrern Grundkenntnisse von Sprachen, wie Türkisch oder Russisch vermittelt.

3.3. Einzelangebote in interkultureller Kommunikation

In einzelnen Fachbereichen der Universitäten gibt es ein unterschiedlich umfangreiches Angebot im Bereich interkultureller Kommunikation. So finden wir in den klassischen Naturwissenschaften diesbezüglich keine Angebote, in den betriebs- und wirtschaftswissenschaftlichen Bereichen nur wenige Angebote und in den sprach- und literaturwissenschaftlichen Bereichen ein verstärktes Angebot.

Mit Erstaunen habe ich festgestellt, daß in den Politikwissenschaften kaum auf die Problematik interkultureller Kommunikation eingegangen wird (ist dies symptomatisch?).

Den schulischen Anforderungen entsprechend ist das Angebot an Lehrveranstaltungen zur interkulturellen Kommunikation an fast allen erziehungswissenschaftlichen Fachrichtungen und der Grundschulpädagogik der Universitäten groß. Dabei ist die Palette der Angebote breit. Themen wie:

– Lebensumstände ethnischer Minderheiten,
– Aufgaben und Ziele von Schulen mit multiethnischer Schülerschaft,
– Sozialisationsbedingungen der Herkunftsländer,

- Kulturelle Ausdrucksformen von migrierten Schülern,
- Sprache und unterschiedliche Kulturen,
- Theorie und Praxis interkulturellen Deutschunterrichts,
- Problem mehrsprachiger Erziehung in der Grundschule,
- Gesprächserziehung und Kommunikationsförderung spielen eine große Rolle.

Alle Lehrveranstaltungen, die Erziehungswissenschaft und auch Grundschulpädagogik anbieten, haben das Ziel, Studierende im Umgang mit ausländischen Schülern zu sensibilisieren und Verständnis für sprach- und kulturbedingte Probleme und Mißverständnisse zu entwickeln.

Die Probleme, die auf allen Ebenen der schulischen Ausbildung ausländischer Kinder und Jugendlicher auftreten, verlangen eine Qualifizierung der Lehrer im Bereich interkultureller Kommunikation. Diesem Anliegen haben viele erziehungswissenschaftliche Bereiche in unterschiedlichem Umfang schon entsprochen.

4. Schlußfolgerungen

Wir können feststellen, daß Universitäten auf interkulturelle Kommunikation reagieren, indem an unterschiedlichen Fakultäten mit verschiedenen Schwerpunkten und Zielstellungen Studiengänge plaziert sind bzw. entstehen. Teilaspekte der interkulturellen Kommunikation finden wir an erziehungswissenschaftlichen und wirtschaftswissenschaftlichen Fakultäten.

Auch die Sprechwissenschaft sollte ein gewichtiges Wort zur interkulturellen Kommunikation mitreden. Viele Inhalte interkultureller Kommunikation sind bereits Bestandteil sprechwissenschaftlicher Ausbildung. Ausgewählte Probleme interkultureller Kommunikation, wie z. B. die mündliche Kommunikation, verlangen geradezu nach sprechwissenschaftlicher Bearbeitung.

Unsere Fachtagung sollte uns Anlaß sein, auch in dieser Hinsicht nachzudenken und entsprechende Konzepte für die weitere Entwicklung dieses Gebietes auszuarbeiten.

Literatur

Demmer, Ch.: Seminare für Spitzenleute gibt's nur noch am Wochenende. VDI-Nachrichten 21, Düsseldorf 1997
Mohr, R.: Sprachkenntnisse sind gut, aber Fachwissen besser. Die Welt, Berlin 16. 8. 1997
Sattler, K. O.: Experimente in einer Grenzstadt. Die deutsch-polnische Viadrina entwickelt sich zur ersten wirklichen Europa-Universität. Berliner Zeitung 8. 4. 1997
Schulte, F.: Auslandseinsatz – Verträge, Versicherungen und soziale Sicherheit. VDI-Nachrichten 17, Düsseldorf 1997
Warnecke, J.: Deutsche Innovationsschwäche ist vor allem eine Kommunikationskrise. VDI-Nachrichten 19, Düsseldorf 1997

Mitarbeiterverzeichnis

Prof. Dr. Henner Barthel
Viermorgenstr. 9
D-76829 Landau/Pfalz

Prof. Dr. Elmar Bartsch
Fängerweg 4
D-45481 Mülheim a. d. Ruhr

Dr. Angela Biege
Institut für Sprechwissenschaft und
Phonetik der Martin-Luther-Universität
Halle-Wittenberg
Gimritzer Damm 2
D-06099 Halle/Saale

Fred L. Casmir
Distinguished Professor of Communication
Pepperdine University
24255 Pacific Coast Highway
Malibu, CA 90263 (USA)

Cornelius Filipski
Institut für Sprechwissenschaft und
Phonetik der Martin-Luther-Universität
Halle-Wittenberg
Gimritzer Damm 2
D-06099 Halle/Saale

Dr. Roland Forster
Oberer Kohlweg 4
D-66123 Saarbrücken

Gijs von der Fuhr
Centrum Buitenlanders
Westermark 6
NL-1016 Amsterdam

Prof. em. Dr. Hellmut K. Geißner
21, Chemin de la Coudrette
CH-1012 Lausanne

Martin Harbauer
Olivenstr. 36
D-70619 Stuttgart

Dr. Christa M. Heilmann
Ginsterweg 10
D-35274 Anzefahr

Prof. Dr. Usula Hirschfeld
Universität Leipzig, Herder-Institut
Lumumbastr. 2
D-04105 Leipzig

Karin Iqbal Bhatti
Cranachstr. 49
D-12157 Berlin

Dipl.-Psych. Stefan Kammhuber
Dr.-Theobald-Schrems-Str. 20
D-93055 Regensburg

Prof. Dr. Ernst v. Kardorff
Humboldt-Universität zu Berlin
Philosophische Fakultät IV
Unter den Linden 6
D-10099 Berlin

Doris Kirchner
Alte Rabenstr. 19
D-20148 Hamburg

Prof. Klaus Klawitter
Hochschule für Schauspielkunst
„Ernst Busch"
Schneller Str. 104
D-12439 Berlin

Prof. Dr. Eva-Maria Krech
Institut für Sprechwissenschaft und
Phonetik der Martin-Luther-Universität
Halle-Wittenberg
Gimritzer Damm 2
D-06099 Halle/Saale

Dr. Siegrun Lemke
Universität Leipzig, Institut für
Germanistik, Abt. Sprechwissenschaft/
Sprecherziehung
Augustusplatz 9
D-04109 Leipzig

Astrid Lendecke
Institut für Sprechwissenschaft und
Phonetik der Martin-Luther-Universität
Halle-Wittenberg
Gimritzer Damm 2
D-06099 Halle/Saale

Dr. Bohdana Lommatzsch
Berliner Str. 53
D-13127 Berlin

Katarína Miková
Univerzita Mateja Bela
Ekonomická Fakulta
Tajovského 10
SK-97590 Banská Bystrica

Prof. Dr. Wolfgang Mühl-Benninghaus
Humboldt-Universität zu Berlin
Philosophische Fakultät III
Unter den Linden 6
D-10099 Berlin

Vladimír Patráš
Univerzita Mateja Bela
Ekonomická Fakulta
Tajovského 10
SK-97590 Banská Bystrica

PD Dr. Bernd Pompino-Marschall
Zentrum für Allgemeine
Sprachwissenschaft, Typologie und
Universalienforschung
Geisteswissenschaftliche Zentren
Berlin e.V.
Jägerstr. 10/11
D-10117 Berlin

Prof. Dr. Ingrid Rose-Neiger
Institut für Fremdsprachen (IFS)
Hochschule für Technik
Moltkestr. 30
D-76133 Karlsruhe

Dr. Viola Schmidt
Hochschule für Schauspielkunst
„Ernst Busch"
Schneller Str. 104
D-12439 Berlin

Dr. Edith Slembek, PD
Section d'allemand
BFSH II, niv. 5
Université de Lausanne
CH-1015 Lausanne

Dr. Brigitte Teuchert
Kreuthweg 18
D-84058 Rottenburg-Pattendorf

Prof. Dr. Michael Thiele
Institut für Fremdsprachen (IFS)
Hochschule für Technik
Moltkestr. 30
D-76133 Karlsruhe

Andreas Thimm
Strausberger Str. 7
D-10243 Berlin

Doz. Dr. Walter Trenschel
August-Bebel-Str. 43
D-18055 Rostock

Dr. Horst Ulbrich
Alfred-Randt-Str. 12
D-12559 Berlin

PD Dr. Freyr R. Varwig
J. W. Goethe-Universität
Frankfurt/M.
Sprechwissenschaftl. Abtl.
Senckenberganlage 27
D-60325 Frankfurt/Main

Carsten Wieland
Wilhelm-Stolze-Str. 38
D-10249 Berlin

Teona Zazavitchi-Petco
Lindenbergstr. 42
D-76829 Landau/Pfalz

Sprache und Sprechen

Herausgegeben von der Deutschen Gesellschaft für
Sprechwissenschaft und Sprecherziehung e. V. (DGSS)

Ernst Reinhardt Verlag München Basel

Kristin Linklater

Die persönliche Stimme entwickeln

Ein ganzheitliches Übungsprogramm zur Befreiung der Stimme

Aus dem Englischen von Thea M. Mertz
1997. 280 Seiten. 43 Abbildungen. (3-497-01429-X) kt

Wem hat es nicht schon einmal die Stimme verschlagen? Oder ein Kloß im Hals hat verhindert, Entscheidendes zu sagen! Die Stimme ist über die Sprache hinaus das wichtigste menschliche Kommunikationsmittel. Sie ist ein integrierter Bestandteil der Persönlichkeit. Für den Sänger und Schauspieler ist sie darüber hinaus künstlerisches Instrument. Verspannungen und ein mangelndes Gefühl für den Körper können die Ursache für eine unbefriedigende Stimme sein, die zu hoch, zu leise, zu schwach, zu tief oder gepreßt usw. sein kann. Hier setzt das Linklater-Programm an. Körperliche Achtsamkeit und Entspannung sind die ersten Schritte. Über Ton-, Stimm- und Sprechübungen wird die individuelle natürliche Stimme aus dem Körper, aus der Person heraus entwickelt. Dieses weltweit erfolgreiche Übungsprogramm wurde jetzt erstmals von der Sprecherzieherin Thea M. Mertz, die selbst mit der Linklater-Methode arbeitet, ins Deutsche übersetzt.

Aus dem Inhalt

Wie die Stimme arbeitet • Warum die Stimme nicht funktioniert • Die Wirbelsäule – die Stütze für den Atem • Atmung – die Quelle für den Ton • Die Berührung des Tons • Schwingungen, die den ursprünglichen Ton verstärke • Der Stimmkanal • Die Resonanzräume des Stimmkanals • Freilassen der Stimme aus dem Körper • Die Mitte der Stimme • Die Nasen-Resonanzräume • Der Stimmumfang • Schädel-Resonatoren • Kraft der Atmung • Das Zentrum • Artikulation • Worte • Texte • Beobachtungen und Meinungen zu Stimme und Schauspielen

Ernst Reinhardt Verlag München Basel

Inghard Langer / Friedemann Schulz von Thun / Reinhard Tausch

Sich verständlich ausdrücken

5. Auflage 1993 . 175 Seiten. (3-497-01284-X) kt

Viele Bücher, Artikel, Antragsformulare, Vertragstexte und Vorträge könnten bedeutend verständlicher sein und uns damit viel Mühe beim Lesen und Zuhören ersparen. Die Verfasser des Buches – drei Hamburger Psychologie-Professoren – weisen nach: Von vier Merkmalen hängt es entscheidend ab, ob Informationen schwer oder leicht verständlich für Leser und Zuhörer sind. Sie zeigen die Bedeutung dieser vier Merkmale an einer Fülle von Beispielen, an Unterrichts-, Versicherungs- und Wissenschaftstexten, Verlautbarungen von Behörden u. a. Durch ein einfaches Trainingsprogramm ermöglichen sie es jedem Leser, sich zukünftig verständlicher auszudrücken. Das Buch ist geschrieben für Lehrer aller Schularten, Personen in Verwaltung, Wirtschaft und Politik – kurz für alle, deren Aufgabe es ist, andere zu informieren und sich dabei verständlich auszudrücken.

Aus dem Inhalt

Grundlagen und Übungen. Warum sind so viele Texte so schwer zu verstehen? Warum drücken sich viele so schwer verständlich aus? Wollen Sie lernen, sich verständlich auszudrücken? Merkmale der Verständlichkeit: Einfachheit. Gliederung – Ordnung. Kürze – Prägnanz. Anregende Zusätze. Beurteilung der Verständlichkeit. Texte für die Allgemeinheit. Texte für besondere Gruppen. Übungen in verständlichem Schreiben. Texte verbessern in einzelnen Merkmalen. Texte verbessern in allen Merkmalen. Texte selbst verfassen

Beispielsammlung leicht und schwer verständlicher Texte. Texte aus der Finanzbehörde. Vertragstexte. Texte von Versicherungen. Texte aus dem Schulunterricht. Von Lehrern verfaßte Unterrichtstexte. Wissenschaftliche Texte

Verständliche Texte im Rahmen des Unterrichts. Verständlichkeit – notwendig, aber nicht ausreichend. Vorbereitung auf Informationen. Neue Informationen in verständlicher Form. Kleingruppenarbeit. Begegnung mit Fachleuten. Verständlicher schreiben heißt klarer denken.

Die wissenschaftlichen Belege. Alte und neue Wege der Verständlichkeitsforschung. Entdeckung der vier Verständlichkeitsmerkmale. Anwendung der vier "Verständlichkeitsmerkmale". Ein Experiment, das der Wirklichkeit nahekommt. Programmierte Lehrtexte – keine Alternative. Die Tauglichkeit unseres Übungsprogramms. Der Nutzen der Kleingruppenarbeit. Zusammenfassung und Schlußfolgerungen.

Ernst Reinhardt Verlag München Basel

Horst Gundermann

Phänomen Stimme

1994. 164 Seiten. (3-497-01339-0) gb

Ein ungewöhnlicher und spannender Überblick über Wissenswertes zum Thema Stimme: jenseits trockener Fachliteratur eine aufschlußreiche Lektüre für alle, die das Phänomen Stimme verstehen wollen.

Aus dem Inhalt: *Faszinosum Stimme:* Stimme Gottes und Macht des Wortes in der Bibel. Stimme und Stimmung. Stimme als gesellschaftliches, politisches, biopsychosoziales Phänomen. *Evolution der Stimme:* Ursprache. Von der Tier- zur Vokalstimme. Entwicklung des Stimmapparates. *Sprechstimme:* ZNS, Hör- und Sprechorgan. Information durch Stimme. Schmeichelton und Zornesausbruch. Stimmfunktionskreise. Pausenverhalten. Die Rede. Stimme mit Bremse. Wann ist die Stimme wohltemperiert? Synchronsprechen. Die Stimme altert. Stimmpflege. *Singstimme:* Stimmregister. Spannung, Haltung, Atmung. Vibrato. Bauchrednerstimme. Kultischer Gesang. Kastratenstimme. Lampenfieber. *Die gestörte Stimme:* Körperliche und seelische Ursachen. Heiserkeit, Aphonie. Dysphonie. Stimmbruch. Stimmbelastende Berufe. *Stimme und Gesellschaft:* Sprachmächtigkeit und Stimmgewalt. Verführung durch Sprechen. Sprechwirkungsforschung. Redner der Antike und im Dritten Reich. Demonstrations-Sprechchöre. Die Grabesstimme des Nachrichtensprechers. *Stimme in der bildenden Kunst:* Synästhesie von Bild und Klang. Sichtbares Sprechen. Leonardos Zeichnungen. Der predigende Jesus. Munchs "Schrei". Picassos "Guernica". Dadaismus. Schweigen. *Stimme in der Literatur:* H. Ball, E. Jünger, Tucholskys Ratschläge. Benn, Goethe, Rilke, Werfel. *Stimmen im Tierreich:* Laute mit Bedeutung. Kommunikative Funktionen. Vogellied. Sprachimitation bei Papageien. Verständigung unter Affen. *Stimme im Laboratorium:* Der sprechende Automat. Sprachcomputer. Elektroakustische Stimmanalyse. Visible-Speech-Verfahren. Sonagraphie. Kriminologische Stimmanalyse. Medizinischer Wiederaufbau des Sprechens

Ernst Reinhardt Verlag München Basel

Ulrich Günther / Wolfram Sperber

Handbuch für Kommunikations- und Verhaltenstrainer

Psychologische und organisatorische Durchführung von Trainingsseminaren

2. verbesserte Auflage 1995. 285 Seiten. (3-497-01380-3) gb

Dieses Handbuch ist ein anwendungsorientierter Leitfaden für Kommunikations- und Rhetorikseminare in der allgemeinen Erwachsenenbildung und der beruflichen Weiterbildung. Wissenschaftliche Erkenntnisse zu den einzelnen Praxisfeldern (Vortrag, Verhandlung etc.) werden verständlich präsentiert und in Verhaltensempfehlungen zusammengefaßt. Diese können als Unterrichtsmaterial benutzt werden. Wichtig sind die zu jedem Abschnitt angefügten Übungen. Hier wird der Trainer beispielhaft vertraut gemacht mit Inhalt, Aufwand, Ablauf und Varianten eines Seminars; mit Möglichkeiten, unterschiedliche Teilnehmertypen zu motivieren; mit Krisensituationen und ihrer Meisterung. Mit Fallbeispielen und Planspielen (wie die Hausversammlung zur Hofbegrünung oder eine Verhandlung vor der Schiedsstelle des Kfz-Handwerks) illustrieren die Autoren ihren Ansatz der Rollenspielmethodik. Das Buch dient damit als direkte Anleitung zur Seminarpraxis, kann aber auch als spannende Lektüre zum Selbststudium genutzt werden.

Helmut Lung

Sprache und Didaktik im Seminar

1996. 271 Seiten. (3-497-01397-8) gb

Wenn wir sprechen, fließen persönliche Erfahrungen und Normen mit ein und können das verzerren, was wir eigentlich sagen wollen. Damit wir unmißverständlich und klar sprechen, müssen wir gewisse Regeln einhalten und an unserer innersten Einstellung arbeiten. Nur eine klare und direkte Sprache hilft, Wissen und Informationen eindeutig zu vermitteln. Nur wer eindeutig spricht, gestaltet eine persönliche Ebene, die es ermöglicht, zu konfrontieren, Freiräume zu gestalten und neue Lernerfahrungen zuzulassen. Diese Sprachkultur kann erlernt werden. Voraussetzung dazu ist eine pädagogisch und psychologisch geschulte Didaktik. Nur wer dies ernst nimmt, wird auch Sprache und Didaktik professionell und verantwortungsvoll einsetzen. Dieses Buch hilft, Zusammenhänge zu sehen und beschreibt konkrete und nachvollziehbare Schritte, die zum Erfolg von Seminaren und Bildungsprozessen beitragen.

Ernst Reinhardt Verlag München Basel